OEUVRES COMPLÈTES

DE M. LE COMTE DE SÉGUR.

HISTOIRE UNIVERSELLE.

HISTOIRE ANCIENNE, 10 gros vol. in-8°, papier vélin, et atlas in-4°, composé de 20 planches, avec texte et titre à vignettes, gravé avec le plus grand soin par P. Tardieu, et cartonné élégamment.

Prix des dix volumes in-8°, sans atlas.   40 fr.
Avec l'atlas, belles épreuves en noir., avec le texte. 50 fr.
Id. colorié avec le plus grand soin.   60 fr.
L'atlas se vend séparément, en noir, avec le texte. 10 fr.
Colorié, idem.   20 fr.
LE MÊME OUVRAGE, édition en 15 vol. in-12.   30 fr.
GALERIE MORALE ET POLITIQUE, 4ᵉ édition, revue et corrigée, 3 vol. in-8°; papier vélin.   12 fr.

Sous presse.

HISTOIRE MODERNE commençant par l'HISTOIRE DE FRANCE.

LES QUATRE AGES de la vie, ou Étrennes à tous les âges, vol. in-18.

ROMANCES ET CHANSONS, vol. in-18, avec 2 gravures.

POLITIQUE DE TOUS LES CABINETS DE L'EUROPE, quatrième édition, refondue et augmentée, 3 vol. in-8°.

TABLEAU HISTORIQUE ET POLITIQUE DE L'EUROPE, quatrième édition, entièrement refondue, 3 vol. in-8°.

PENSÉES, MAXIMES, RÉFLEXIONS, vol. in-18.

GALERIE MORALE

ET

POLITIQUE.

GALERIE MORALE

ET

POLITIQUE;

Par M. le Comte de Ségur,

DE L'ACADÉMIE FRANÇAISE, PAIR DE FRANCE, ETC.

> Insani sapiens nomen ferat, æquus iniqui,
> Ultrà quàm satis est virtutem si petat ipsam.
> (HORACE, *Épître* 6, *liv. I*, à Numicus.)

Quatrième Edition, revue et corrigée.

TOME TROISIÈME.

BRUXELLES,

ARNOLD LACROSSE, IMPRIMEUR-LIBRAIRE,
RUE DE LA MONTAGNE, N° 1015.
1823.

Avis de l'Auteur.

L'ACCUEIL indulgent que le public a fait aux éditions successives des deux premiers volumes de ma Galerie morale et politique, m'encourage à lui en présenter un troisième. Puisse-t-il avoir le même succès !

On ne s'étonnera pas, j'espère, d'y voir des portraits; et, bien que ce soit des portraits de personnages célèbres, je les ai placés en petit nombre pour ne pas encourir les reproches de quelques critiques, qui se sont plaints souvent de trouver, dans d'autres galeries de peinture, plus de portraits que de tableaux.

GALERIE MORALE

ET

POLITIQUE.

DE LA BIENVEILLANCE.

Il est une vertu, la plus douce et la plus éclairée de toutes, un sentiment généreux plus actif que le devoir, plus universel que la bienfaisance, plus obligeant que la bonté : c'est la *bienveillance*. Ce nom montre évidemment que le *bien* général et particulier des hommes est leur vouloir. Le devoir ne nous prescrirait que la justice : c'est la première et la plus sévère des vertus ; elle suffit à l'homme public, mais non à l'homme privé. La *bienfaisance* est à la fois une vertu et un plaisir ; mais, proportionnée à nos étroites facultés, elle ne peut se répandre que sur un petit nombre d'individus ; son cercle est nécessairement borné par ses moyens. La bonté est une qualité plutôt qu'une vertu : souvent faible, presque toujours peu active, elle n'exige, pour être reconnue, qu'un éloignement de toute méchanceté, et, quoiqu'on ne fasse pas le bien, on la possède encore, pourvu qu'on ne fasse pas le mal.

Il est plus difficile de distinguer la *charité* de la *bienveillance*, et, dans le divin esprit du législateur des chrétiens, ces deux mots seraient synonymes et se confondraient dans la même idée.

L'étymologie même du terme de *charité* le prouve ; car, pour donner à l'amour du genre humain, à la plus sainte des vertus, toute la douceur, toute la délicatesse qui lui sont propres, elle a emprunté le nom de *graces, charité*, aux plus aimables et aux plus riantes fictions de la Grèce.

Mais, en traversant les siècles, le sens des mots se dénature, s'altère, ou se modifie ; et quoique, à vrai dire, cette expression de *charité* n'ait rien perdu de sa douceur, de sa noblesse, de son universalité aux yeux des hommes éclairés, cependant elle est trop souvent réduite, dans l'esprit du vulgaire, à la seule acception du mot *aumône*, que la misère reçoit de l'opulence, et que l'orgueil force trop souvent le pauvre à distinguer avec humiliation du bienfait.

Beaucoup de gens se croient *charitables* pour avoir distribué régulièrement quelques aumônes ; d'autres y ajoutent, à la vérité, le devoir pieux de soigner les orphelins, les vieillards et les infirmes, mais bien peu semblent connaître toutes les autres obligations qu'imposerait la vraie charité, mieux exprimée en français par le mot de *bienveillance*. Compatir aux erreurs des hommes, être indulgent pour leurs faiblesses, éclairer leurs esprits, traiter doucement leurs maladies morales, les éloigner de l'oisiveté en encourageant leurs travaux, s'occuper activement de tout ce qui peut perfectionner le genre humain, secourir avec constance et courage les opprimés contre l'injustice, éclairer le pouvoir sur les abus de ses agens, opposer l'esprit d'ordre et d'union à l'esprit de discorde et de parti, consoler les infortunés, calmer les passions aigries, concilier par la tolérance les opinions opposées; adoucir les forts, soutenir les faibles, et donner à tous le double exemple et de l'amour pour une sage liberté et du dévouement aux lois et au gouvernement sous lequel nous vivons ; enfin contribuer de tous nos moyens à rendre heureux les hommes, que la nature fit égaux et frères : tels sont les devoirs doux et sacrés de la *bienveillance*.

En jetant nos regards sur ce qui se passe journellement autour de nous, il est facile de se convaincre d'une grande vérité ; c'est qu'il n'est point pour chaque individu, dans la vie sociale, de qualité plus aimable et plus attirante que la *bienveillance*. Le mérite sans elle n'inspire qu'un froid respect, et le plus beau talent qu'une stérile admiration.

Mais la *bienveillance*, soit qu'elle se manifeste dans les actions, soit qu'elle se montre par les paroles, soit qu'elle s'annonce seulement par la physionomie, dispose à la confiance et appelle l'amitié.

Là où elle brille, on peut être presque assuré que la plupart des vices sont absens, vaincus ou chassés.

D'abord, l'homme *bienveillant* aimera son pays, et pensera comme Bossuet, « que, si l'on est obligé d'aimer tous les hommes, et qu'à vrai dire il n'y ait point d'étranger pour le chrétien ; à plus forte raison doit-il aimer ses concitoyens. Tout l'amour qu'on a pour soi-même, pour sa famille, pour ses amis, se réunit dans l'amour qu'on a pour la patrie, où notre bonheur et celui de notre famille et de nos amis est renfermé. » l'homme *bienveillant* ne peut être *égoïste*, ni par conséquent *avare*, ni *colère*, ni *envieux*, ni *vindicatif*; chez lui l'amour de soi-même, dont nul homme ne saurait se dégager, est un amour éclairé; il sait que tout bonheur qu'on cherche aux dépens d'autrui, n'est que le vrai malheur déguisé; c'était sous la dictée de la *bienveillance* qu'Horace écrivait ces vers :

> L'avare est toujours pauvre; il faut borner ses vœux :
> La fortune d'autrui fait maigrir l'envieux.
> Jamais des Phalaris l'affreuse tyrannie
> N'inventa de tourmens plus cruels que l'envie.
> Qu'est-ce que la colère ? Une courte fureur.
> Il gémira bientôt de sa fougueuse erreur,
> Celui que la colère entraîne à la vengeance,
> Qui poursuit sans pitié l'ennemi qui l'offense.
> Domptez vos passions, soumettez-les au frein;
> Songez qu'il faut en être esclave ou souverain.

Il existe véritablement de telles bizarreries et de telles contradictions dans l'esprit des hommes, qu'elles ne nous paraîtraient que ridicules, si leurs suites n'étaient pas si funestes. Je crois qu'on ne trouvera pas un être humain assez mal organisé pour ne pas sentir la douceur d'être aimé : l'*amitié* est un besoin pour l'ame; chacun cherche et veut des amis; tout le monde se plaint de la rareté d'un tel trésor, et d'un autre côté cependant, l'orgueil nous éloigne de sa recherche. Une foule d'hommes, par vanité, semblent se mettre tellement à l'enchère, qu'ils paraissent dédaigner l'amitié qu'on leur offre.

« On voit, dit un ancien philosophe, une quantité de gens qui craignent de se trop prodiguer; ils n'ont pas une seule vraie amitié, et redoutant, pour ainsi dire, d'avoir trop d'amis, ils ressemblent, dit Plutarque, à ce manchot rêvant avec effroi qu'il devenait un Briarée aux cent bras, tandis que le sage pense, comme Ménandre, « avoir trouvé des biens sans nombre, quand d'un ami a pu recouvrer l'ombre. »

Ce qui éloigne tant d'insensés des chemins de la sagesse et des voies de leur propre bonheur, c'est qu'ils sont ignorans et ne connaissent ni eux-mêmes, ni les autres. Beaucoup d'habiles docteurs leur prodiguent des leçons dans tout ce qu'on appelle sciences, et qui ne deviennent que de l'ignorance laborieusement acquise, quand on les sépare de la seule vraie et utile science, la connaissance de soi-même; c'est là la vraie lumière; c'est cette connaisance de soi-même qui est la mère de toutes les vertus et sur-tout de la *bienveillance*.

L'auteur de la *Sagesse*, Charron, montrait d'avance, sans s'en douter, aux hommes la vraie inscription qui conviendrait au temple de cette sagesse, en leur rappelant la fameuse inscription du temple d'Apollon, qui ne contenait que ces deux mots : *Connais-toi*.

« C'était, dit-il, un avertissement de Dieu à tous, leur signifiant que pour avoir accès à la divinité et entrer en son temple, il se faut *connaître*. Si nous nous connaissions bien, continue-t-il, nous serions plus sévères pour nous, et plus indulgens pour les autres. La justice, quand elle est trop sévère, heurte la *charité*; ce qui a fait dire cette maxime : *Summum jus, summa injuria*.

» Le vulgaire, loin d'être bienveillant, n'est que méchant, léger et médisant : monstre qui n'a que le *bec*, dont toutes les parties ne sont que *langues*; qui de tout parle, et rien ne sait; qui tout regarde, et rien ne voit; qui rit de tout, et de tout pleure; prêt à se mutiner et rebeller, et non à combattre. Son propre est d'essayer plutôt à secouer le joug, qu'à bien garder sa liberté. »

Toutes ces erreurs, tous ces penchans à la *malveillance* et à la méchanceté, viennent, n'en doutons pas, du peu de soin que les hommes ont de se connaître eux-mêmes, et d'étudier ce qui peut faire leur bonheur réel ainsi que celui des autres.

Chaque homme ressemble à un souverain qui ne voit autour de lui qu'un petit nombre de sages et une foule de courtisans. Les vertus et les vérités l'effraient par leur air austère, et sont bientôt écartées comme importunes. Les vices sont les flatteurs; ils mènent au malheur par la pente des plaisirs.

Cependant l'expérience finit par présenter son triste miroir; mais il est trop tard. Quand cet homme, par cette glace trop fidèle, acquiert la connaissance de son être, il s'y voit avec tous ses défauts; et, dès-lors, comment pourra-t-il être *bienveillant?* Un homme qui se hait lui-même, dit ingénieusement Érasme, peut-il aimer quelqu'un?

Il ne peut se tirer de ce triste état, qu'en se trompant encore, en contemplant avec vanité les faux biens qu'il possède, et avec mépris les biens réels dont il ne peut plus jouir. Aussi, vous le verrez, s'il est grand, riche et puissant, au lieu de se faire aimer, se faire craindre; et, au lieu de se montrer *bienveillant*, devenir méchant et railleur; car, selon Cicéron, « la raillerie naît d'un mépris content. »

Mais ce contentement n'est qu'illusoire; le contentement est à la surface, et la plaie dans le fond du cœur. Imitons La Bruyère et n'envions point à ces sortes de gens leurs fausses jouissances. « Ils les ont à titre onéreux et qui ne nous accommoderait pas : ils ont mis au jeu, pour les avoir, leur repos, leur santé, leur honneur et leur conscience ; c'est trop cher : il n'y a rien à gagner à un tel marché. »

Cependant soyons encore *bienveillans* pour eux : au lieu de nous irriter contre leurs folies, déplorons leurs erreurs, et profitons-en pour nous en garantir. Il faut que le sage s'éloigne du malade qui ne veut pas guérir. Les remèdes aigrissent les maux incurables, et c'est sans doute dans ce sens que La Bruyère dit encore : « Qu'il est plus utile de quitter les grands que de s'en plaindre. »

L'excès, même dans le bien, est un mal : l'austérité de certains philosophes est la mère de beaucoup de folies. Il n'existe au monde de louable excès que celui de la reconnaissance : celui-là ne peut vous égarer ; si cette pensée de Vauvenargues est juste, « on ne peut être dupe d'aucune vertu. »

Il est bien entendu pourtant que nous ne parlons ici que des rapports de l'obligé au bienfaiteur ; car, quelque louable que soit cette reconnaissance, elle perdrait son nom en se manifestant au détriment d'autrui.

La reconnaissance, volupté des cœurs bien nés et fardeau pour les ingrats, est non-seulement un devoir privé, mais encore une vertu qui produit le bien général ; car elle est le prix et l'encouragement de la *bienveillance*.

Les anciens sages regardaient la reconnaissance comme une dette sacrée. « Celui qui a rendu l'argent prêté, disaient-ils, ne l'a plus : celui qui l'a encore, le doit ;

mais, pour la reconnaissance, elle paie dès qu'elle se montre; et cependant elle doit toujours, quoiqu'elle ait déjà payé. »

En vérité, on se sent presque honteux pour l'humanité de se voir sans cesse obligé de recommander aux hommes des devoirs si doux à remplir : il n'est pas de jouissances plus pures, plus inaltérables, que celles qui nous viennent de la *bienveillance* et de la reconnaissance. Il est étrange que l'homme ait tant de peine à se défendre contre l'attrait des voluptés corporelles; et qu'en même temps il soit si difficile de le pousser à jouir des voluptés de l'ame.

Chacun sait que tous nos corps sont pétris du même limon; mais on pourrait presque croire que nos ames sont de natures différentes, lorsqu'on en voit si peu d'assez délicates pour sentir, comme Montaigne, que « les bienfaits sont les nourriciers des amitiés, et que ces bienfaits sont de plus grands plaisirs encore pour les bienfaiteurs que pour les obligés. »

Il le savait, ce pauvre Corinthien qui léguait à deux riches amis, et comme un vrai don, le soin de nourrir sa mère.

On doit cependant convenir que si la *bienveillance* a tant de douceur pour l'ame qui en est remplie, ses plaisirs n'existent pas sans quelque mélange de peines. L'ingratitude est le vrai démon qui trouble ce bonheur angélique : souvent elle empoisonne les bienfaits dans leur source; son effet le plus funeste est de décourager trop souvent les ames faibles, de changer leur générosité en méfiance, et leur sensibilité en indifférence.

Cette ingratitude met à une pénible épreuve les ames vertueuses, en leur refusant les seuls prix auxquels elles aspirent, la reconnaissance et l'amitié : et là où elles espéraient se voir payer d'estime et d'affection, elles ne trouvent qu'oubli ou même injustice et haine.

Mais il ne faut ni s'en étonner ni s'en irriter, et l'on doit se dire même que c'est l'ingratitude qui accroît le mérite de la *bienveillance*. En effet, la *bienveillance* ne mériterait pas le nom de vertu, si elle n'avait pas souvent besoin de force pour se soutenir, et si elle ne nous promettait que des plaisirs sans aucun mélange de chagrins.

Le bon Plutarque nous en avertit : « Il faut s'attendre, dit-il, à l'ingratitude des amis dont l'affection est intéressée ; c'est un essaim d'abeilles que tu mènes, qui deviendront des guêpes inhumaines. »

Il est une foule de gens qui, en recevant des dons et des services de nous, ne considèrent et n'aiment que notre fortune, et non notre *bienveillance* ; aussi, quand cette fortune nous quitte, ils nous abandonnent aussi légèrement qu'elle : mais sont-ils à regretter ? Non ; je crois encore, comme Plutarque, que se voir privé de tels amis, c'est plutôt gagner que perdre ; c'est reconnaître à la touche une fausse monnaie.

La vie d'un homme de bien est un combat continuel contre les mauvais penchans ; il n'est point de vertu, même la plus naturelle, qui ne soit attaquée incessamment, et sourdement minée par quelques vices secrets.

Qui le croirait ? la *bienveillance* n'en est pas exempte ; elle a souvent besoin de se défendre d'une sorte de vanité qui veut s'y glisser. C'est ce qui fait que parfois on voit des hommes, *bienveillans* pour leurs égaux ou pour leurs supérieurs en rang, en talens, en fortune, se montrer d'un autre côté un peu hautains et froids pour leurs inférieurs.

Prenons-y garde ; car ce serait une fausse *bienveillance* : la véritable a sa racine dans l'amour de l'égalité. Croyons-en Sénèque ; il voulait qu'on traitât avec *bienveillance* tous les hommes, les esclaves mêmes, et s'exprimait ainsi : « Des esclaves ! dites plutôt des amis dans la peine, et des compagnons d'esclavage, puisque vous obéissez à la fortune comme eux. » Cette fortune, avec le temps, a mêlé tous les rangs et confondu toutes les races : « Il n'est pas de roi, dit Platon, qui ne descende d'un esclave, ni d'esclave qui ne descende d'un roi. Quel est donc le vrai noble ? C'est celui que son ame ennoblit. »

Nos regards sont généralement attirés et éblouis par les dignités, par les richesses, par le pouvoir ; toutes ces vanités commandent tant de respect, reçoivent tant d'hommages, et se voient entourées de tant de belles et fausses apparences d'estime, d'admiration et de dévouement, que le cœur en est séduit ; on dirait que là se trouvent renfermés tous les trésors du bonheur. Ce ne sont pourtant, à vrai dire, que des nuages colorés et diaprés par le soleil de la fortune ; dès qu'il se retire, que reste-t-il ? rien que de froids et tristes brouillards.

La *bienveillance* s'offre plus modestement à nous : elle ne brille pas, mais elle éclaire ; elle semble peu promettre, et tient beaucoup. Si la vanité même était susceptible de faire un bon calcul, elle trouverait son compte à l'écouter.

En voulez-vous des preuves ? Relisez l'histoire ; voyez combien de despotes puissans, de riches monarques et d'heureux guerriers sont aujourd'hui oubliés dans la poussière des morts ; voyez combien d'autres ne vivent encore dans notre mémoire, que couverts de taches qui flétrissent leur renommée, tandis que le petit nombre de ceux qui se sont distingués par un amour éclairé du genre humain, par une douce et universelle *bienveillance*, nous sont toujours présens, toujours chers, et semblent encore régner sur nous.

Le monde pleure encore Titus, les délices de Rome. Antonin n'était point un des ravageurs de la terre; il n'était que *bon* et *bienveillant*; il a donné son nom à son siècle, et ce siècle, au milieu d'un âge de fer, devint un âge d'or.

Quelques écrivains vantent Louis IX résistant au fer des Sarrasins; mais le peuple ne se rappelle que le bon Louis rendant la justice au pied du chêne de Vincennes.

Ce même peuple, en appelant Louis XII son père, ne lui donna-t-il pas plus que la gloire? Enfin est-il des triomphes qui puissent immortaliser plus noblement un prince, que la voix rustique qui, dans toutes nos campagnes, répète encore avec attendrissement le nom de Henri?

N'en doutons point, la modeste et douce *bienveillance* est non-seulement une vertu, un devoir, un sentiment, un plaisir, elle est encore souvent une puissance qui donne plus d'amis que la richesse, et plus de crédit que le pouvoir.

J'ai vu, dans ma jeunesse, une femme d'un rang médiocre; sa fortune était ordinaire, sa naissance et son esprit sans éclat. Je l'ai vue recherchée par les grands, adorée par les pauvres, consultée par les hommes de talens; courtisée par les rois mêmes; célèbre, pour ainsi dire, par sa *bienveillance*. C'est d'elle, c'est de madame Geoffrin que le *Virgile français* traçait un ingénieux portrait, dans lequel il nous donne ainsi une juste idée de la délicatesse de son esprit :

> De sa courtoisie obligeante,
> Prompte à saisir vos moindres mots,
> L'attention encourageante
> Suit avec intérêt le fil de vos propos ;
> Il dissipe un chagrin,
> Il éclaircit un doute ;
> Son amitié vous parle et son cœur vous écoute.

L'auteur continue et peint ensuite, en quatre vers, toute l'ame de cette femme *bienveillante* :

> Pour elle une bonne œuvre était une conquête,
> Les pauvres, des amis ; leur bonheur, une fête ;
> Son luxe, des bienfaits ; la vertu, son pouvoir ;
> Son esprit, le bon sens ; la raison, son savoir.

Voilà certes les éloges les plus précieux à obtenir : ils pénètrent jusqu'au cœur ; les autres ne chatouillent que l'orgueil. Et croyez-vous que, dans le fond de son ame, un glorieux potentat ne préférerait pas à la voix emmiellée des flatteurs, ainsi qu'aux sons éclatans d'une renommée souvent menteuse, le touchant éloge que Massillon faisait d'un prince qui n'a point porté la couronne, mais qui semblait destiné à régner sur tous les cœurs.

« Plus on voyait de près M. le Dauphin, dit-il, plus on sentait qu'il était bon. Ce n'était plus un maître, mais un ami entrant dans tous les besoins des autres, croyant qu'un prince n'est jamais plus grand que lorsque c'est la bonté qui l'abaisse, voulant que tout le monde fût heureux avec lui, persuadé que les princes ne sont nés que pour le bonheur des autres hommes, et ne comptant pas que ce fût être heureux que de l'être seul. »

En vérité, sans la bonté du cœur, la justesse de l'esprit devrait suffire pour rendre affables les hommes puissans; l'affabilité est le caractère inséparable de la vraie grandeur. « La fierté, dit encore Massillon, prend sa source dans la médiocrité; c'est une ruse qui la cache. »

Je sais que cette bienveillance, que nous ne devons jamais nous lasser de recommander, de montrer, de pratiquer, paraît une vertu plus difficile à soutenir dans la vie privée que dans la vie publique; car, pour la conserver, les particuliers ont sans cesse à surmonter l'esprit de rivalité et d'envie; mais, à vrai dire, quoiqu'elle soit douce pour tous, elle est difficile pour tous; et, bien que le besoin d'être aimé soit général pour tous les hommes, ils ont une disposition malheureusement plus générale encore, celle de se dédaigner et de se dénigrer réciproquement.

Chacun semble compter avec une folle fierté les avantages qu'il croit posséder, en même temps qu'il déprécie ceux des autres. « Les grands, dit La Bruyère, dédaignent les gens d'esprit qui n'ont que de l'esprit; les gens d'esprit méprisent les grands qui n'ont que de la grandeur; les gens de bien plaignent les uns et les autres, qui ont ou de la grandeur ou de l'esprit sans nulle vertu. »

Imitons ceux-ci : animés par une constante et tendre bienveillance, compatissons aux faiblesses des autres; ne nous montrons sévères que pour nos propres faiblesses, et conservons toujours dans notre mémoire cette belle et simple pensée de Vauvenargues : « Il ne tient pas à nous de devenir riches, puissans, d'obtenir des emplois, de la gloire ou des honneurs; mais rien ne peut nous empêcher d'être ou de devenir bons, généreux, humains, sages et bienveillans. »

Enfin, en obéissant au précepte de Marc-Aurèle qui nous dit : « Corrige ou redresse les méchans si tu le peux; sinon, souviens-toi que c'est pour eux que les Dieux t'ont donné la douceur et l'humanité; » répétons avec lui cette consolante pensée : « Regarde avec soin au dedans de toi, il y a là une source de biens qui jaillira toujours, si tu creuses toujours. »

DE LA VÉRITÉ.

Un jour, en me promenant et en rêvant, je trouvai sur mon chemin la *Vérité*; cette *Vérité* que nous cherchons sans cesse, et qui nous fuit toujours; cette *Vérité* qui, à plus juste titre que la fantastique nymphe de la *Caroléide*, pourrait dire qu'elle est *par-tout et nulle part*.

En effet, son nom est sur toutes les lèvres; mais, si tant de cœurs et d'esprits prétendent être ses temples, il faut convenir que, semblables aux temples du paganisme, on n'y voit pour la plupart du temps, à la place de la véritable divinité, que les idoles des faux dieux et les passions déifiées.

Et quel moyen de croire que les hommes, qui vantent le plus la *Vérité*, l'aient jamais connue? Écoutez-les, et vous verrez qu'ils en font tous des portraits si différens, si opposés, qu'on ne peut apercevoir aucune ressemblance entre eux. Chacun a consulté ses goûts et suivi son imagination pour la peindre; mais personne encore, que je sache, n'a pu la dessiner d'après nature.

Je ne serai ni plus heureux ni plus hardi; car l'apparition dont je me vante a été si courte qu'il ne m'en reste qu'une idée fugitive; il me serait impossible de vous la retracer fidèlement.

Lorsque je me vante cependant d'avoir aperçu la

Vérité, n'allez pas me taxer d'un ridicule orgueil. Ce n'est ni à mes longs travaux, ni à ma science très-bornée, ni à mes faibles talens que je dois cette singulière rencontre ; elle est l'unique effet du hasard : ce qui doit peu vous étonner, puisque c'est à lui qu'on doit presque toujours les plus heureuses découvertes.

Je réfléchissais précisément alors au malheur que nous éprouvons dans ce monde où nous sommes sans cesse entourés d'illusions séduisantes et funestes, et dans lequel nous courons constamment après la *Vérité* sans pouvoir jamais l'atteindre. Si, de ce moment, comme pour me démentir, elle m'est apparue, c'est peut-être par esprit de contradiction : ce qui ne me semble pas tout-à-fait improbable, puisqu'on la dit du sexe féminin.

Mais, me dira-t-on, si vous ne l'avez jamais vue, à quels traits, à quel signe avez-vous pu la reconnaître? Quand il s'agit de la vérité, les questions abondent, je le sais; mais les réponses sont difficiles. Quoi qu'il en soit, voici la mienne.

Ce n'est point parce qu'elle était demi-nue que j'ai reconnu cette divinité; il m'eût été trop facile de faire, à cet égard, une lourde méprise, et de la confondre avec nos jolies danseuses de l'Opéra, ou même avec nos femmes à la mode. Ce n'est pas même à son air, à la fois pieux et philosophique, que je l'ai distinguée; il y a tant de pédantes et d'hypocrites, que j'aurais encore pu m'y méprendre.

Elle me surprit d'abord par son air calme comme l'innocence, froid comme la raison, grave comme la philosophie, doux comme la piété, modeste comme la tolérance. Nos élégantes l'auraient trouvée gauche et provinciale; nos exagérés, de toutes les couleurs, la prendraient pour une étrangère, et ne comprendraient rien à ses manières ni à son langage.

Dans le moment où je la vis, un colporteur passait près de nous; il criait et annonçait une de ces feuilles venimeuses, dans lesquelles, sous l'apparence d'un zèle ardent pour la religion, pour le roi, pour la charte, le sec égoïsme, l'orgueil déchu, l'ambition hypocrite, déchirent périodiquement la France, la peignent comme un foyer de corruption, comme un repaire de brigands, dénigrent nos talens, rabaissent nos exploits, calomnient nos mœurs, tachent nos palmes, flétrissent nos lauriers, méditent des vengeances, prédisent des catastrophes, dénoncent leurs compatriotes, admirent, implorent les étrangers, et se vantent en même temps d'être de vieux, de purs et de bons Français.

A leur nom seul l'inconnue rougit de honte et de colère. Ah! dit-elle, malgré leur amour prétendu pour tout ce qui est *antique*, je ne reconnais en eux ni l'urbanité *française*, ni la bonhomie *gauloise*, et je ne vois sur-tout en eux rien de *franc*.

Ces paroles, prononcées sévèrement, me plurent et m'enhardirent. Je l'abordai et tâchai de lui tourner, avec galanterie, un compliment; mais, poussé par ce maudit amour-propre, qui nous fait faire tant de faux pas, je me vantai malheureusement d'avoir, dans plusieurs écrits, émis une opinion semblable à la sienne contre l'esprit de parti. Je ne tardai point à m'en repentir; elle rabaissa promptement mon orgueil, en me faisant remarquer, dans mes ouvrages, tant de défauts, de négligences et d'erreurs, que je demeurai confondu; mes yeux se dessillèrent, et je reconnus enfin la *Vérité*.

TOME III. 3

Cependant, comme sa lumière me blessait un peu, je fis ce que nous faisons toujours en pareil cas, et j'osai me venger de ses utiles leçons par d'injustes reproches.

Déesse, lui dis-je, il faut convenir que vous êtes une étrange personne! Vous êtes destinée à gouverner le monde, et vous y laissez presque toujours régner l'erreur; vos principes cèdent la victoire aux passions; nous vous appelons à notre secours, et vous nous fuyez. Par-tout le mensonge prend impunément votre apparence et votre rôle. Vous deviez éclairer la terre, et vous vous cachez dans un trou; pourquoi semblez-vous redouter ainsi vos adversaires? Ils ne pourraient soutenir vos regards : croyez-moi, quittez votre solitude; jamais ermite ne fut utile à personne. Venez, montrez-vous à vos ennemis; ils seront, à l'instant, éblouis, terrassés et vaincus.

Insensé, me répondit-elle, tu te crois plus clairvoyant que les autres, et tu es aveugle comme eux. Les hommes sont tous des ingrats; ils se plaignent sans cesse de mon absence, et je ne les quitte pas un moment; ils ressemblent à des fous qui fermeraient leurs volets, et soutiendraient ensuite que le soleil a cessé d'éclairer la terre. Je leur ai dit autrefois avec raison qu'*ils ont tous des yeux pour ne point voir, et des oreilles pour ne point entendre.*

Vos passions sont hors et autour de vous, moi, je suis et reste dedans; l'erreur assiége vos sens, moi, je m'adresse à votre ame. Ce n'est pas au loin et dans une solitude que vous devez me chercher; vous me trouverez au fond de votre cœur, au sein de votre conscience. Repassez de bonne foi votre vie, vous verrez que vous n'avez jamais rien fait de bien sans mon avis, et rien de mal qu'en négligeant mes conseils.

Je me montre aux princes dans tous les tableaux de l'histoire; je leur prouve que tout pouvoir qui veut se mettre au-dessus de la justice et des lois, est d'autant plus incertain, d'autant plus chancelant, qu'il paraît absolu. C'est un colosse sans base; sa force apparente fait son danger; il ne peut se soutenir que par la crainte, et tout ce qui se fait craindre tremble. Le récit des règnes despotiques n'est qu'une longue suite de massacres, de proscriptions, de chutes et de révolutions.

Je répète à ces princes qu'on les trompe en leur faisant regarder comme un appui une oligarchie qui les a si long-temps rivalisés, combattus, qu'ils ont eu tant de peine à soumettre, et qui, en les entourant d'hommages, de délations et de flatterie, n'a qu'un seul objet, le partage de leur richesse et de leur pouvoir.

On ne les égare pas moins en leur présentant, comme écueil, le peuple, dont le seul intérêt est de se voir gouverné par la justice, et non par la faveur et par le caprice.

La liberté, dont on fait un épouvantail aux monarques, peut seule cependant leur donner, ainsi qu'à leurs sujets, bonheur et sécurité. Je leur en fais voir l'exemple dans une île voisine: les droits de tous les hommes y sont sacrés; la liberté y règne; elle y environne le trône du plus noble éclat, et en éloigne constamment les orages qui n'y menacent jamais que les ministres.

Je ne parle pas moins hautement aux hommes religieux; je dis aux prêtres que les temps d'ignorance, de superstition, de fanatisme, sont passés; que la lumière a déchiré les voiles du charlatanisme; qu'il faut revenir à moi seule qui suis la force réelle de la religion, et qu'on m'outrage, ainsi qu'elle, lorsqu'on emploie, pour nous propager, la violence au lieu de la douceur, l'orgueil au lieu de l'humilité, l'intolérance et la haine à la place de la charité.

Nous désavouons toutes deux ces hommes qui courent répandre la discorde, quand ils devraient prêcher l'union; qui scandalisent notre raison par leurs momeries, et qui profanent la chaire en y déclamant sur la politique, lorsque leur devoir est de n'y parler que de la morale.

Le plus grand mal que l'on puisse faire à moi et à la religion, c'est d'agir de sorte qu'on nous craigne et qu'on cesse de nous aimer.

Les fiers partisans de l'oligarchie ne peuvent pas davantage me reprocher mon silence : je choque continuellement leurs superbes oreilles par mes graves leçons. Je leur redis jusqu'à satiété que leurs prestiges sont tombés comme leurs antiques forteresses; des plumes savantes ont émoussé leurs vieux glaives; leurs parchemins ont disparu sous la masse d'une foule de livres modernes. Le mérite personnel est devenu le seul titre respectable aux yeux des hommes, et la loi a proclamé cette égalité, qu'avant elle la religion prêchait.

Par quelle fatalité, leur dis-je, faibles et désarmés, persistez-vous dans un orgueil injuste, qui vous attire la haine du vulgaire et la pitié des sages? Vous cherchez des *prééminences* à la place des *droits perdus :* méritez-les par des talens, par des services. Vous ne pouvez plus rien tenir que du *roi*, du *peuple* et de l'*opinion ;* cessez donc de fronder ce *roi*, d'injurier ce *peuple*, et de choquer cette *opinion*, ou craignez, en continuant de dénigrer, de troubler, de calomnier la France, qu'elle ne reconnaisse plus en vous des Français. De long malheurs vous ont aigris, je vous plains; mais croyez que la haine, le dédain et la vengeance aggravent tout et ne consolent de rien.

Le peuple prétend, dites-vous, que je me cache dans une retraite ignorée, et pourtant jamais je n'employai plus de moyens, plus d'organes, plus de voix pour me faire connaître par lui.

Je le blâme, tantôt de sa mobilité, tantôt de son ardeur imprudente, tantôt de son insouciance. Je lui reproche ses égaremens passés; je lui rappelle ses devoirs autant que ses droits; je lui garantis la possession de ces mêmes droits, s'il sait en user, les soutenir et ne jamais en abuser.

Je lui défends de blâmer, de haïr en masse, d'accuser des classes entières des erreurs de quelques individus; je lui recommande de ne jamais confondre, dans sa haine et dans son amour, le *despotisme* avec la *monarchie*, la *licence* avec la *liberté*; enfin je l'avertis perpétuellement que *cette liberté se perd plus souvent par ses excès que par ses ennemis*. Après ces mots la *Vérité* se tut.

C'est fort bien parlé et sur-tout fort bien pensé, lui répondis-je avec respect, quoique dans votre discours je remarque un peu de *lieux communs* et de *redites*; mais vous êtes aussi vieille que le monde; et, à votre âge, on aime à se répéter. Cependant accordez-moi la faveur de m'apprendre quelque chose de neuf; indiquez-moi sous quels traits vous aimez à paraître, et comment je pourrais vous retrouver.

Pauvre esprit, me répliqua la *Vérité*, tu me vois tous

les jours; reconnais en moi l'*opinion publique.* En vain l'esprit de parti nie mon existence, ma force, mes progrès; je lui réponds, comme ce philosophe au Pyrrhonien qui niait le mouvement, *je marche devant lui.*

MARIE STUART,

REINE DE FRANCE ET D'ÉCOSSE,

NÉE EN 1542.

Le sort qui, pendant quelques années, combla de ses faveurs cette reine célèbre, ne la laissa jouir que peu d'instans d'un bonheur illusoire, d'une gloire fugitive, et se plut ensuite à épuiser sur elle toutes ses rigueurs.

Jamais une femme, jamais une reine ne reçut de la nature et de la fortune des présens plus brillans et plus dangereux. A peine sortie d'un berceau enveloppé de pourpre et entouré de fleurs, elle se vit portée sur deux trônes : l'un disparut aussi rapidement que la vapeur d'un songe ; l'autre, placé sur des écueils, au milieu des tempêtes, ne fut pour elle qu'un siége sanglant, d'où elle fut bientôt précipitée dans une prison qui la renferma vingt ans, et d'où elle ne sortit que pour monter sur l'échafaud.

Couronnée dès son enfance, enivrée d'hommages dans ses premières années, entraînée dans sa jeunesse par de funestes passions, victime en sa maturité de la jalousie d'une rivale et des discordes politiques et religieuses, la France fut le théâtre des courts instans de son bonheur, l'Écosse celui de ses faiblesses et de ses erreurs, l'Angleterre celui de ses malheurs, de son courage, de sa mort et de sa gloire.

Aimée avec passion, haïe avec fureur, la postérité hésite encore sur le jugement qu'elle doit porter dans la cause de cette reine infortunée. Les plus graves, les plus fortes présomptions s'élèvent contre sa mémoire; la couronne nuptiale ensanglantée ternit l'éclat de sa couronne royale. Si la fortune l'eût favorisée, aucune voix peut-être n'oserait aujourd'hui la justifier de ses erreurs; triomphante, elle aurait été jugée criminelle : mais les larmes que fait répandre le nom de Marie Stuart troublent, pour ainsi dire, la vue de la justice. Condamnée par une rivale qui n'avait pas le droit de la juger, victime de la haine et de la jalousie, martyre de sa foi, héroïque dans sa mort, elle inspire une pitié mêlée d'admiration; l'injustice du juge fait oublier les torts de l'accusée; on prend, pour ainsi dire malgré soi-même, le parti de l'opprimée coupable contre l'oppresseur tyrannique; le courage et le malheur se revêtent à nos yeux des couleurs de l'innocence; et, tremblant de répéter un arrêt féroce, nous sommes trop émus pour être sévères, et trop attendris pour condamner.

Brantôme, ainsi que la plupart des auteurs français et des catholiques anglais, parlent de Marie plus en chevaliers qu'en historiens, en enthousiastes qu'en juges. Buchanan, fougueux réformateur, comblé de bienfaits par la reine d'Écosse, sacrifiant la reconnaissance au fanatisme, ne porte sur la vie de Marie Stuart que le flambeau d'une haine religieuse : le fameux Knox, le Démosthène des réformés écossais, également entraîné par sa passion, poursuit sa reine malheureuse avec l'acharnement d'un ennemi furieux; la grace enchanteresse d'une femme douce et faible ne lui paraît qu'une forme trompeuse prise par le démon pour pervertir l'Écosse; et, comme elle est catholique, tout en elle lui semble piége, artifice et crime.

De Thou la juge en magistrat vertueux, mais sévère et inflexible. Robertson seul cherche impartialement la vérité dans les faits, les motifs dans les passions, les excuses dans le siècle.

C'est ce siècle sur-tout qu'il faut observer et connaître pour parler avec équité d'une reine qui en fut tour-à-tour l'ornement, la honte et la victime.

L'Europe tentait au seizième siècle un premier et grand effort pour secouer ses antiques chaînes, pour sortir des ténèbres, et pour faire quelques pas vers les lumières de la civilisation. La destruction du système féodal s'avançait; l'affranchissement des peuples commençait; l'établissement des armées permanentes accroissait la puissance des rois; la renaissance des lettres menaçait la vieillesse de la superstition; les rapports et les liens de la politique européenne s'étendaient; et tout ce qu'on attaquait avec ardeur était défendu avec passion.

Cette grande révolution s'opérait par des hommes encore semi-barbares; ce n'était point la science et la vérité aux prises avec l'ignorance et les préjugés, c'était l'enthousiasme combattant le fanatisme, et des erreurs nouvelles attaquant des erreurs anciennes; ce siècle enfin offrait un mélange bizarre d'ambition, de mollesse, de luxe, de chevalerie, de dévotion, de pédanterie, d'austérité, de débauche, de perfidie et de cruauté. L'esprit de secte et de parti divisait tous les esprits, enflammait toutes les passions, et servait de voile et d'excuse à tous les crimes.

Ce fut dans ces temps de discordes et d'orages que

Marie Stuart reçut le jour. L'Europe, embrasée par les longues querelles de Charles-Quint et de François I, vit alors l'Angleterre rompre ouvertement avec Rome; Henri VIII, tyran cruel, politique sombre, ne brisa point le joug de l'Église pour affranchir son peuple, mais pour sortir des liens qui gênaient ses inconstantes et sanguinaires amours.

Son exemple donna l'essor aux esprits ardens et mélancoliques qui voulaient, dans la Grande-Bretagne, réformer le culte catholique. Le luxe, la mollesse, l'ambition et la dépravation de la cour romaine et de la plus grande partie du clergé catholique à cette époque, donnaient, pour partisans aux réformateurs, tous les hommes ardens et austères; ils ne se bornèrent pas à s'armer contre les abus; ils attaquèrent les dogmes; et, prétendant ramener l'Église à la simplicité des premiers siècles, ils s'attachèrent sur-tout à détruire la hiérarchie ecclésiastique.

Ce fut principalement en Écosse que l'orage éclata avec le plus de violence. Cette contrée avait conservé plus long-temps que toute autre les mœurs sauvages, l'esprit belliqueux, l'indépendante fierté des tribus germaines, celtiques et bretonnes. Les chefs guerriers de ces tribus, qui portaient le nom de *Clans*, plaçaient les rois d'Écosse sur un trône sans pouvoir et entouré d'écueils. La guerre civile, le pillage, le brigandage, formaient l'état constant du pays : le glaive tenait lieu de sceptre; la force de justice, les mœurs de lois; et le prince ne jouissait de quelque puissance que lorsque, dans la division des partis, il se trouvait soutenu par le plus nombreux, et favorisé par la victoire.

A la faveur de ces troubles continuels, les archevêques,

les évêques et les abbés, protégés par l'antique croyance, avaient acquis des domaines étendus, d'immenses richesses et une autorité aussi redoutable aux grands qu'à la cour. Les apôtres de la réforme excitèrent facilement la jalousie des nobles, la cupidité des soldats et l'indignation des peuples, en peignant, sous les plus vives couleurs, le contraste scandaleux de l'opulence du clergé avec la pauvreté évangélique.

D'un autre côté les chefs de l'Église, en possession de l'autorité, appuyés par leurs nombreuses familles, forts par leurs richesses, défendus par tous ceux qui tenaient au culte de leurs pères, opposaient une vive résistance aux innovateurs. Au lieu de s'interposer entre ces partis, Henri VIII conçut le projet et entrevit l'espoir de profiter de leurs querelles pour réunir l'Écosse à son sceptre; et, dans cette vue, sa politique attisa le feu de ces discordes religieuses.

Telle était la situation des affaires et des esprits, lorsque Jacques V, roi d'Écosse, mourut peu de jours après la naissance de sa fille Marie Stuart. Cet enfant, destiné à tant d'éclat, de célébrité et d'infortunes, avait pour mère la reine Marie, de l'illustre et fatale maison des Guise. La fureur des partis, l'esprit de controverse, l'indépendance des nobles, l'orgueil inflexible des prêtres, la passion sans frein des réformateurs et la guerre déclarée par l'Angleterre, formaient de tous côtés d'effrayans orages qui entouraient le tombeau de Jacques et le berceau de Marie; aussi, peu de momens avant d'expirer, le roi prédit les malheurs qui devaient tomber sur la tête de sa fille.

Le cardinal Béaton, premier ministre, excitait trop l'aversion des réformés par sa haine contre eux pour être élevé sans obstacles à la régence ; elle fut donnée par la noblesse à Jacques Hamilton, comte d'Aran, proche parent de la jeune reine. S'il n'eût fallu pour un tel poste que de la douceur et de la probité, Hamilton en était digne ; mais son esprit manquait de décision, et son caractère de fermeté ; qualités sans lesquelles on ne peut gouverner les hommes.

Le danger public s'accroissait chaque jour ; l'armée anglaise défit dans une bataille les troupes d'Écosse. Un grand nombre de nobles tombèrent dans les fers, et le régent fut réduit à demander la paix. Henri VIII voulait faire épouser la jeune reine Marie à son fils Édouard : ce lien aurait pu prévenir de longs malheurs ; mais cette négociation qu'un peu de sagesse eût fait réussir, échoua parce qu'elle fut conduite avec orgueil. Le roi d'Angleterre irrita l'Écosse, en voulant lui dicter des lois : il exigeait qu'on remît sur-le-champ la jeune reine entre ses mains. Le parlement écossais refusa d'y consentir avant qu'elle eût atteint l'âge de dix ans. Le cardinal Béaton profita de ces difficultés pour s'opposer à tout traité avec un prince hérétique et excommunié. Soutenu à la fois par le zèle des catholiques et par la passion des Écossais pour l'indépendance, il se réunit aux Argyle, aux Huntly, aux Bothwel, et souleva toute l'Écosse contre les prétentions du roi d'Angleterre.

L'union de la nation l'aurait rendue invincible, mais cette union dura peu, et le retour d'un ennemi du régent, de Matthieu Stuart, comte de Lénox, qui arrivait de France, ralluma bientôt le feu de la discorde. L'inconséquence et la faiblesse du régent devinrent la cause de sa perte et de celle de son pays. En dépit de l'opposition du cardinal, il venait de conclure un traité avec Henri VIII. Dix jours après, changeant brusquement d'opinion et de parti, il rompt avec l'Angleterre, sort d'Édimbourg, se rapproche du cardinal qu'il avait déclaré ennemi de la patrie, et proclame hautement une nouvelle alliance qu'il vient de former avec le roi de France.

Cette révolution soudaine anéantit l'espérance du roi d'Angleterre qui venait de promettre Élisabeth sa fille au fils d'Hamilton. Les réformateurs trahis s'arment contre le régent ; celui-ci abjure leur culte, revient à la foi catholique, et par cette lâcheté se jette dans la dépendance du cardinal qui s'empare sous son nom du souverain pouvoir.

La guerre civile éclata ; Lénox, à la tête des réformés et soutenu par le parti anglais, attaque l'armée royale qui soutenait la cause de la France et du pape. Le régent et le cardinal sont vaincus et pris ; mais Lénox vainqueur ne sait pas profiter de sa victoire ; ses troupes se dispersent ; leurs débris sont taillés en pièces ; une armée anglaise, qui devait réparer sa perte, pénètre jusqu'à Édimbourg, et se retire ensuite chargée d'un immense butin. Tel fut le résultat de cette guerre entreprise avec fureur, commencée avec succès et terminée sans fruit, parce qu'elle était conduite sans ordre et sans plan.

Lénox abandonné chercha un asyle en Angleterre ; il y épousa Marguerite Douglas. Leur fils, lord Darnley, devint dans la suite roi d'Écosse, pour son malheur et pour celui de Marie : elle lui offrit le sceptre, et fut accusée ensuite de lui avoir donné la mort.

Les haines religieuses et civiles avaient trop d'aliment pour pouvoir s'éteindre : la guerre continua plusieurs années ; la mort de Henri VIII ne l'interrompit point.

Édouard VI soutint les réformés par ses armes; François Ier et Henri II envoyèrent des secours aux catholiques d'Écosse. La bataille sanglante de *Pinkey*, qui coûta dix mille hommes aux Écossais, fortifia leur haine contre l'Angleterre et leur amitié passagère pour la France.

La reine douairière, Marie de Guise, profitant de ces dispositions, acquit sur les affaires une grande influence, et conclut le mariage de la jeune reine sa fille avec le dauphin François, fils aîné de Henri II. Le parlement d'Écosse ratifia cette union. Six mille Français, descendus en Écosse, reprirent sur les Anglais plusieurs forts; le régent, toujours faible dans sa politique, accepta une pension de la France et le titre de duc de Chatelleraut. Ce traité, ouvrage d'une faction, et plus contraire qu'utile à l'indépendance écossaise, fut la cause principale de toutes les calamités qui tombèrent sur le trône et le peuple d'Écosse.

La jeune Marie Stuart, âgée de six ans, sortit alors de sa patrie, et fut transportée dans cette France qui conquit son amour, orna son esprit, développa ses graces et prépara ses malheurs.

La cour d'Angleterre, trompée dans ses projets, posa les armes et renonça à la couronne d'Écosse. Il était facile de prévoir que la paix serait plus utile aux Anglais que la guerre, elle devait laisser un libre cours à la haine naturelle que produirait l'incompatibilité de la fierté écossaise avec la présomption française.

Cette antipathie ne tarda pas éclater : elle s'annonça par des rixes sanglantes entre des soldats français et des bourgeois d'Édimbourg. Le plus fougueux des apôtres de la réforme, Knox, enflammait la haine du clergé catholique et l'enthousiasme des protestans par ses violentes prédications contre la discipline et la doctrine romaine. Le faible Hamilton, incapable de résister à tant d'orages, se démit de la régence, et la reine Marie de Guise s'en empara.

Les premiers actes de la régente annoncèrent une sage politique, une tolérance habile, elle protégea les réformés et contint les catholiques. La cour de Londres devenait alors le théâtre d'un changement soudain et total dans l'esprit du gouvernement. Édouard, roi d'Angleterre, venait de mourir; sa sœur Marie, montant au trône, épousa Philippe II, roi d'Espagne; et non contente de se déclarer hautement protectrice de la foi catholique, elle employa, pour contraindre ses sujets à s'y soumettre, l'autorité, la violence, les chaînes et les supplices; au nom d'un Dieu de paix et d'amour, sa haine se livra aux plus affreux excès, et le sang des réformés inonda la croix.

Un grand nombre de protestans persécutés se réfugièrent en Écosse; le spectacle de leurs misères y accrut l'animosité du peuple, que la conduite du clergé catholique était peu propre à calmer. Le clergé féodal, ignorant, superstitieux, affermant à bas prix ses vastes domaines aux puînés des nobles familles, disposait à son gré des élections au parlement, usurpait l'autorité des tribunaux civils pour en revêtir les tribunaux ecclésiastiques, s'emparait sans pudeur des successions privées, et, pour se dédommager des privations que lui imposait le célibat, remplaçait les liens légitimes qui lui étaient interdits par les désordres les plus scandaleux. Il bravait enfin tellement les mœurs, les lois et l'opinion, qu'on vit, à cette époque, le cardinal Béaton célébrer publiquement le mariage de sa fille naturelle avec un seigneur écossais.

Les réformateurs, sous des formes austères, ennemis du luxe et des vices, ne montraient pas de leur côté un cœur plus évangélique, et leur ardente charité ne se manifestait qu'à la lueur des torches qui incendiaient les palais, les châteaux, les abbayes, et à l'éclat des glaives qui égorgeaient les prêtres et leurs défenseurs.

Ce fut sous ces tristes auspices qu'en 1557 le dauphin de France et Marie Stuart solennisèrent leur union. Huit membres du parlement d'Écosse furent présens à cette cérémonie; ils y avaient été envoyés pour faire insérer dans l'acte du mariage un article qui garantissait l'indépendance de leur patrie et les droits de la maison d'Hamilton à la succession au trône. Cet article fut signé; mais, par une politique digne de ce temps, la cour de France, trompant l'innocence d'un enfant couronné, fit protester en secret la jeune reine contre l'engagement qu'elle venait de prendre avec son peuple au pied des autels. Comment les souverains peuvent-ils compter sur la fidélité de leurs sujets, quand ils leur donnent l'exemple de l'infraction des promesses et du mépris de la morale !

Au moment où Marie Stuart posait sur sa tête la couronne de France, le sceptre d'Angleterre, vacant par la mort d'une autre Marie, passait dans les mains de sa sœur Élisabeth, dont la jalousie et la puissance devaient un jour être si funestes à la reine de France et d'Écosse.

L'avénement d'Élisabeth au trône changea le sort des catholiques, fit cesser les persécutions qu'ils exerçaient, et assura le triomphe des réformés. Le parlement, toujours servile pour la cour, poursuivit les papistes pour se conformer aux ordres de la nouvelle reine, comme il les avait soutenus pour plaire à Marie, et de même qu'il les avait précédemment encore opprimés pour obéir à Henri VIII.

En Écosse, les discordes religieuses s'aigrissaient de plus en plus. L'archevêque de Saint-André ayant fait condamner au feu un vieux prêtre soupçonné d'hérésie, la fureur des protestans ne connut plus de bornes; la régente ne les défendait que faiblement, et ils réclamaient hautement, comme droit, une liberté qu'on ne voulait leur accorder que par tolérance.

L'ambition des Guise, qui ne voyaient alors entre leur famille et les trônes de France et de la Grande-Bretagne que peu d'obstacles, s'apprêtait audacieusement à les franchir. Aveuglé par leurs conseils, Henri II fit prendre au dauphin, son fils, le titre et les armes du roi d'Angleterre; c'était imprudemment avertir Élisabeth qu'elle devait se défendre et se venger.

Cette reine célèbre joignait aux faiblesses jalouses, naturelles à son sexe, le génie d'un grand homme; habile, prévoyante, ferme, artificieuse, implacable, elle conçut dès-lors pour sa jeune rivale une haine qui ne s'éteignit que dans le sang de sa victime; et, pendant vingt ans, la querelle de deux reines, la rivalité de deux femmes et l'animosité de deux cultes opposés, remplirent l'Écosse et l'Angleterre de troubles, d'intrigues, de factions, de complots, et de tous les maux qu'enfante l'esprit de secte et de parti.

Les protestans des deux royaumes soutenaient la cause d'Élisabeth; les catholiques embrassèrent avec ardeur celle de Marie. La régente, dominée par eux et gouvernée par les Guise ses frères, voulut extirper l'hérésie. Le signal de la persécution fut celui de la guerre civile.

On somma les réformés de comparaître devant une cour de justice, convoquée à Stirling; mais le peuple en foule s'arma pour défendre la congrégation. La régente fit marcher contre les réformés des troupes françaises : au moment de livrer bataille, la peur, le plus funeste des conseillers, dicta à la cour une paix trompeuse; elle accorda une amnistie et viola le traité dès qu'elle vit le péril éloigné. Cette mauvaise foi produisit son effet ordinaire; elle accrut la haine, le nombre et la force des ennemis du gouvernement; plusieurs nobles, le comte d'Argyle, le prieur de Saint-André lui-même, abandonnèrent la régente qui ne savait faire respecter ni sa foi dans la paix, ni ses armes dans la guerre.

Les catholiques firent alors un dogme politique de l'obéissance passive; les réformateurs se rallièrent aux amis de la liberté. Le peuple, soulevé par ceux-ci, saccagea les monastères et démolit les églises : enfin, après plusieurs trèves et trois traités aussitôt enfreints que conclus, la régente accorda au peuple la pleine liberté de culte, bien décidée à retirer cette concession dès que les renforts que lui promettait la France seraient arrivés.

Henri II terminait alors sa vie, et laissait son trône à François II et à Marie Stuart. Les Guise régnèrent sous leurs noms, et l'accroissement de leur pouvoir releva en Écosse l'espoir et le parti de la régente.

Les troupes françaises, envoyées par eux dans ce pays, obtinrent quelques succès passagers qui ne firent qu'augmenter le fanatisme des réformés et leur haine contre la France. Ils convoquèrent un parlement, et là ils posèrent une de ces questions délicates qui, dès qu'on y touche, ébranlent l'autorité des princes et le repos des peuples : c'était celle *du degré d'obéissance qu'on doit au gouvernement lorsqu'il est injuste.*

Les théologiens, c'est-à-dire les passions, furent consultés ; les avis furent individuels et motivés ; il en résulta la décision violente d'enlever la régence à la reine. Cet arrêt lui fut porté ; elle n'y répondit que par les armes.

La guerre civile recommença avec fureur ; la discipline française l'emporta sur l'ardeur mal réglée des Écossais, et les troupes de la régente, après avoir défait les réformés, les poursuivirent jusqu'à Édimbourg.

Élisabeth, qui jusque-là les soutenait secrètement, crut alors devoir rassembler son conseil pour décider si elle pouvait, comme reine, prendre ouvertement le parti de la rebellion écossaise, ou si, par son inaction, elle assurerait le triomphe de sa rivale et celui d'une religion ennemie.

Dans de pareilles délibérations, on écoute plus l'intérêt personnel que l'intérêt général, et les argumens de la jalousie que ceux de la justice. On décida donc qu'il était permis de se garantir des périls à venir, de se servir des moyens de l'ennemi pour lui nuire, et qu'on pouvait intervenir dans les affaires d'Écosse, puisque la France s'y immisçait, et que les Guise faisaient prendre à Marie Stuart les armes d'Angleterre.

Ainsi l'Écosse devint le théâtre de la guerre qui éclata entre les Français et les Anglais ; Élisabeth conclut un traité avec les réformés ; ils se virent bientôt soutenus par la flotte britannique et par un corps auxiliaire de six mille hommes. La reine régente mourut cette année 1560 ; naturellement douce et modérée, elle ne dut ses malheurs qu'à sa condescendance pour ses frères et à son dévouement pour la France. Le spectacle des malheurs publics ouvrit ses yeux mourans, et ses dernières paroles furent des paroles de tolérance et de repentir.

Ses tristes accens retentirent en France, et ébranlèrent la fermeté des Guise. Menacés dans leur pays par la conspiration d'Amboise, attaqués en Écosse par le génie d'Élisabeth, ils rappelèrent leurs troupes et conseillèrent à François II et à Marie d'accorder aux Écossais la paix, la liberté de conscience et une entière amnistie.

Par ce traité, Marie reconnut les droits d'Élisabeth, et s'engagea à ne plus prendre le titre et les armes de reine d'Angleterre. Les Français et les Anglais évacuèrent l'Écosse ; le parlement écossais rassemblé se montra persécuteur dès qu'il cessa d'être persécuté ; approuvant la profession de foi des réformés, il proscrivit les rites du papisme, et en punit l'exercice par la confiscation, le bannissement et la mort.

La fortune qui s'était toujours plue à combler Marie de ses faveurs et à l'environnner, depuis son enfance, du plus brillant éclat, se tournant tout à coup contre elle, lui donna, par la mort de François II son époux, le signal des rigueurs dont elle se préparait à l'accabler désormais sans relâche.

Jusque-là cette jeune reine, chérie par son mari, adorée par les Français, respectée en Écosse, soutenue par les Guise, n'avait vu ses beaux jours troublés par aucun nuage. Le sort l'avait destinée à régner sur deux peuples ; sa grâce et son esprit lui donnaient encore un

empire plus doux sur les cœurs; mais, déchue tout
à coup du trône de France, abandonnée par cette foule
de courtisans qui ne sont jamais fidèles qu'au pouvoir,
exposée sans défense à la haine de Catherine de Médicis, sa belle-mère, qui avait été long-temps jalouse
de son rang, de ses charmes et de son crédit, solitaire
dans le pays où elle régnait la veille, et menacée par le
ressentiment d'Élisabeth, elle vit disgracier les Guise
qui faisaient sa force; et, quand ses tristes regards se
portaient sur l'Écosse, elle y trouvait triomphant un
culte ennemi du sien, et revêtu, sous le nom de presbytérianisme, de ces formes républicaines que la religion prend par-tout où elle est combattue.

Ce fut alors que le parlement écossais sollicita vivement son retour dans sa patrie. Marie, assiégée de
conseils différens, disposée par la nature à la tolérance,
par le clergé à la rigueur, par son rang à la fierté,
hésitait sur le parti qu'elle devait prendre. Les mœurs
sauvages et turbulentes de l'Écosse l'effrayaient; son
affection pour la France la retenait : mais la haine de
la reine mère termina son indécision, et, quittant avec
désespoir le pays où elle vivait chérie, mais exilée, elle
s'embarqua en gémissant pour se rapprocher d'un
trône dont l'éclat cachait à ses regards un précipice
et un tombeau.

Catherine vit seule avec joie l'éloignement d'une
femme dont la grace et l'esprit lui avaient enlevé longtemps les hommages de la cour; mais toute la France
attristée croyait, par le départ de Marie, perdre son
plus bel ornement. Les expressions naïves d'un chevalier de ce temps, de Brantôme, peuvent donner l'idée de
l'enthousiasme inspiré par les charmes de cette reine:

« Ainsi, dit-il, que son bel âge croissait, ainsi vit-on
» en elle sa belle beauté, ses grandes vertus croître de
» telles sortes que, venant sur les quinze ans, sa beauté
» commença à paraître comme la lumière en plein
» midi, et en effacer le soleil lorsqu'il luisait le plus
» fort, tant la beauté de son corps était belle! Et pour
» celle de l'ame elle était toute pareille; étant à l'âge
» de treize à quatorze ans, elle déclama devant le roi
» Henri, la reine et toute la cour, publiquement dans
» la salle du Louvre, une oraison en latin qu'elle avait
» faite, soutenant et défendant, contre l'opinion com-
» mune, qu'il était bienséant aux femmes de savoir
» les lettres et arts libéraux. Aussi la faisait-il beau
» voir, parler, fut au plus grand ou au plus petit; elle
» se mêlait d'être poëte, et composait des vers dont
» j'en ai vu aucuns de beaux et très-bien faits; elle
» écrivait fort bien en prose; et, quand elle devisait,
» elle usait de très-doux, mignard et fort agréable lan-
» gage et avec une bonne majesté, mêlée pourtant avec
» une fort discrète et modeste privauté, et sur-tout avec
» une fort belle grace; de même que sa langue naturelle
» qui de soy est fort rurale, barbare, mal sonnante, elle
» la parlait de si bonne grace et la façonnait de telle
» sorte, qu'elle la faisait très-belle et agréable en elle,
» mais non en un autre. Je l'ai vu habillée à la barba-
» resque mode des sauvages de son pays : elle paraissait,
» en un corps mortel et en habits grossiers, une vraie
» déesse. On disait d'elle que le soleil de son Écosse
» était fort dissemblable à elle; car quelques jours de
» l'an il ne luit pas cinq heures en son pays, et elle
» luisait toujours. Ah! royaume d'Écosse, je crois que
» maintenant vos jours sont encore plus courts et vos

» nuits plus longues, puisque vous avez perdu cette
» princesse qui vous illuminait. »

On a dit souvent que le sort aveugle les princes qu'il veut perdre; Marie, avant de quitter la France, refusa de ratifier sa renonciation au trône d'Angleterre. Ce refus lui attira la haine implacable d'Élisabeth, qui voyait dans Marie une rivale de rang, d'esprit, de beauté, armée contre elle des lances de la France, des armes des catholiques et des foudres de Rome. Elle lui refusa un sauf-conduit, et, sous prétexte de purger les côtes de quelques pirates, mit en mer une flotte chargée de l'arrêter dans son passage.

Marie Stuart, accompagnée des Guise ses oncles, du duc de Nemours et d'un grand nombre de chevaliers français, s'embarqua dans le port de Calais; un navire qui précédait ses deux galères périt à ses yeux, et la reine s'écria : Ah! quel augure pour mon voyage!

Au moment où Marie s'éloigna du rivage de cette France chérie, asyle de son enfance, théâtre de ses premières joies et de sa première gloire, elle fondit en larmes et lui fit ses adieux par ces vers que le temps nous a conservés :

> Adieu, plaisant pays de France,
> O ma patrie
> La plus chérie!
> Qui a nourri ma jeune enfance.

> Adieu France, adieu mes beaux jours;
> La nef qui disjoint nos amours,
> N'a eu de moi que la moitié;
> Une part te reste, elle est tienne;
> Je la fie à ton amitié
> Pour que de l'autre il te souvienne.

Les vents, comme attentifs à sa douleur, semblèrent s'arrêter; le calme dura toute la nuit. Le lendemain matin, au point du jour, les côtes de France n'avaient pas disparu; la triste Marie les revit encore quelques instans, leur répéta ses plaintes touchantes et leur fit ses derniers adieux. La mer s'agite, la reine part; et, secondée pour la dernière fois par le ciel, elle échappe aux poursuites de la flotte anglaise à la faveur d'un brouillard épais, et elle débarque à Leith.

Ce fut en l'année 1561 qu'elle rentra dans sa patrie : en vain on l'accueillit avec des transports de joie; le contraste de la pauvreté, de la rusticité écossaise avec le luxe, la galanterie et l'urbanité des Français, attristait ses regards et oppressait son cœur. Cette reine, à dix-neuf ans, revenait étrangère à son pays, à ses lois, à ses mœurs, privée d'amis, dépourvue d'expérience, au milieu d'une nation livrée aux controverses, d'une noblesse turbulente et habituée à l'indépendance, et d'un peuple vieilli dans la haine contre la France.

Cependant le penchant naturel des hommes pour la nouveauté, l'espoir que donne tout changement d'autorité, la jeunesse de la reine, sa grace mêlée de dignité, son esprit, ses talens, son aménité, suspendirent les haines et les rivalités.

Marie jouit quelques mois d'un bonheur apparent; les partis semblèrent même rivaliser de zèle pour la servir, et ceux qui depuis se montrèrent les plus ardens pour lui arracher le sceptre et lui ravir la liberté, ne paraissaient alors empressés qu'à se disputer son cœur et sa main.

Ce calme passager n'annonçait que l'orage : la première messe que, par les ordres de la reine, on célébra solennellement dans le palais, fit éclater la tempête. Passant subitement de l'amour à la haine, le peuple furieux insulte le trône, profane l'église, outrage les prêtres. Vainement la reine publie un édit pour la tolérance générale; à peine put-elle obtenir pour elle-même et pour sa maison le libre exercice de son culte.

Dans cette situation périlleuse, il fallait au moins se mettre à l'abri de toute attaque étrangère; mais la reine, mal conseillée, mécontenta le plus puissant de ses voisins, le plus dangereux de ses ennemis. Elle se désista, il est vrai, de tous droits au trône d'Angleterre tant que vivrait Élisabeth; mais elle s'obstina sans prudence à vouloir que le parlement anglais la déclarât héritière de ce trône, dans le cas où Élisabeth mourrait sans enfans.

Ce brandon lancé par la faible Marie dans le royaume de son orgueilleuse rivale, ce prétexte de troubles donné au parti catholique en Angleterre, rendirent pour toujours toute réconciliation impossible.

Marie Stuart sut réprimer avec fermeté les brigandages exercés par une foule de bandits sur les frontières; mais elle ne put apaiser les troubles excités par la division des nobles, des Hamilton, des Bothwell, des Gordon et du comte de Marr, et elle ne fit qu'éluder les instances pressantes du parlement d'Écosse, qui demandait hautement la proscription du papisme.

Huntly prit ouvertement les armes contre la reine; alors elle se rendit dans le nord de l'Écosse, suivie des chefs protestans. Son frère naturel, Morton, comte de Murray, combattit pour elle, et défit complètement Huntly, dont le fils Gordon fut décapité. On condamna Huntly à la mort; mais la reine lui fit grace.

Marie sentait la nécessité, au milieu de tant d'orages, de donner un soutien à son trône, un héritier à son sceptre. L'archiduc Charles, le duc d'Anjou, recherchaient sa main; elle venait de perdre, par la mort du duc de Guise, un appui ferme, mais dangereux. Les Écossais s'opposaient à tout lien qui les menaçait d'une domination étrangère; l'impétueux clergé protestant infligeait le nom d'idolâtrie à tout mariage étranger.

Élisabeth secondait cette opposition, dans le dessein de priver sa rivale de secours; elle voulait faire épouser à Marie, Leicester, son propre favori. L'orgueil de la reine d'Écosse s'en irrita; elle donna sa main au lord Darnley, Henri Stuart, fils du comte de Lénox, banni depuis vingt ans. Sa mère, Marguerite Douglas, fortifiait les prétentions de Marie au trône d'Angleterre. Cet hymen déplaisait à Élisabeth; mais elle dissimula, espérant que ce choix sèmerait la discorde entre les maisons de Lénox et d'Hamilton.

Darnley, vain, inconstant, présomptueux, faible et fougueux, à peine arrivé, irrita les nobles qui le rappelaient, calomnia la reine qui l'élevait au trône, regarda comme un crime ses liaisons avec Murray, son frère naturel, et prodigua sa confiance aveugle à un aventurier, David Rizzio, né à Turin, et dont tout le mérite consistait dans un talent remarquable pour la musique, et plus prononcé encore pour l'intrigue. La reine, cédant aux instances de Darnley, nomma Rizzio son secrétaire; bientôt cet arrogant parvenu se montra plus fastueux, et devint plus puissant que les ministres.

Cependant la reine, ayant obtenu le consentement

de l'assemblée de la noblesse, épousa et couronna Darnley. Alors Murray, et quelques autres chefs excités par Élisabeth, formèrent des ligues contre le nouveau roi. La douceur aurait pu les ramener; Darnley préféra la violence. Marie, entraînée par ses conseils, sévit contre les réformés, et condamna Murray au bannissement.

La guerre civile éclate; Marie rassemble ses troupes, prend elle-même les armes, monte à cheval, anime ses soldats par son éloquence et par son exemple, combat les rebelles et les met en fuite. Leurs chefs se réfugient en Angleterre; Élisabeth, toujours artificieuse, déclare publiquement qu'elle ne veut point encourager la révolte contre un souverain légitime; elle refuse de voir les chefs des révoltés, tandis qu'elle leur prodigue secrètement des secours pour relever leur parti.

Marie, triomphante, abusa de la victoire; elle prit la fatale résolution de proscrire les réformés. Dans le même temps Darnley, ingrat et violent, offense l'orgueil de Marie par ses dédains, et blesse son cœur par ses infidélités. Irritée comme reine et comme femme, elle confie ses chagrins à Rizzio, qui aigrit ses blessures, et se déclare hautement contre Darnley. Son insolence excite alors le ressentiment de Morton et des nobles; le roi, non moins irrité, laisse éclater des désirs de vengeance.

Le duc de Ruthwen, Morton et d'autres conjurés, entrent dans le palais, le 9 mars 1566, à la tête de cent soixante hommes armés. La reine, grosse de six mois, soupait alors avec la comtesse d'Argyle, plusieurs autres personnes et Rizzio. Celui-ci, à la vue du péril qui le menace, se jette aux pieds de la reine pour se faire un rempart de sa personne sacrée. Ruthwen, le poignard à la main, lui commande de s'éloigner; Rizzio, troublé par la peur, entoure Marie de ses bras; vainement la reine tremblante emploie tour-à-tour la prière, les pleurs, les menaces pour désarmer les meurtriers; on arrache violemment Rizzio de son asyle, et, sous les yeux de Marie, il tombe et meurt frappé de cinquante-six coups de poignards.

Les conjurés, redoutant dès-lors le châtiment de leur attentat, entourent de leurs gardes le roi et la reine. Marie, prisonnière, est forcée de dissimuler et de promettre aux rebelles le pardon de leurs outrages; mais bientôt, rompant ses chaînes, elle trompe ses surveillans, emmène son époux avec elle, fuit jusqu'à Dumbar, arme huit mille hommes, se rapproche des mécontens, affaiblit ses ennemis en les divisant, isole ainsi les meurtriers de Rizzio, et les force à se sauver en Angleterre.

La reine les mit en jugement, et leur condamnation fut difficile à obtenir; car on tenait encore en Écosse à cette affreuse et vieille maxime d'après laquelle on prétendait *qu'il y a des cas où l'assassinat est un acte vertueux, plus méritoire dans un chevalier que dans un écuyer, dans un roi que dans un chevalier*; maxime qu'après beaucoup de débats le concile de Constance, en 1417, avait enfin proscrite.

L'amour de Marie pour Darnley s'était éteint dans le sang de Rizzio. Ce roi, lâche et cruel, complice d'un meurtre qu'il désavouait, était devenu par son ingratitude, par son ivrognerie, par ses débauches, l'objet de l'aversion et du mépris de la reine.

Le comte de Bothwell, quoique protestant, s'était montré fidèle à Marie; elle lui devait le recouvrement de la liberté : le don coupable de son cœur en fut le prix; et cet amour illégitime, qui adoucit passagèrement les chagrins de cette reine infortunée, lui coûta bientôt la perte de sa réputation, de sa liberté, de son trône et de la vie.

Dans l'année 1566, Marie mit au monde un prince qui depuis, sous le nom de Jacques VI, régna en Écosse et en Angleterre. Élisabeth accueillit cette nouvelle avec une fausse joie, consentit à tenir sur les fonts de baptême l'enfant de sa rivale, et parut aussi s'efforcer de la réconcilier avec son époux.

Le roi d'Écosse, haï de tous les partis, méprisé par sa femme, isolé dans sa cour, remplit l'Europe de ses plaintes, implora la protection du pape, des rois de France et d'Espagne. Il voulait quitter l'Écosse; la reine, feignant un retour de tendresse, parvint à le retenir. Cependant Bothwell, chargé de combattre les brigands qui infestaient la frontière, revint blessé par eux; Marie, le voyant en péril, ne laissa que trop éclater son coupable amour.

A la même époque, Élisabeth tomba gravement malade: l'imprudente Marie crut l'instant propice pour rappeler ses prétentions à la succession de cette reine; le parlement s'y montra favorable. Élisabeth en ressentit une vive inquiétude, un profond courroux, et ce ne fut qu'après beaucoup d'efforts pour gagner la majorité de ce parlement, qu'elle parvint à faire ajourner sa décision.

On célébrait en Écosse le baptême du fils de Marie; les protestans refusèrent d'y assister; le palais et la nation étaient livrés à la discorde; par-tout la rebellion se préparait; le crime se méditait. Darnley, solitaire, assiégé de craintes, tombe malade à Glascow, et se croit empoisonné; la reine se rend auprès de lui, regagne sa confiance par de feintes caresses, et le décide à venir habiter une maison isolée, située près des portes d'Édimbourg. Elle vient l'y voir fréquemment et y couche même deux nuits; mais le 9 février 1567, elle quitte cette maison pour se rendre à un bal masqué qu'elle donnait dans son palais. Tout à coup, à deux heures du matin, une effrayante détonation se fait entendre; une mine, placée sous la maison habitée par le roi, éclate et disperse au loin ses débris; on accourt, et on trouve étendu sur la terre le corps de ce prince et celui d'un de ses domestiques.

Vainement Marie, s'efforçant de détourner les soupçons qui planaient sur elle, publia une proclamation pour promettre de fortes récompenses à celui qui découvrirait les auteurs du meurtre; la voix publique, aussi éclatante que l'explosion fatale, nommait Bothwell et accusait la reine : les murs de la ville étaient couverts de placards injurieux contre elle. Lénox poursuivait en justice Bothwell, comme auteur de la mort de son fils; mais l'aveugle Marie, n'écoutant que sa passion, courait elle-même au-devant de sa destinée, elle semblait braver l'opinion publique, en prodiguant avec audace sa confiance et sa faveur à l'accusé qu'elle revêtit du gouvernement d'Édimbourg, enlevé au comte de Marr. Enfin, pour comble de scandale, on presse le jugement, on ne laisse que onze jours à Lénox pour préparer son accusation; Bothwell reste en liberté, et continue d'assister au conseil privé; les pairs se rassemblent, le coupable, absous par eux, mais condamné par l'opinion publique, défie en champ clos tout nouvel accusateur, comme si le sang versé dans un duel pouvait laver celui qu'a répandu l'assassin. Telle était encore la force des vieilles mœurs féodales aux yeux des chevaliers ; la bravoure prouvait l'innocence et la vertu, ou en tenait lieu.

Lénox, voyant la puissance dans les mains de son ennemi, cherche un asyle en Angleterre. Le parlement d'Écosse est convoqué ; Bothwell, le jour de l'ouverture, porte arrogamment le sceptre devant Marie, comme l'un de ses grands officiers. On présente au parlement un acte dicté par lui et favorable à la religion réformée. Il gagne ainsi une partie de la noblesse, dont la majorité, sans pudeur, invite la reine à épouser son coupable favori.

La reine oppose à ces sollicitations une résistance peu sincère ; elle part pour Stirling dans le dessein de voir son fils. Mais Bothwell, à la tête de mille chevaux, l'arrête dans sa route, l'enlève et la retient prisonnière à Dumbar : chacun crut cette violence concertée. Le ravisseur rompt les liens d'un premier hymen, et, devenu libre, conduit Marie au château d'Édimbourg. Là, cette reine se présente à l'assemblée des nobles, déclare qu'elle consent à épouser Bothwell, et que ce consentement est volontaire ; elle crée son futur époux duc d'Orkney.

Le nouveau duc veut s'emparer du fils de la reine ; le comte de Marr, gouverneur du jeune prince, par une résistance vigoureuse, le force à renoncer à son entreprise ; mais le funeste mariage de la reine s'accomplit, et Bothwell, sans recevoir le titre de roi, en exerce l'autorité et en signe les actes.

Le moment était venu où le bandeau qui couvrait les yeux de la jeune reine devait tomber : bientôt l'affreuse vérité allait remplacer de folles illusions. Le mariage de Bothwell excitait l'indignation générale; une puissante conjuration se forme: Argyle, Athol, Marr, Morton, Glencairn, Home, Lindsay, Boyd, Murray, Kirkaldy et Maitland se réunissent à Stirling; leurs nombreux vassaux courent aux armes. Marie et Bothwell consternés se retirent à Dumbar, rassemblent des troupes, mais ne peuvent ranimer leur courage ébranlé par l'injustice de leur cause.

A peine les armées sont-elles en présence, que celle de la reine plie et se disperse; Bothwell fuit; Marie tombe dans les mains des rebelles. Morton et les autres chefs l'accueillent avec des formes respectueuses; mais les soldats l'accablent d'injures, et déploient à ses yeux un drapeau où l'on avait peint le corps du roi assassiné, et le jeune prince Jacques disant ces paroles du Psalmiste: *O mon Dieu! sois mon juge et prends la défense de ma cause.*

Les vainqueurs de la reine la conduisirent à Édimbourg, précédée de l'horrible drapeau, signal de honte et de mort. Un peuple immense, qui naguère semait ses pas de fleurs, lui prodiguait en chemin les plus sanglans outrages. On lui demandait le sacrifice de son nouvel époux; elle refusa d'y consentir, soit qu'elle crût à son innocence, soit que l'amour eût plus de force dans son cœur que la crainte des fers et du trépas.

Le château de Lochleven, situé dans une île, au milieu d'un lac, servit de prison à la reine d'Écosse. Là, elle fut livrée aux persécutions et à la haine de lady Douglas, mère de Murray, femme hautaine, autrefois maîtresse de Jacques V, et qui prétendait avoir été sa femme.

Les chefs de la rebellion gouvernèrent le royaume; le conseil privé, composé par eux, gagna l'affection du peuple en poursuivant de nouveau les meurtriers du roi. Toutes les chances du sort se réunissaient contre l'infortunée Marie; l'arrestation d'un messager de Bothwell fit tomber dans les mains des ennemis de la reine, une cassette qui contenait sa correspondance avec son criminel amant. On trouva dans ses lettres trop de preuves, sinon de sa complicité, du moins de sa passion aveugle pour Bothwell, et de sa violente haine contre Darnley. Certains passages mêmes montraient qu'elle n'ignorait point les funestes projets qui menaçaient les jours du roi.

Cette découverte abandonnait sans secours la reine aux vengeances de ses ennemis. Dans une telle extrémité, elle dut, pour le moment, son salut à la main dont elle redoutait le plus les coups. Élisabeth, croyant sans doute sa rivale trop abaissée pour être désormais dangereuse, parut prendre son parti, non par générosité, mais par politique; non pour relever sa fortune, mais pour alimenter en Écosse le feu de la discorde. Elle proposa donc aux lords confédérés, ou de lui rendre une autorité bornée, ou de l'exiler en France, ou de la soumettre à un jugement impartial et solennel: le conseil privé penchait vers le second parti.

Lindsay fut chargé de proposer à la reine d'abdiquer. Après avoir balancé entre le péril de la résistance et la nécessité de la résignation, Marie Stuart, persuadée qu'une abdication forcée était nulle, signa cet acte le 24 juillet 1567. Jacques VI, son fils, fut couronné. On donna la régence à Murray, comte de Morton, homme d'état habile, mais frère dénaturé. Oubliant que Marie était sa sœur et sa bienfaitrice, il ne la revit que pour l'accabler de reproches.

La fin de Bothwell fut digne de sa vie : poursuivi d'asyle en asyle, il se fit pirate, vit sa flotte détruite dans un combat naval, se sauva avec un seul bâtiment sur les côtes de Norwège, s'y empara d'un riche vaisseau, fut ensuite pris et jeté en prison. Il y tomba en démence, et mourut après avoir expié ses crimes par une captivité de dix ans.

L'infortune de Marie semblait jeter un voile sur ses erreurs; sa jeunesse, son esprit, ses charmes, l'ingratitude de ses oppresseurs, la rigueur de sa captivité, faisaient succéder la pitié à l'indignation; un parti nombreux conspirait en secret pour elle, et, lorsque le parlement, convoqué par Murray, accepta l'abdication de la reine, lut publiquement ses lettres et la déclara complice du meurtre de son époux, on se souvint que le même parlement avait absous ce meurtrier, et avait pressé Marie de lui donner sa main. Enfin on n'oubliait pas que les persécuteurs de la reine, violant eux-mêmes la majesté royale, l'avaient accablée d'outrages, et que leurs mains fumaient encore du sang de Rizzio égorgé à ses pieds : on ne pouvait respecter de tels juges.

Marie, privée de la puissance royale, conservait toujours celle que donne la beauté. Georges Douglas, âgé de 18 ans, enflammé par elle d'amour et d'espoir, s'empare des clefs du château de sa mère; il ouvre à la reine les portes de sa prison; elle se sauve dans une barque. Sayton, Hamilton et d'autres lords l'attendaient sur le rivage; ils l'accueillent, ils l'entourent; ils lèvent pour elle une armée; une foule de guerriers s'arment pour la défendre.

La reine, entraînée par leur ardeur, commet une faute irréparable : au lieu d'attendre la réunion de toutes ses forces, elle marche pour s'emparer de Dumbarton, et rencontre l'armée de Morton à Lang-Side-Hill.

Une colline séparait les deux armées; Morton s'en empare, et se poste sur un terrain coupé où la nombreuse cavalerie de la reine devenait inutile. La bataille se livre, la fortune abandonne sans retour Marie ; ses troupes sont mises en déroute; elle-même fuit. Elle devait chercher un asyle secret en Écosse ou regagner les rivages protecteurs et chéris de la France ; mais, guidée par sa funeste étoile et trompée par la feinte et récente générosité d'Élisabeth, elle s'embarque et descend à Carlille en Angleterre ; là, elle écrit à la reine sa cousine, lui raconte ses outrages, lui peint ses malheurs et implore sa pitié.

Élisabeth ne jouit pas sans trouble de son triomphe. Marie, au milieu de l'Angleterre, excitait encore ses alarmes : les malheurs de cette reine pouvaient, ainsi que son esprit et ses charmes, armer pour elle le parti catholique ; et cette rivale captive lui semblait, au milieu de son propre pays, un étendard hostile et dangereux.

Elle convoque son conseil pour décider, non ce que demandait la justice, mais l'intérêt. La réintégration de Marie serait glorieuse mais impolitique, et la haine ne croit point au pouvoir des bienfaits. Il était à craindre qu'un exil en France ne décidât les Français à la ramener dans l'Écosse; si on la laissait libre en Angleterre, sa beauté, son adresse, ses infortunes, soulèveraient en sa faveur un parti mécontent et nombreux. Il est vrai qu'aucun droit, aucune loi, aucun motif fondé, ne pouvaient justifier la rigueur qui, au lieu d'un asyle, lui offrait une prison. Mais la politique trouve toujours, à défaut de raison, des exemples. On s'appuya sur celui de Henri IV, roi d'Angleterre, qui commit, dans une pareille circonstance, une semblable iniquité, et Marie fut retenue prisonnière. A la vérité, dans le commencement, on ne l'enferma point; mais elle fut entourée d'une garde nombreuse qui, sous prétexte de la traiter avec honneur, la surveillait et ne lui laissait aucun moyen de s'évader.

Cependant Marie, toujours crédule et trop disposée aux sentimens doux et tendres pour concevoir une haine si violente, pressait continuellement son ennemie de lui accorder une entrevue. La reine d'Angleterre lui répondit qu'avant de l'admettre en sa présence, il fallait qu'elle éclaircît les soupçons qui pesaient sur elle, et qu'elle se justifiât complètement du meurtre de son époux.

La reine d'Écosse, trop confiante, commit alors l'inconcevable faute de s'abandonner sans réserve à son inimitié; elle lui offrit de la prendre elle-même pour juge. Par-là, elle tombait dans un piége qu'on n'avait pas osé lui tendre; elle se présentait elle-même au tribunal, non de la justice, mais de la jalousie; et, renonçant à son indépendance, elle donnait à une reine étrangère une apparence de droit pour prononcer sur sa destinée.

L'accusée s'étant choisi un juge, l'accusatrice ne tarda pas à paraître. Ce fut la comtesse de Lénox, mère du roi assassiné; et le régent d'Écosse envoya des commissaires chargés d'assister en son nom à ce grand procès.

Marie ouvrit alors tardivement les yeux. « Je ne vou-
» lais, écrivait-elle à Élisabeth, que lever les scrupules
» qui vous décidaient à retarder notre entrevue ; mais
» jamais mon intention n'a été de plaider avec mes su-
» jets. Je vous ai préféré à toute autre pour implorer
» votre secours et vous inviter à venger les droits d'une
» reine et d'une parente outragée. Cependant, puisque
» vous admettez près de vous mon frère, un fils illégi-
» time, un sujet révolté, et puisque vous craignez, en me
» voyant, de compromettre votre réputation, laissez-
» moi du moins porter ailleurs mes justes plaintes et
» solliciter un autre appui. »

Élisabeth ne fit à cette lettre qu'une réponse évasive et captieuse. La ville de Bolton servit de prison à Marie ; la reine d'Angleterre, voulant à la fois assouvir sa vengeance sur sa captive et soutenir les droits de la royauté, désapprouva la révolte dont elle profitait, et ordonna aux lords écossais de justifier leur rebellion. Cet ordre pouvait renouveler la guerre civile en Écosse ; mais l'infortunée Marie, toujours trompée, crut adoucir son sort et apaiser Élisabeth, en ordonnant à ses partisans de déposer leurs armes. On ouvrit des conférences à Yorck ; les commissaires de la reine et du régent s'y trouvèrent.

Cependant Marie vaincue faisait encore trembler Élisabeth triomphante. Un parti nombreux s'agitait pour elle en Angleterre ; le duc de Norfolk, populaire et puissant, ambitionnait sa main et le trône d'Écosse. On transféra les conférences à Westminster. Le régent y vint, accusa formellement la reine d'Écosse, et produisit, pour appuyer son accusation, la correspondance de Marie et de Bothwell. La reine d'Écosse refusa de paraître devant ses juges, et proposa de terminer cette querelle scandaleuse entre elle et ses sujets par une transaction.

Depuis qu'Élisabeth se voyait armée des fatales lettres qui trahissaient tous les secrets du cœur de sa rivale, elle redoublait ses rigueurs, et supprimait dans ses lettres toutes formes d'amitié. Cependant, soit qu'elle ne voulût ou qu'elle n'osât pas encore ternir sa gloire en frappant une tête royale, elle écrivit à son ennemie pour lui conseiller de reconnaître le pouvoir du régent en Écosse, et de consentir à vivre en Angleterre sous sa protection.

L'adversité élève les caractères qu'elle ne dégrade pas; Marie se montra toujours plus grande dans les fers que sur le trône. « Je préfère, écrivait-elle à Élisabeth, » la mort au déshonneur, je périrai plutôt que de quit- » ter mon sceptre héréditaire ; on ne me l'arrachera » qu'avec la vie, et mes dernières paroles seront dignes » d'une reine d'Écosse. »

Cette fierté parut étonner sa rivale, suspendre ses coups et la plonger dans ses anciennes incertitudes. L'orgueil de l'Écosse se réveillait, les Anglais s'agitaient, la France menaçait. Élisabeth troublée change subitement sa marche ; elle propose aux Écossais, ou de rétablir Marie, ou de lui accorder une retraite honorable. De son côté la reine consentait tardivement à son divorce avec Bothwell. Dans le même temps la conspiration de Norfolk faisait des progrès ; un grand nombre de nobles Anglais entraient dans son parti ; la fortune de Marie Stuart allait changer.

Soudain le génie d'Élisabeth l'élève au-dessus de tous les périls qui l'entouraient ; elle pénètre, par la trahison de Leicester, le plan des conjurés; le régent livre les lettres de leurs chefs; Norfolk est enfermé dans la tour de Londres; les chaînes de Marie sont resserrées; la rebellion qui éclatait est étouffée.

A la même époque 1570, l'Écosse devient le théâtre de nouveaux troubles, le régent est assassiné. Ces orages du nord retentissent dans les autres contrées de l'Europe; l'Espagne protège Marie, la France s'arme pour elle; le pape excite les catholiques à prendre sa défense.

Élisabeth, dans le seul but de gagner du temps, se montra prête à rendre le sceptre à Marie, pourvu qu'elle renonçât à ses prétentions sur la couronne d'Angleterre, qu'elle donnât des otages, et promît de ne rien entreprendre contre sa rivale. La captive discuta ces conditions avec autant de fierté que celle qui les offrait y mettait de fausseté.

Le nouveau régent d'Écosse, Lénox, périt encore assassiné. Norfolk, rendu à la liberté, conspire de nouveau, et compte sur un secours d'Espagne; mais la lâcheté de ses complices trahit encore ce complot. Charles IX, roi de France, signe la paix avec l'Angleterre sans rien stipuler pour Marie; elle n'est plus traitée en reine, mais en criminelle. Enfin, les deux chambres du parlement d'Angleterre secondent avec servilité les passions de leur reine, déclarèrent Marie Stuart coupable de haute trahison et déchue de tous droits au trône. Élisabeth alors, déguisant sa joie cruelle sous une hypocrite douceur, proposa aux Écossais de renvoyer la reine chez eux, à condition qu'ils la jugeraient criminellement.

Ce fut dans ce temps que le fameux Knox mourut.

« Voilà, dit Morton, en voyant son corps inanimé, » celui que jamais face d'homme ne fit trembler. » Morton était alors revêtu de ce titre de régent, qui donnait à tous ceux qui l'ambitionnaient un pouvoir incertain et une mort tragique. Le roi d'Écosse, Jacques, fils de Marie, profita de la haine inspirée par le régent aux nobles; il s'empara du pouvoir et envoya Morton au supplice.

Ce nouveau règne devait donner quelque espoir à la reine d'Écosse; mais, dans ce temps plus que jamais, la politique écoutait peu la nature. Jacques se montra fils ingrat et roi faible. Marie Stuart ne trouvait plus de défenseurs ardens et intrépides que parmi les catholiques d'Angleterre. Ceux-ci, excités par le pape et le roi d'Espagne, formèrent successivement plusieurs conspirations contre Élisabeth. Throck Morton fut le chef de l'une, et Parry celui de l'autre. Ce dernier devait assassiner la reine d'Angleterre : ce crime était conseillé et approuvé par le nonce du pape et par des jésuites de Paris et de Venise. Parry, découvert et livré au ressentiment de la reine par Névil, monta sur l'échafaud; son criminel dessein ne fit qu'aggraver le sort de Marie, en associant contre elle la haine des protestans au courroux de son ennemie.

Le parlement d'Angleterre, donnant alors à Élisabeth les armes les plus formidables, déclara que, *si une conspiration était tramée par quelques personnes ayant prétention à la couronne, la reine pouvait les faire juger par une commission de vingt-quatre juges* : c'était lever la hache sur la tête de Marie Stuart. Vainement Castelneau, ambassadeur de France, plus généreux que son roi, tenta quelques efforts pour Marie; que pouvait-il en faveur d'une reine livrée par ses sujets et abandonnée par son propre fils?

La malheureuse reine d'Écosse gémissait dans sa prison sur l'ingratitude de ce fils dénaturé. « Je ne lui en » vie pas son sceptre, dit-elle; je n'aurais voulu re- » tourner en Écosse que pour le revoir; il me laisse » privée de tout, ne me rend aucun service, et ne m'ac- » corde aucun secours. S'il continue, je le maudis; et » cette couronne qui lui vient de moi, je la donnerai à » celui qui, en me défendant, saura me prouver son » courage et sa reconnaissance. »

Ce lâche prince, séduit par les artifices d'Élisabeth, signa un traité d'alliance avec elle, en reçut une pension, et vendit ainsi sa mère à son implacable ennemie.

Dans cette fatale circonstance, un Anglais, nommé Babington, se réunit aux comtes d'Arundel et de Northumberland pour délivrer Marie. Mais leur correspondance avec cette princesse fut ou supposée ou interceptée; et ce dernier complot découvert décida des jours de la reine d'Écosse. On saisit ses papiers, on arrête ses domestiques, on la resserre dans une étroite prison, et on l'accuse conformément à l'acte du parlement. Condamnée avant d'être jugée, elle se voit dégradée avant le supplice, et ses juges, affectant insolemment de méconnaître ses titres, ne lui donnent que celui de » *Marie*, fille de Jacques V, dernier roi des Écossais, et communément appelée reine d'Écosse et douairière de France. »

Les commissaires se réunirent dans le château de Fothringay, asyle ou plutôt prison de la reine, ils lui ordonnèrent de se présenter à leur tribunal. « Je ne » puis, dit-elle, reconnaître votre autorité; je suis

» indépendante, je suis reine, les princes seuls peu-
» vent me juger. On a enfreint toutes les lois qui ga-
» rantissaient ma liberté : les violera-t-on encore pour
» m'arracher la vie ? »

Le sort des princes est d'être trompés jusqu'à leur dernière heure par ceux qui les entourent. De perfides courtisans lui persuadèrent qu'Élisabeth désirait qu'elle se justifiât, afin de pouvoir sans honte lui rendre le trône et la liberté.

La victime couronnée cède non à la force, mais à l'artifice ; elle comparaît devant ses juges, le 14 octobre 1586. Après avoir protesté contre l'incompétence du tribunal, elle répondit à ses accusateurs avec une fermeté, une élévation et une présence d'esprit qui contraignirent ses ennemis à l'admirer.

Sa gloire passée, les orages de sa vie, sa situation présente, une captivité de vingt ans, l'éclat de son rang, le poids de ses fers, la légitimité de ses droits, l'injuste haine de ses persécuteurs, retracés par elle dans un langage éloquent, avec une voix douce et touchante, arrachaient des larmes à tous ceux qui l'écoutaient ; mais bientôt, reprenant une noble fierté, elle fit sentir aux lâches agens d'Élisabeth l'inconvenance de livrer l'honneur d'une reine aux subtilités des gens de loi, sa tête au jugement de ses sujets, et de pousser enfin l'oubli de toute justice jusqu'au point de la contraindre à plaider sans défenseurs, après lui avoir enlevé tous les papiers qui pouvaient servir à sa justification. « Je
» n'ai jamais trempé, dit-elle, dans les complots de
» ceux qui conspiraient contre la reine d'Angleterre ;
» j'ai quelquefois combattu et puni des rebelles, jamais
» je n'ai soutenu leur cause. Je méprise le témoignage

» des hommes flétris et achetés qui ont déposé contre
» moi. On a su, en leur donnant la mort, prévenir
» leur rétractation. Je n'ai jamais conspiré que pour
» recouvrer ma liberté ; c'est une conspiration que la
» nature dicte et que le ciel approuve. J'ai fait plus ;
» j'ai averti la reine d'Angleterre des périls auxquels
» l'exposaient son injustice et l'exaspération de mes
» propres partisans. Émule d'Esther et non de Judith,
» j'abhorre l'assassinat. Lorsque mon peuple rebelle
» m'a persécutée, j'ai prié pour lui, et jamais je n'au-
» rais répandu une seule goutte de sang pour sauver
» le mien. S'il m'était arrivé de consentir non-seule-
» ment de paroles, mais même de pensées, à aucun
» attentat contre les jours de la reine d'Angleterre,
» loin de fuir le jugement des hommes, je n'oserais
» pas même implorer la miséricorde de Dieu. »

Cette malheureuse reine, en croyant s'adresser à des juges, ne parlait qu'à des bourreaux. Ils la déclarèrent unanimement coupable de conspiration contre la vie d'Élisabeth. Le parlement, dominé par ses propres passions et asservi à celles de la reine, ratifia cet arrêt, quoiqu'il fût aussi inique pour le fond que pour la forme, et que jamais on n'en eût rendu de plus insultant pour la royauté.

Il joignit à cette ratification une adresse pour Élisabeth. Dans cette pièce, digne ornement des archives de la bassesse et de la tyrannie, le parlement, après avoir cité, avec l'ignorance et la pédanterie du temps, l'histoire et les livres saints, supplie Élisabeth, au nom de la sûreté du royaume et du maintien de la religion, de faire subir à Marie le châtiment de ses crimes ; enfin il déclare que, si la reine écoute une impolitique clémence, on ne pourra plus répondre un seul jour de sa vie, de son culte et de sa liberté.

Les vœux d'Élisabeth étaient comblés en voyant que la nation anglaise prenait sur elle la honte d'un tel crime. Trop dissimulée pour laisser éclater sa sanguinaire joie, elle fit au parlement une réponse ambiguë, parla beaucoup de ses dangers, de son amour pour son peuple et de l'ingratitude de *Marie*. En même temps elle conjurait les chambres de lui épargner le chagrin d'ôter la vie à une reine sa parente; et elle les pressait de chercher, pour garantir la sûreté publique, tout autre moyen que celui qui lui donnerait la douleur de tremper ses mains dans le sang royal.

La flatterie devine avec promptitude les artifices de la puissance. Les chambres, dans une nouvelle adresse, redoublèrent leurs instances et demandèrent avec emportement la mort de la reine d'Écosse. Ce cri retentit dans l'Europe, y répand l'alarme, et consterne les princes. Henri III menace; Jacques paraît enfin entendre la voix de la nature; il veut sauver sa mère; il conjure Élisabeth de révoquer une sentence injuste et outrageante pour l'Écosse : irrité du silence de la reine d'Angleterre, il prend les armes.

L'artificieuse Élisabeth promet un délai; mais, en même temps, elle fait publier la sentence fatale; sa victime n'est plus traitée en reine, mais en coupable et en condamnée. Ce fut alors que la justice divine fit éclater sa force, au moment où celle des hommes disparaissait.

Par un contraste frappant entre les deux reines, la sérénité régnait dans l'ame de Marie, les orages grondaient dans le cœur d'Élisabeth; la paix de l'innocence brillait dans les regards de l'une, les tourmens du remords se peignaient dans ceux de l'autre ; les nuits de la reine prisonnière étaient calmes, le sommeil fuyait celles de la reine triomphante ; et le trône d'Élisabeth aurait paru, aux yeux d'un observateur moral, plus voisin du supplice que la prison de Marie.

L'attente inquiète du peuple, les mouvemens des catholiques, les préparatifs de la France, le bruit des armes écossaises, les clameurs du clergé, la multiplicité des nouvelles alarmantes répandaient dans toute l'Angleterre une terreur panique. Élisabeth, inquiète, tourmentée, balançait entre la crainte et la fureur, entre la haine et l'humanité; elle ne sait plus si elle perdra ou si elle sauvera sa rivale; vingt fois elle prend la plume et la rejette. On l'entend à tout moment crier *aut fer, aut feri*, frappe ou sois frappée.

Entraînée par son funeste génie, elle s'élève au-dessus de tout remords et de toute peur ; elle profite de la fureur des catholiques et de l'épouvante générale des protestans pour préparer, pour exciter l'opinion populaire contre Marie. Enfin elle signe l'arrêt de mort ; mais, avant de l'exécuter, elle cherche à séduire *Paulet*, geolier de la reine, dans l'espoir qu'il se chargera de la faire périr en secret : sa haine avait rencontré une foule de juges serviles; mais sa puissance ne put trouver un assassin. Alors elle défend qu'on lui parle jamais de Marie. Ce voile était trop léger pour cacher sa volonté barbare ; elle fut comprise, et les commissaires chargèrent les comtes de Schrewsbury et de Kent, ainsi que le haut-shérif, de faire exécuter la sentence.

Ils obéissent ; ils lisent cette sentence à Marie. Elle l'écoute sans montrer aucune émotion. « Une ame,

» dit-elle, qui murmure quand son corps doit être
» frappé par la main du bourreau, n'est pas digne des
» félicités du ciel. Je ne m'attendais pas à voir la reine
» d'Angleterre donner la première l'exemple de vio-
» ler la personne sacrée d'un souverain; mais je me
» soumets sans peine à ce qu'il plaît à la Providence
» d'ordonner de moi : elle connaît mon innocence et
» jugera mes juges. »

Privée de tout autre secours, Marie demandait celui qui, dans une pareille circonstance, lui importait le plus : c'était son aumônier : les barbares le lui refusent.

Jamais, dans le temps de sa puissance, cette reine infortunée ne parut entourée de plus d'amour. Sa prison retentissait des gémissemens de ses domestiques. Vainement elle les conjurait de vaincre leur douleur; sa bonté, son courage, sa douceur, la lecture de son testament, le partage du peu qu'elle possédait entre les personnes qui avaient consolé sa captivité, changeaient cette douleur en désespoir.

Melvil, ami rare, puisqu'il était fidèle à l'infortune, ne pouvait retenir ses larmes en écoutant les touchantes prières qu'elle adressait au ciel. « Ne pleure plus, mon
» cher Melvil, dit Marie; c'est au contraire mainte-
» nant qu'il faut se réjouir. Ce jour est le terme, si
» long-temps attendu, de toutes les souffrances de
» *Marie Stuart*. Sois témoin que je meurs persévérante
» dans ma religion, dans mon attachement pour l'É-
» cosse, et constante dans mon affection pour la
» France; recommande-moi à mon fils; dis-lui que je
» n'ai rien fait de préjudiciable à son royaume, à son
» honneur, ni à ses droits. Dieu veuille pardonner à tous
» ceux qui, sans motifs, ont été altérés de mon sang. »

La reine obtint, avec peine, que trois de ses serviteurs et deux de ses femmes l'accompagnassent au supplice. L'échafaud était dressé dans la grande salle du château, qu'on avait tendue de noir. Marie, vêtue de deuil et parée pour la dernière fois avec une noble élégance, monta sur l'échafaud; un ministre du culte réformé s'approche d'elle, et veut l'exhorter à changer de foi. Elle refuse d'écouter ses conseils, se montre insensible à ses reproches, recommande à Dieu l'église catholique affligée, le prie de protéger son fils, et lui demande pour Élisabeth même un règne long et paisible. Tournant ensuite ses regards vers le crucifix qu'elle tenait dans sa main: « Comme tes bras, dit-elle, ont été étendus sur la croix, » de même, ô mon Dieu, étends-les aujourd'hui pour » me recevoir, et pardonne-moi mes péchés. »

Alors, repoussant doucement le bourreau, qui voulait la déshabiller, elle découvre elle-même son col, donne à sa compagne la plus chérie un mouchoir pour lui couvrir les yeux; elle s'agenouille; l'exécuteur la frappe, et, par deux coups, sépare sa tête de son corps. Tandis qu'il relève cette tête auguste et sanglante, le doyen de Petersborough s'écrie: *Ainsi périssent tous les ennemis d'Élisabeth!* Cette voix inhumaine se perdait dans un profond silence; le comte de Kent le rompit seul par ces mots: *Ainsi soit-il!*

Le corps de la reine d'Écosse resta trois jours sur une table, couvert d'un simple tapis. Élisabeth ordonna qu'on lui fît des obsèques pompeuses. Dans la suite Jacques la fit transporter à Westminster.

La reine d'Angleterre versa, dit-on, des larmes: si elles ne furent point feintes, c'étaient celles non de la douleur, mais du remords. Tourmentée du vain désir d'éloigner d'elle l'idée du crime, elle affirma que le secrétaire d'état *Davison* avait, contre sa volonté, fait exécuter l'arrêt de mort. Il fut mis à la Tour et condamné à dix mille livres sterling d'amende. C'était une injustice de plus qui ne trompa ni le ciel ni les hommes. Ainsi le sang royal versé sur l'échafaud lava les fautes de Marie, et souilla sans retour la gloire d'Élisabeth.

DES CARICATURES.

Il n'est rien de plus amusant que les *caricatures* pour ceux qui les regardent, pourvu qu'elles ne les regardent pas. Par elles le boulevard attire la foule; c'est le *salon* de tous les musards français et étrangers; et dans les grandes villes, quelles que soient les circonstances et les opinions, le parti des musards est toujours le plus nombreux.

L'étalage des caricatures est un vrai spectacle *gratis*; chacun vient voir ces pantomimes immobiles, ces comédies à tiroir où Momus, imitant le jeu muet, mais expressif, que Thalie emploie souvent, laisse au spectateur le soin et le plaisir du dialogue. Les *caricatures*, ainsi que la comédie, corrigent les mœurs en riant.

Comme le mot *caricature* veut dire *charge*, tout ce qui est chargé et exagéré est de son domaine; domaine vaste; puisqu'il n'a de limites que celles du ridicule. Vous savez qu'on abuse de tout, même des charges, ce fait est prouvé dans les cours comme aux boulevards. Aussi nous avons vu le crayon et le burin, parfois plus immoraux que le brodequin comique, braver la décence, faire rougir la pudeur, parodier la vertu, insulter au malheur.

Les artistes *caricaturiens* se sont trop souvent montrés bas courtisans de la puissance et de la fortune; ils ont battu plus d'une fois les gens à terre, et plus d'une fois on aurait pu, si leurs noms et leurs figures avaient été aussi connus et aussi publics que leurs ouvrages, les punir avec leur propre férule, et les représenter très-ressemblans sous la forme du *Caméléon* ou sous celle du *Janus à double visage.*

Je laisse de côté les *caricatures* qui ne ridiculisent que la mode : la mode est une puissance très-populaire ; elle ne s'effarouche ni des propos ni des regards indiscrets ; et, semblable à certaines jeunes femmes, il lui est égal qu'on dise du bien ou du mal d'elle, pourvu qu'on en parle ; qu'on l'estime ou qu'on la blâme, pourvu qu'on la regarde et qu'on la suive. Comme beaucoup de coquettes, elle craindrait plutôt trop de respect que trop de timidité ; les neutres sont ses ennemis ; elle n'aime guère que ceux qui l'attaquent.

Les caricatures qui cherchent à jeter du ridicule sur les étrangers devraient être défendues par l'urbanité française ; elles sont injustes et inhospitalières, opposées, en morale, aux liens dont le ciel veut unir tous les hommes, en philosophie, à la raison qui doit combattre tous les préjugés. Cette grossièreté au milieu d'un peuple poli devrait être réprimée : ceux qui se la permettent n'ont d'excuse que le droit de représailles ; mais doit-on imiter ce qu'on blâme, et copier les artistes du *Mob* de Londres ? Est-ce un bon moyen d'attaquer l'anglomanie ou de se venger des épigrammes gravées dont on tapisse les rues de Londres contre les Français ?

Cette pensée de Marc-Aurèle vaut mieux qu'une caricature : *Veux-tu te venger de celui qui t'offense ? prouve que tu ne lui ressembles pas.*

Les *caricatures* qui attaquent les défauts personnels sont de véritables injures; on ne les supporte pas dans la conversation, et je ne sais pourquoi on les pardonne au crayon et au burin. C'est une méchanceté sans esprit, et dont la plus grande partie du genre humain est intéressée à proscrire l'usage, car la grace et la beauté sont encore, plus que la vertu et la bonté, en minorité sur la terre. D'ailleurs il ne serait piquant de tourner en ridicule le défaut physique d'un personnage, que lorsqu'il a quelque analogie avec son défaut moral. Il est permis de rire d'un pédant presque aveugle qui veut montrer le chemin aux autres, d'un boiteux qui ne marche jamais droit en affaires, d'un bossu qui a l'esprit de travers.

Récemment on a vu la foule s'empresser autour de caricatures nombreuses et variées *, dont le but était de draper des jeunes gens qu'on accusait de vouloir sortir de leur état. Quel était le but de ces plaisanteries? de ramener l'inégalité proscrite par les lois. Ce serait une chimère ridicule et presque coupable de détruire l'esprit militaire qui doit animer pour la défense de la patrie et du roi, toutes les classes de citoyens. Les artistes en sont incapables, car je les crois tous animés de ces nobles sentimens. Leur unique objet était donc de ridiculiser des *moustaches* et des *éperons* convenables seulement aux militaires, et non celui de dénigrer une profession honorable, utile, *l'une des mamelles de la France*, comme le disait Sully; et d'où il est sorti aussi souvent du sang pour la gloire de la patrie que du lait pour sa prospérité. Artistes, souvenez-vous que s'il

* Caricatures de M. Kalicot et de Mlle Perkale.

faut respecter l'honneur des Français, on doit aussi ménager leur amour-propre qui est l'image inséparable et comme l'ombre de cet honneur.

Mais enfin, me dira-t-on, faites grace à la gaieté française; elle est nationale comme l'honneur. Nous devons aimer, combattre et rire, parce que nous sommes Français; nous rions de tout, même de nos malheurs; rire est un besoin pour nous. Mazarin aurait craint de nous voir cesser de payer, si nous avions cessé de chanter et de rire. Ainsi prenez votre parti, il nous faut des caricatures; elles donnent de la vogue aux artistes, de l'argent aux étaleurs et du plaisir aux passans : laissez-nous-les donc.

Je le veux bien; mais les vices, les ridicules de caractère, l'intrigue, la jalousie, la cupidité, la sottise, la fourberie, la vanité, ne vous offrent-ils pas un champ assez vaste, assez fertile? Ne craignez pas que nous cessions en ce genre d'offrir une riche matière à vos crayons. Vous ne dessinez que des parades; je vous propose de graver des comédies; et, pour vous prouver que je ne suis pas difficile, je vous dirai que j'ai ri franchement de votre *Solliciteur concave* et de votre *Solliciteur convexe*. Je pourrais en citer plusieurs autres, mais je ne veux pas faire ici une revue de caricatures. Tombez donc sur les flatteurs, les importuns, les exagérés, les vindicatifs, les délateurs, les aveugles moraux, les oiseaux de nuit politiques, et vous ferez du bien en riant.

Telles étaient les réflexions que je faisais l'autre jour en musardant avec un de mes amis. «Monsieur, me dit alors un jeune artiste qui m'écoutait avec attention, vos conseils sont bons, mais un peu dangereux; en les suivant, nous nous ferions une légion d'ennemis, et notre musée des rues, puisqu'il vous plaît de le nommer ainsi, serait bientôt considéré par beaucoup de gens comme une galerie de portraits. »

Rassurez-vous, lui répondis-je, personne ne voudra s'y reconnaître; et vos caricatures, ainsi que la comédie, seront un miroir magique où chacun ne verra que son voisin.

PORTRAIT D'UN SAGE MODERNE.

Le vrai modèle d'une vertu antique se retrouve de nos jours dans la personne de M. de Malesherbes, de ce sage dont on ne peut prononcer le nom sans respect et sans verser des larmes d'admiration et de douleur.

Vertueux sans orgueil, savant sans pédanterie, ministre sans ambition, cet illustre magistrat, ami des hommes, des lois, des lettres et des arts, distingué dans tous les genres, et ne se doutant pas de sa gloire, fut toujours le soutien du peuple, tant que le roi fut puissant dans son palais ; il ne devint courtisan qu'au moment où le prince fut en prison. Appui de la liberté nationale contre les abus de la monarchie, et défenseur du monarque contre la tyrannie populaire, sa probité resta intacte au milieu de la corruption générale, son courage inébranlable lorsque la crainte était universelle. Il périt quand le crime régna : la mort la plus héroïque couronna la plus belle vie, et l'infame échafaud sur lequel il monta sans émotion, fut le dernier degré d'où son ame pure s'élança vers l'immortalité.

LE CHANCELIER D'AGUESSEAU.

Il n'existe en Europe aucune monarchie, aucune république qui ne puisse opposer avec honneur un grand nombre de noms brillans aux noms des hommes les plus illustres de l'antiquité ; et nous ne craindrons point d'être accusés d'une aveugle partialité pour notre patrie, en disant qu'au milieu de cet éclat répandu par l'histoire moderne, la France se distingue encore avec fierté par une foule de grands hommes qui en ont fait le véritable musée des arts et le panthéon des talens célèbres.

Cependant ce qui, dans tous les siècles, fut, est et sera le plus rare, c'est la réunion de la vertu et de la gloire. Peut-être, en effet, de tous les poisons qui menacent les hommes vertueux, l'amour de la célébrité est celui qui leur offre le plus de dangers. Peu de grands hommes approchent leurs lèvres de la coupe de la gloire sans s'enivrer. Aussi, parmi une foule d'illustres guerriers, de conquérans renommés, d'orateurs éloquens, de poëtes sublimes, de législateurs fameux, d'illustres pontifes, on ne voit s'élever que de loin en loin, et comme des monumens presque isolés, quelques vénérables personnages réunissant à la grandeur du génie, à la force de l'esprit, au lustre éblouissant d'une vive imagination, la candeur d'une ame pure, la modestie, la simplicité des mœurs, et la constance inébranlable d'une incorruptible vertu.

La Grèce, Rome et la France s'enorgueillissent d'une foule de héros; sans doute elles s'honorèrent aussi d'un grand nombre de citoyens dignes par leur probité de l'estime et du respect de leurs contemporains. Mais ces vertus, pour la plupart, restaient, comme la vérité et comme la vraie piété, dans l'ombre et dans la retraite. Il est peu de noms éclatans dont la renommée ne soit mêlée de quelques taches. Les noms d'Aristide, de Socrate, de Platon, de Zénon, d'Épaminondas, de Numa, de Caton, de Fabius, de l'un des Scipion, de Cicéron, de Titus, d'Antonin, de Marc-Aurèle, furent presque les seuls dont aucune faiblesse, aucun vice ne parut ternir la gloire.

Dans notre patrie, parmi tant de grands hommes immortalisés par nos fastes, si nous cherchons ceux à qui la justice et la vérité doivent accorder un pur encens, parce qu'aucun nuage n'obscurcit le noble éclat dont ils brillent, à peine pourrait-on ajouter quelques noms à ceux de Suger, de saint Louis, de Bayard, de l'Hôpital, de Sully, de Molé, de Bossuet, de Fénélon, de Turenne, de Catinat, de d'Aguesseau et de Malesherbes.

Le chancelier D'Aguesseau fut peut-être celui d'eux tous qui réunit le plus de genres différens de célébrité; de sciences, de talens et de vertus. Il est regardé avec raison comme le modèle le plus parfait des magistrats, des savans et des orateurs. Il mérita également par ses écrits, par ses instructions, par sa conduite dans les temps de malheurs et de prospérité, et par les douces vertus de sa vie privée, de servir d'exemple aux vrais philosophes, aux vrais chrétiens, aux pères de famille, aux fils reconnaissans, aux plus tendres époux, aux instituteurs et aux grands citoyens. Si, lorsqu'il vivait, la France eût voulu décerner, comme Rome, une couronne à la vertu, D'Aguesseau, aussi digne que Scipion de ce noble prix, aurait sans doute été proclamé par elle *le plus homme de bien de la monarchie.*

HENRI-FRANÇOIS D'AGUESSEAU, issu d'une noble famille de Saintonge, naquit à Limoges en 1668. Son père, magistrat savant, intègre et respecté, était conseiller d'état et intendant de Languedoc. Ce père vertueux l'éleva lui-même avec le plus grand soin, lui donna à la fois les plus utiles leçons et les meilleurs exemples.

Le jeune D'Aguesseau était digne de marcher sur les traces d'un tel guide. La nature l'avait doué d'un esprit juste, d'une imagination vive, d'une mémoire prodigieuse, d'un caractère ferme, d'une ame tendre et pure. Rien dans son enfance n'altéra, tout au contraire développa ses heureuses dispositions. Préservé, par une éducation laborieuse et grave, de la contagion des vices d'une cour brillante et voluptueuse, on le préparait, dans une sage retraite, à devenir l'honneur et l'ornement de sa patrie.

Il était destiné par le sort à grossir le cortège des grands hommes qui entouraient Louis XIV et qui le conduisaient à l'immortalité, en même temps qu'il devait s'élever comme une forte digue opposée aux erreurs de ce grand siècle, à la fausse gloire, au fanatisme, aux progrès du pouvoir arbitraire et à la corruption rapide des mœurs.

Aussi, tandis que la cour, Paris, la France entière,

n'offraient aux regards surpris qu'un mélange étonnant de grandeur et de servitude, de luxe et de pauvreté, d'élévation et de faiblesse, de galanterie et de superstition, de générosité et de persécution, D'Aguesseau trouvait, dans la maison paternelle, un inviolable sanctuaire consacré à la vérité, à la justice, à l'amour de la patrie et aux bonnes mœurs : tout y respirait les vertus antiques ; c'était, pour ainsi dire, le vénérable foyer d'un Fabius, d'un Caton, relevé et placé au milieu des palais de la cour brillante et corrompue d'Auguste.

Les plus graves études ne purent empêcher D'Aguesseau de se sentir entraîné par un goût très-vif et même par une sorte de passion pour la poésie. Son père ne contraria pas ce sentiment, mais le modéra. Il savait sans doute que jamais on ne peut parvenir à écrire parfaitement en prose, si l'on n'a pas connu le charme des vers. Privés de ce charme, le style le plus pur, les pensées les plus fortes, l'imagination la plus riche, les sentimens les plus élevés, laissent toujours à désirer cet heureux accord des sons, cette élégance des tournures, cette douce harmonie, sans lesquels l'éloquence reste imparfaite.

Le sort, voulant favoriser en tout D'Aguesseau, lui donna pour premiers amis Racine et Boileau, et soumit ainsi les élans de son génie naissant à la critique la plus sévère et au goût le plus délicat.

D'Aguesseau, formé à l'étude des lois par le savant magistrat auquel il devait le jour, et nourri de la lecture des chefs-d'œuvre de tous genres, anciens et modernes, qu'il avait lus, médités et retenus, annonça, dès ses premiers pas dans la carrière du barreau, tout ce qu'il devait être un jour. Lorsqu'il fut nommé, en 1691, avocat-général, son début eut un tel éclat que le célèbre Talon lui rendit publiquement hommage : *Tout mon désir*, s'écria-t-il, *serait de finir comme ce jeune homme a commencé.*

Louis XIV, qui dut la plus grande partie de la gloire de son règne à la sagesse ou au bonheur de ses choix, avait préféré D'Aguesseau, quoique jeune, à ses rivaux pour remplir la charge d'avocat-général. *Je connais assez son père*, dit-il, *pour être certain qu'il ne voudrait pas me tromper même dans le témoignage qu'il m'a rendu de son fils.*

D'Aguesseau justifia cette noble confiance : fidèle à tous ses devoirs, s'il se montra toujours l'homme du roi, il n'oublia jamais qu'il était d'abord l'homme de la patrie. Aussi aucun nuage d'ambition, de crainte, d'espérance, de partialité, ne se plaçait entre ses regards pénétrans et la vérité. Nul ne porta avec plus d'adresse et de force un jour plus pur dans cet obscur dédale où la méchanceté des hommes s'efforce d'égarer la justice.

Les plus profondes questions paraissaient simples dès qu'il les traitait ; il saisissait la mauvaise foi au milieu de ses plus subtiles détours, rassurait la timide innocence, la reconnaissait malgré ses erreurs, ses faiblesses, malgré les artifices de ses accusateurs, et lui prêtait pour la soutenir la force de son talent.

Attentif à peser avec une stricte équité les argumens des parties qui se combattaient, il semblait, en pesant impartialement leurs argumens opposés, s'être chargé tour-à-tour de leur défense ; il laissait long-temps l'auditeur surpris et incertain, et l'éclairait ensuite par ses conclusions, en développant avec évidence les raisons qui devaient faire pencher la balance de l'un ou de l'autre côté.

La force de sa logique, la clarté et la simplicité de son style, la justesse de ses expressions, l'élégance de ses tournures, la variété de ses mouvemens, joignaient dans ses plaidoyers, comme le dit Thomas, *la profondeur du raisonnement au charme de l'éloquence.*

De ce moment l'opinion publique, dans tous les temps et dans toutes les circonstances, désignait D'Aguesseau pour remplir les premières charges de la magistrature. Comme Louis XIV était un grand roi, il se mettait rarement, sur-tout avant son extrême vieillesse, en opposition à cette opinion générale. D'Aguesseau fut nommé par lui, en 1700, procureur-général, et sa renommée s'agrandit comme le cercle de ses devoirs.

Chargé, jeune encore, d'un ministère si redoutable, il n'inspira point de craintes; le public comptait ses vertus et non ses années. Son autorité sévère maintenait inviolablement l'ordre public sans troubler le repos privé par cette ardeur inquiète qui confond l'imprudence avec le crime, la pensée avec l'action, et devant laquelle on paraît coupable dès qu'on est soupçonné. Mesurant avec justice ce qu'il devait à la sûreté de l'état et à celle des particuliers, il dirigea l'instruction criminelle avec autant de sagesse que de fermeté, et prouva mieux que personne l'utilité de cette grande institution, d'une *partie publique* qui, pour l'honneur des temps modernes, devrait rassurer l'humanité en substituant un accusateur légal, désintéressé, impartial, à ces vils délateurs, fléaux des peuples et poisons des gouvernemens.

La rigueur excessive est aussi dangereuse que la faiblesse, car elle augmente les périls, en multipliant les

mécontens : jamais les exécutions ne furent plus rares
que sous le ministère de cet illustre procureur-général.
« Je regarde, disait-il, la condamnation d'un citoyen
» comme une calamité publique. »

Soigneux de guérir les maux au lieu de les irriter par
des remèdes violens, sa vigilance active prévoyait, éloignait ou calmait tous les désordres. Le gouvernement
consultait souvent sa sagesse sur les parties les plus difficiles de l'administration. D'utiles réglemens rédigés
par lui adoucirent les malheurs dont une cruelle disette
affligea la France ; et la sauvèrent de malheurs plus
grands encore. Ses amis craignirent un moment que
l'excessive fatigue, à laquelle son zèle le livrait, ne détruisît sa santé : « Puis-je me reposer, leur répondit-il,
» quand je sais qu'il y a tant d'hommes qui souffrent ! »

La France, illustrée alors par tant de héros, de grands
poëtes, d'illustres orateurs, de pontifes dignes de l'apostolat, et de savans dont les lumières éclairaient l'Europe, parut, dans ce même temps, ternir elle-même
son éclat et éclipser sa raison, en entrant dans la voie
des ténèbres. Livrée avec acharnement aux fureurs des
discordes religieuses, elle se dégradait, en se déchirant,
pour soutenir les opinions inexplicables de Jansénius et
de Molina. Rome eut le tort, et le roi la faiblesse de se
déclarer pour l'un des deux partis, qui dès-lors voulut
persécuter l'autre. La cour romaine profitait de ces dissensions pour étendre son autorité.

D'Aguesseau, attentif à défendre avec fermeté les libertés de l'Église gallicane, résista au monarque, au
pape, au chancelier, et s'opposa hardiment à la publication de la bulle *unigenitus*.

On craignait qu'en s'exposant à cet orage, il n'en fût

la victime; sa femme, au lieu de partager cette crainte, affermissait son courage. *Quand vous parlerez au roi, lui dit-elle, oubliez vos intérêts, votre épouse, vos enfans : perdez tout, hors l'honneur.*

Il ne perdit rien; Louis-le-Grand respecta sa rigidité. On crut même que le chancelier de Voisin serait disgracié, et que D'Aguesseau se verrait chargé des sceaux. « Jamais, dit-il, je n'occuperai la place d'un homme » vivant. » Cette réponse surprit les courtisans, mais n'étonna pas le public.

Chaque homme a ses faiblesses : Louis-le-Grand crut expier les siennes en écoutant les aveugles conseils du fanatisme et de l'intolérance, ennemis d'autant plus funestes de la religion qu'ils combattent sous ses vêtemens et sous son étendard. On proscrivit les protestans; et, tandis qu'ils étaient chassés, poursuivis, massacrés ou bannis, on faisait croire au roi qu'ils étaient convertis.

D'Aguesseau, éclairé par une vraie piété et par les leçons ainsi que par les exemples de son père, employa toutes les ressources de ses lumières, tous les moyens de son autorité, pour amortir les coups que l'on portait à ces infortunés; il ne put les sauver : mais au moins son nom vénéré resta pur de cette proscription qui déshonora une glorieuse époque, inonda la France de sang et de larmes, la dépeupla, et enrichit les pays étrangers, devenus l'asyle de tant de sciences, d'industries et d'arts exilés.

Telles furent les ombres qui obscurcirent la fin du règne glorieux de Louis XIV. L'époque orageuse et licencieuse de la régence commença. Le chancelier de Voisin termina ses jours, et D'Aguesseau fut nommé pour lui succéder. Loin de briguer cette élévation, il cherchait à l'éviter, et ce ne fut pas sans peine que le régent triompha de sa résistance. On eût dit que ce prince connaissait sa propre faiblesse, et cherchait un appui contre elle près de ce monument vivant des antiques vertus.

Dans les républiques les hommes changent, mais les mœurs et les lois restent; dans les monarchies, au contraire, à l'apparition d'un nouveau monarque, tout prend une nouvelle face, tout se transforme : théâtre, acteurs, langage, tout devient nouveau, et le caractère du prince semble imprimer à la nation son esprit et son caractère.

La cour de Louis XIV, autrefois galante, devenue progressivement religieuse, grave, sévère, fanatique, mais toujours belliqueuse, avait disparu. Le duc d'Orléans, spirituel, brave, léger, incrédule, cynique, philosophe, assez instruit pour régir lui-même l'état, mais trop faible et trop insouciant pour n'être pas gouverné, voulant le bien, se laissant entraîner au mal, et trop fréquemment détourné des affaires par les plaisirs, était entouré d'hommes d'esprit et de femmes galantes : pour se dédommager de la sévérité du dernier règne, il se livrait avec transport à une licence en tous genres, que la France, un moment trompée, prit pour la liberté.

Cependant le régent, réveillé quelquefois de son ivresse par les besoins de l'état, par les conseils de sa raison, par les éclairs de son esprit, sentait la nécessité de se donner un appui plus solide, de placer lui-même une barrière contre ses passions, et de laisser au moins, parmi tous ces désordres privés, une sentinelle vigilante pour veiller à la conservation de la justice et de la tranquillité publique.

Ce fut par ces motifs que D'Aguesseau se vit appelé au milieu d'une cour si étrangère à ses mœurs et à sa gravité : ainsi le régent, jeune encore, réunissant en sa personne les talens d'un grand homme et les vices d'un mauvais roi, réalisa cette antique allégorie d'Hercule : *Retenu par la vertu et entraîné par la volupté.*

La gloire de Louis XIV avait coûté cher aux Français : le plus grand désordre régnait dans les finances, et le régent était dissipateur. Pour les réparer on ne pouvait augmenter les impôts, il ne voulait pas diminuer les dépenses; la dette était énorme, les ressources nulles. Un étranger parut : esprit ardent, ingénieux, persuasif, audacieux dans ses projets, il promit et créa des richesses imaginaires. Un papier trompeur, une monnaie fictive, remplacèrent l'or et l'argent. Offrant à la cupidité des chances sans nombre et sans mesure, il enivra toute la France de ses rêves; l'imagination exaltée jeta un voile d'or sur la raison ; la folie devint générale. Princes, grands, magistrats, bourgeois, peuple, tout fut entraîné.

D'Aguesseau seul, avant même d'être chancelier, avait été assez sage et assez ferme pour s'opposer à ce délire dans sa naissance. Il arrêta l'audacieux Law à ses premiers pas, et fit d'abord repousser le poison séduisant présenté par *ce charlatan écossais*. Mais une sage prudence ne pouvait résister long-temps au brillant espoir offert à l'avarice ; Law triompha. Le régent, irrité de la résistance du chancelier, la regarda comme une opiniâtreté coupable. D'Aguesseau voulait empêcher la ruine de l'état ; il fut traité comme un ennemi de la fortune publique.

Le duc d'Orléans lui ôta les sceaux en 1718, et l'exila à Fresnes. Éprouvant ainsi le sort reservé de tout temps à ses pareils, il partagea les glorieuses infortunes d'Aristide, de Cicéron et de l'Hôpital. En apprenant sa disgrace, le chancelier, sans abattement et sans courroux, ne dit que ce peu de mots, à la fois modestes et fiers : « Je ne méritais ni l'honneur de recevoir les sceaux, » ni l'affront d'en être privé. »

La raison publique avait disparu avec le chancelier, et semblait exilée comme lui. La cour et la capitale ressemblèrent bientôt à une vaste *maison de jeu*, où régnaient successivement l'espérance avide, la joie emportée, le désespoir furieux. Il se fit une révolution totale et soudaine dans les mœurs, dans les rangs et dans les fortunes. On passait en peu d'heures de la pauvreté à l'opulence, de l'obscurité à l'éclat, de la richesse à la misère; l'artisan se voyait subitement métamorphosé en riche publicain; le maître d'un superbe hôtel ou d'une vaste terre, déchu de sa grandeur et forcé de travailler pour gagner son pain, se trouvait remplacé par l'homme qui, naguère, montait derrière sa voiture. Telles furent en France, alors, les tragiques et ridicules saturnales de la fortune.

Ce délire violent eut l'extravagance et presque la courte durée d'un rêve; l'édifice imaginaire d'une richesse factice tomba aussi promptement que ceux qui amusent la frivolité de l'enfance. Les esprits les plus exaltés quittèrent avec confusion les rives fantastiques du *Mississipi* pour déplorer sur les bords de la Seine la chute de leurs illusions, et, à leur réveil, le gouvernement et le peuple se trouvèrent plongés dans la plus épouvantable détresse.

Des maux si graves s'irritaient encore par les remèdes

violens qu'on croyait devoir y opposer. Le régent sentit enfin la nécessité de consulter la sagesse, et le chancelier fut rappelé.

D'Aguesseau n'avait point eu la faiblesse de demander son rappel, il ne céda point au vain orgueil qui pouvait lui conseiller de refuser le nouveau fardeau qu'on lui présentait. Insensible à la voix trompeuse de l'amour-propre, il n'écoutait que celle du devoir, et ses intérêts disparaissaient toujours devant l'intérêt public. Mais les hommes qui le jugeaient ne lui ressemblaient pas ; ils attribuèrent à l'ambition le sacrifice qu'il faisait à la vertu.

On le blâma d'avoir reçu des mains de Law la lettre qui le rappelait. L'envie, ennemie inévitable de la gloire, aiguisa contre lui tous les traits de la satire ; mais aveugle dans ses coups, elle prouva, même en le frappant, à quelle hauteur elle le croyait porté dans l'estime publique ; car, pour mieux exprimer la grandeur dont elle le disait déchu, elle fit afficher sur sa porte ce passage de l'Écriture : *Et homo factus est.*

Il est vrai que contre son avis le parlement fut exilé à Pontoise, et qu'il le souffrit. Saint-Simon et Duclos, souvent injustes dans leurs amères critiques, prétendent qu'en cette circonstance il sacrifia sa gloire à sa place. Ce grand citoyen, ce magistrat vertueux, dont la vie entière fut la censure vivante de son siècle, méritait d'être jugé par des hommes plus dignes d'apprécier ses nobles intentions, et sur-tout son dévouement à la patrie. Les malheurs qu'il avait voulu prévenir étaient arrivés ; le parlement s'opposait à des mesures rigoureuses, mais sages et indispensables. D'Aguesseau, rappelé au milieu d'un bouleversement total dans les mœurs et dans les fortunes, voyait la France en péril.

Au moment d'une crise terrible, il n'était plus temps de réclamer contre la cause des maux publics; il fallait les adoucir et sauver l'état au lieu de perdre le gouvernement : voilà ce qu'on aurait dû penser et dire, voilà ce que pensa et fit D'Aguesseau.

Depuis cette époque, la conduite du chancelier et la pureté de sa vie entière répondirent victorieusement aux injustes reproches de ses ennemis. Quelques années après, en 1722, lorsque le favori du régent, le méprisable abbé Dubois, dont les vices souillèrent la pourpre romaine et la toge française, fut nommé premier ministre, D'Aguesseau, bravant le courroux du régent, et s'opposant avec dignité à un choix indigne, mérita, par cette résistance, l'honneur d'un second exil. Le parlement, qui lui rendait alors hommage et justice, se disposait à embrasser sa défense; avant d'enregistrer les lettres du nouveau garde-des-sceaux, il envoya au chancelier une députation pour le consulter. D'Aguesseau répondit *qu'il devait et voulait donner l'exemple de la soumission.*

Cet exil dura cinq ans. Rappelé, en 1727, par le cardinal de Fleury, on le rendit à la liberté, mais non à l'état. Dans les cours, la vertu inspire trop de craintes pour que la justice qu'on lui rend ne soit pas tardive; l'intrigue y crée mille obstacles pour l'écarter, et D'Aguesseau, qui n'aspirait qu'à mériter les grandes places et non à les remplir, ne fit aucune démarche pour déjouer ses rivaux; sa renommée agissait seule pour lui.

Loin de se plaire à la cour et d'aimer l'exercice du pouvoir, il appelait *les beaux jours de sa vie* ceux qu'il avait passés en exil à Fresnes. Dans sa jeunesse, l'opinion publique avait prédit son élévation; dans sa vieillesse, elle l'y fit remonter. Le cardinal de Fleury satisfit enfin un vœu général, et rendit, en 1737, les sceaux au chancelier.

Il faudrait entreprendre un travail immense, si l'on voulait donner une fidèle analyse de la vie et des ouvrages de cet homme célèbre; beaucoup de volumes suffiraient à peine pour rendre compte de tous ses écrits, pour faire connaître les divers édits et réglemens qu'il rédigea. Comment, dans un court extrait, donner une juste idée de ces mercuriales éloquentes, de ces nombreux plaidoyers, où le talent donne tant d'éclat à la vérité, d'élégance à la raison, et de force à la justice!

Ne devrait-on pas encore citer presque en entier cet ouvrage si touchant, monument d'une simplicité antique au milieu des temps modernes, cette histoire de la vie d'un père vertueux, dictée par l'amour filial, où l'on voit en action les vertus d'un chrétien tolérant, les talens d'un administrateur habile, la profondeur et la sagesse prévoyante d'un homme d'état, réunis dans la personne du citoyen le plus modeste, de l'époux le plus constant, et du père de famille le plus vénéré!

Comment citer, comment choisir là où c'est l'ensemble qui touche, qui charme; là où le cœur voudrait tout retenir! Il serait également impossible de passer sous silence ces savantes instructions, qu'il adressait à ses fils pour les diriger dans leurs études législatives et littéraires; ouvrage étonnant, qui seul suffirait pour faire admirer l'immensité de ses connaissances, la pureté de sa morale, la pénétration de son esprit, la finesse de son goût et la profondeur de son jugement.

On ne devrait pas non plus oublier ces nombreuses lettres, dans lesquelles l'abandon du cœur et l'absence de tout art ne font rien perdre à son esprit de sa rectitude, à ses pensées de leur élévation ; il y joint seulement à la solidité de la raison la grace de la négligence ; son génie s'y montre *avec cette ceinture à demi tombante qui*, selon Cicéron, *donnait tant de charmes au style élégant et simple de César*.

Il nous suffira sans doute ici, au lieu d'oser suivre le chancelier dans son immense carrière oratoire, ministérielle et littéraire, de dire que la France reçut et conserva de lui, comme des bienfaits, un grand nombre de lois, d'édits et de réglemens par lesquels il rendit aux mères, suivant le vœu de la nature, la succession de leurs enfans, améliora le sort des curés et des vicaires, restreignit la juridiction des tribunaux prévôtaux, éclaircit la matière des donations, régla sagement la liberté de tester, mit des bornes aux évocations, abrégea l'instruction des affaires, et jeta quelques clartés dans le chaos de la procédure.

Par d'autres édits, il porta des remèdes salutaires aux abus des substitutions, rassura la France, en plaçant des bornes aux acquisitions trop nombreuses des gens de *main-morte*, diminua économiquement le nombre des tribunaux, encouragea l'industrie ; enfin il prévint de grands malheurs, et se montra l'appui du pauvre, en mettant un frein à l'avarice par une sage et sévère déclaration sur la police des grains.

Depuis long-temps, on gémissait de voir la monarchie soumise à une foule de lois gauloises, gothiques, romaines, saliques, féodales, et un nombre prodigieux de coutumes diverses et opposées, qui retenaient, à chaque pas, la civilisation dans les liens de la barbarie ; on trouvait par-tout des entraves, et nulle part une justice éclairée, constante et uniforme ; cette justice avait *mille balances et mille poids différens*; on désirait généralement voir la nation régie par un seul code comme par un seul roi ; mais la difficulté d'accomplir cette vaste réforme avait toujours empêché de l'entreprendre.

D'Aguesseau en conçut le premier l'audacieuse pensée. Son génie, trop grand pour n'être pas modeste, ne se confia point à ses seules lumières ; après avoir médité avec lenteur et tracé avec sagesse son nouveau plan de législation, il l'adressa à toutes les cours souveraines par une lettre dont l'éloquence s'élevait à la hauteur du sujet. Chaque nouvelle loi s'y trouvait présentée sous la forme de questions ; et, pour s'éclairer, il appelait à son secours la science et la liberté. Un autre siècle était destiné à recueillir le fruit de cette noble entreprise ; deux hommes célèbres en partagent l'honneur : D'Aguesseau l'avait commencée, Napoléon l'acheva.

La médiocrité est tranchante, parce que sa vue, resserrée dans un étroit horizon, ne mesure point la hauteur des obstacles qui frappent un esprit supérieur : quelques censeurs légers reprochaient à ce grand ministre sa sage lenteur ; *quand je pense*, répondit D'Aguesseau, *qu'une décision du chancelier a la force et l'effet d'une loi, il doit m'être permis d'y réfléchir long-temps.*

Pour le bonheur de sa patrie, la carrière de cet illustre ministre fut aussi longue que noblement remplie. Il conserva trente-quatre ans les sceaux ; la vigueur de ses facultés morales, qui avait commencé avant son adolescence, survécut à sa maturité. Il garda la même vivacité d'imagination, la même fidélité de mémoire. Une santé ferme et inaltérable fut l'heureux fruit d'une vie pure.

Un an avant sa mort, averti par l'affaiblissement de

ses forces que son terme approchait, il se démit de sa charge, et se prépara doucement à recevoir dans le ciel la récompense du bien qu'il avait fait sur la terre. La France le perdit le 9 février 1751. Sa vie avait été un long triomphe de la vertu; sa mort, suivie d'un deuil général, fut regardée comme un malheur public.

Il est deux genres d'admiration : l'une inspire le respect, et l'autre une tendre et vive affection. D'Aguesseau les mérita toutes deux. Naguère sur son tribunal et dans le conseil, on le contemplait avec vénération; mais c'est dans sa vie privée, dans ses foyers, au milieu de sa famille et de ses amis, c'est à Fresnes, sur-tout, et dans son noble exil, qu'il faut le suivre pour l'aimer davantage. Là, cette main qui portait le sceptre de la justice, se plaît à tenir la bêche; ce grand orateur, qui prononçait au palais sur le sort des humains ses éloquens oracles, ne brille plus qu'au milieu d'un petit cercle de savans et d'amis, dont les graves et doux entretiens rappelaient à ceux qui en avaient été témoins, ces dialogues ingénieux qu'inventait un philosophe romain pour animer et embellir les leçons morales qu'il nous a laissées.

A la place du législateur et du magistrat, on ne voyait plus à Fresnes que le père de famille, bon, simple, tendre, gai, partageant les jeux, les études de ses enfans, et répandant avec une sage mesure sur eux des lumières graduées qui les éclairaient sans les éblouir. On cherche et on cherchera peut-être long-temps le meilleur système d'éducation publique; mais ce qui paraît au moins certain, c'est que, pour former l'esprit et le caractère d'un magistrat, d'un orateur, d'un homme d'état, il serait impossible de trouver un meilleur modèle que le plan d'études tracé par D'Aguesseau pour ses enfans; c'est un code entier d'éducation, qui devrait être sans cesse sous les yeux des pères et des instituteurs.

Le chancelier, rendu par l'exil aux champs et à la liberté, se livrait avec délices aux anciens penchans de sa jeunesse, à l'étude de l'histoire, de la géométrie, et à la lecture des meilleurs poëtes dont il se plaisait toujours à répéter et même à imiter les accords. Au moment de sa première disgrace, le cardinal de Polignac lui écrivait en style marotique les vers suivans :

> Vertu parfaite et bonheur perdurable,
> Pas ne sont faits pour s'unir en ces lieux;
> Si bel état par trop serait semblable,
> A cil qu'auront tant seulement ès cieux.
> Donc, quand parfois sont ensemble, est bien force
> Que tôt ou tard fassent entr'eux divorce;
> Communément c'est *vertu* qui s'en va,
> Reste *bonheur*; voilà le train vulgaire.
> Or, en ce cas advient tout le contraire :
> *Bonheur* parti, *vertu* demeurera.

Le chancelier lui fit cette réponse, où l'on trouvera sans doute plus d'élégance et de clarté.

> Chez les humains fortune favorable
> Mène souvent à sa suite amitié,
> Mais amitié coquette et peu durable;
> Avec l'esprit n'est le cœur de moitié.
> Donc, au départ de fortune volage,
> Leste amitié tôt a plié bagage :
> Amis de cour délogent sans pitié
> Avec faveur; voilà le train vulgaire.
> Or, en ce cas advient tout le contraire :
> Bonheur s'en va, reste seule amitié.

Banni, pour la seconde fois, par la cour, et presque

oublié par elle, il en était dédommagé par l'empressement des hommes les plus distingués de l'Europe qui venaient l'admirer dans sa retraite ; et, quoiqu'il eût restreint le Saint-Siége dans ses limites temporelles, protégé les protestans, secouru les jansénistes, et défendu avec vigueur les libertés de l'Église gallicane, le nonce Quirini lui rendit hommage dans son exil. *Je viens*, lui dit-il, *voir l'arsenal où se forgent tant d'armes redoutables contre la cour de Rome. Dites mieux*, répliqua le chancelier, *dites l'arsenal où se forgent les boucliers qui repoussent vos armes.*

D'Aguesseau étonnait les hommes les plus savans par son érudition : l'étude des langues n'était pour lui qu'un amusement ; il savait à fond le latin, le grec, l'hébreu, l'arabe, l'anglais, l'italien, l'espagnol et le portugais. Les savans de la Grande-Bretagne, oubliant peut-être pour la première fois leur orgueil national, le consultèrent sur la réformation de leur calendrier.

Il forçait à l'estime ceux-là même dont il ne pouvait se concilier l'amitié : Saint-Simon, le plus amer de ses ennemis, trace ainsi son portrait : *Il était bon, humain, d'un accès facile et agréable ; en particulier, il brillait par une gaieté douce et par une plaisanterie fine, qui ne blessait jamais personne ; pour devenir actif, il avait vaincu la nature qui le rendait enclin à la paresse ; il était poli sans orgueil, noble sans prodigalité, économe sans avarice ; sa taille était médiocre, son corps assez gros ; sa figure pleine et ouverte conserva son agrément dans sa vieillesse comme dans sa disgrace.*

Le sort lui avait donné dans la personne d'Anne Lefèvre d'Ormesson une épouse digne de lui ; c'était, dit-on, *l'alliance des graces et de la vertu :* elle lui laissa six enfans. Quand il eut perdu en elle la moitié de son existence et tout le bonheur de sa vie, on voyait avec étonnement que l'excès de sa douleur lui permît encore de se livrer sans interruption aux travaux de son ministère : *Le public,* dit-il, *ne doit pas souffrir de mes malheurs domestiques.*

Les savans le pleurèrent avec raison ; il les aimait : *c'était,* selon lui, *l'élite des citoyens utiles et désintéressés.* Son nom, cher au barreau, ne sera jamais oublié par les avocats, classe généreuse, animée du double amour de la vraie gloire et de l'humanité ; ils gardent religieusement le souvenir de ces paroles qu'il leur adressait : « Dans les occasions dangereuses, disait-il,
» où la fortune veut éprouver ses forces contre votre
» vertu, montrez-lui que vous êtes non-seulement
» affranchis de son pouvoir, mais supérieurs à sa domi-
» nation. Dans votre vieillesse vous jouirez de la gloire
» d'un orateur et de la tranquillité d'un philosophe.
» Vous reconnaîtrez que l'indépendance de la fortune
» vous a élevés au-dessus des autres hommes, et que
» la dépendance de la vertu vous a élevés au-dessus de
» vous-mêmes. »

Combien les magistrats doivent veiller avec sollicitude sur eux-mêmes, au moment de prononcer ces arrêts qui donnent la vie ou la mort, l'esclavage ou la liberté, en voyant à quel point un juge tel que D'Aguesseau redoutait pour lui-même la faiblesse humaine et les funestes préventions qui égarent trop souvent les hommes les plus justes. Pourraient-ils ne pas trembler en se rappelant ces paroles du chancelier : « Un mou-
» vement de joie nous dispose à accorder tout ; un

» mouvement de tristesse nous porte à tout refuser : il
» est des jours clairs et sereins dont la lumière favo-
» rable embellit tous les objets à notre vue ; il en est
» de sombres et d'orageux, où une horreur générale
» semble succéder à cette douce sérénité. Parlons sans
» figure. Il est, si nous n'y prenons garde, des jours
» de grace et de miséricorde où notre cœur n'aime
» qu'à pardonner; il est des jours de colère et d'indi-
» gnation où il semble ne se plaire qu'à punir, et
» l'inégale révolution des mouvemens de notre humeur
» est si impénétrable, que le magistrat, étonné de la
» diversité de ses jugemens, se cherche quelquefois
» et ne se trouve pas lui-même. »

« Ferons-nous, dit-il ailleurs, l'injure à l'homme de
» bien de le confondre dans la foule de ceux qui se lais-
» sent entraîner à cette prévention populaire ? Croirons-
» nous qu'il puisse se trouver des âmes vertueuses, mais
» timides et naturellement disposées à la servitude, qui
» se troublent à la vue du fantôme de la grandeur, et qui
» plient, sans le vouloir et sans le croire, sous le poids
» du crédit ? »

Mais avec quelle vigueur d'éloquence cet homme illustre trace en peu de mots le portrait d'un grand citoyen, de
Matthieu Molé, premier président et garde-des-sceaux.

« Tel fut ce ferme et inflexible magistrat, en qui le
» ciel avait mis une de ces ames choisies qu'il tire des
» trésors de sa providence, dans les temps difficiles,
» pour combattre, et, l'on ose le dire, pour lutter con-
» tre le malheur de leur siècle. Plein de cette grandeur
» d'ame que la vertu seule peut inspirer, et persuadé,
» comme il l'a dit lui-même, qu'il y a encore loin de la
» pointe du poignard d'un séditieux jusqu'au sein d'un

» homme juste, on l'a vu soutenir seul, et arrêter, par
» la simple majesté de son regard vénérable, les mouve-
» mens orageux d'un peuple mutiné. On eût dit qu'il
» commandait aux vents et à la tempête, et que, sem-
» blable à l'auteur de la nature, il dit à la mer irritée :
» *Vous viendrez jusque-là, et ici se brisera la fureur*
» *de vos flots impétueux*; heureux d'avoir montré aux
» hommes que la magnanimité est une vertu de tous les
» états ; que la justice a ses héros comme la guerre ; et
» qu'il n'y a rien dans le monde de si fort et de si in-
» vincible que la fermeté d'un homme de bien. »

Puissent tous les hommes, appelés à prononcer sur nos destinées, retenir et se répéter continuellement ces pensées de D'Aguesseau !

« Élevés au-dessus des peuples qui environnent vo-
» tre tribunal ; vous n'en êtes que plus exposés à leurs
» regards : vous jugez leurs différends ; ils jugent votre
» justice.

» Que l'esprit joue mal le personnage du cœur !

» C'est une entreprise téméraire de prétendre allier
» une justice apparente avec une justice véritable.

» L'homme de bien l'est sans art parce qu'il l'est sans
» effort. La nature a un degré de vérité dont tous les ef-
» forts de l'art ne sauraient approcher. Le pinceau le
» plus brillant ne peut égaler l'éclat de la lumière, et
» l'affectation la plus parfaite n'exprimera jamais la
» simplicité lumineuse de la vertu.

» Le nom sacré de la justice, qu'un magistrat hypo-
» crite met à la tête de ses discours, n'est regardé que
» comme une vaine préface qui ne sert qu'à annoncer
» qu'il va être injuste. »

Je m'arrête et crois devoir ajouter seulement, à ce peu

de citations, ce passage où D'Aguesseau, en parlant de l'amour de la patrie, exprimait ces nobles sentimens que l'égoïsme calomnie, mais qui doivent rester gravés dans le cœur de tout Français. « Lien sacré de l'autorité des
» rois et de l'obéissance des peuples; l'amour de la pa-
» trie doit réunir tous leurs désirs ; mais cet amour pres-
» que naturel à l'homme, cette vertu que nous connais-
» sons par sentiment, que nous louons par raison, que
» nous devrions suivre même par intérêt, jette-t-elle
» de profondes racines dans notre cœur? Et ne dirait-on
» pas que ce soit comme une plante, étrangère dans les
» monarchies, qui ne croisse heureusement, et qui ne
» fasse goûter ses fruits précieux que dans les républi-
» ques?

» Là, chaque citoyen s'accoutume de bonne heure,
» et presqu'en naissant, à regarder la fortune de l'état
» comme sa fortune particulière. Cette égalité parfaite,
» et cette espèce de fraternité civile, qui ne fait de tous
» les citoyens que comme une seule famille, les inté-
» resse tous également aux biens et aux maux de leur
» patrie; l'amour de la patrie y devient une espèce
» d'amour-propre; on s'aime véritablement en aimant
» la république, et on parvient enfin à l'aimer plus
» que soi-même.

» Serons-nous donc réduits à chercher l'amour de la
» patrie dans les états populaires, et peut-être dans les
» ruines de l'ancienne Rome? Le salut de l'état est-il
» donc moins le salut de chaque citoyen dans les pays
» qui ne connaissent qu'un seul maître? Faudrait-il y
» apprendre aux hommes à aimer une patrie qui leur
» donne ou qui leur conserve tout ce qu'ils aiment dans
» leurs autres biens?

» Mais en serons-nous surpris? Combien y en a-t-il
» qui vivent et qui meurent sans savoir même s'il y a
» une patrie? Ils regardent la fortune de l'état comme
» un vaisseau qui flotte au gré de son maître, et qui ne se
» conserve et ne périt que pour lui. Si quelque orage im-
» prévu nous réveille, il n'excite en nous que des vœux
» impuissans ou des plaintes téméraires, qui ne font que
» troubler ceux qui tiennent le gouvernail. Spectateurs
» oisifs du naufrage de la patrie, telle est notre légèreté,
» que nous nous consolons par le plaisir de médire des
» acteurs; un trait de satire, dont le sel ne réjouit que
» la malignité, nous dédommage de tous les malheurs
» publics, et l'on dirait que nous cherchons plus à ven-
» ger la patrie par notre critique qu'à la défendre par
» nos services.

» A mesure que le zèle du bien public s'éteint dans
» notre cœur, le désir de notre intérêt privé devient
» notre loi, notre souverain, notre patrie; nous ne
» connaissons point d'autres citoyens que ceux dont
» nous désirons la faveur, ou dont nous craignons
» l'inimitié; le reste n'est plus pour nous qu'une na-
» tion étrangère et presque ennemie. Ainsi se glisse,
» dans chacun de nous, le poison mortel de la société;
» cet aveugle amour de soi-même, qui, distinguant sa
» fortune de celle de l'état, est toujours prêt à sacri-
» fier tout l'état à sa fortune.

» Par combien d'artifices n'essaie-t-on pas de faire
» passer ce sentiment jusqu'au cœur du souverain, et
» de lui persuader que l'intérêt du prince n'est pas tou-
» jours l'intérêt de l'état! Malheur à ceux dont la
» coupable flatterie ose introduire une distinction in-
» jurieuse aux rois, souvent fatale à leurs peuples,

» et toujours contraire aux maximes d'une saine po-
» litique ! »

C'est par de telles pensées, c'est par de telles paroles que ce grand homme s'est acquis une renommée qui traversera les siècles, une vénération que le temps ne refroidira pas. En repassant sa vie, en relisant ses ouvrages, non-seulement on éprouve le désir de devenir meilleur, mais on sent déjà qu'on l'est devenu.

Le chancelier, pendant son exil, avait planté lui-même dans son jardin de Fresnes un tilleul que le temps a respecté, et qui est à présent d'une immense grandeur. Récemment un grand malheur avait réuni à Fresnes les membres de sa famille. Nous allâmes tous, près de ce vénérable tilleul, chercher sous son ombrage la consolation que donnent les grands souvenirs. Il nous semblait, en quelque sorte, respirer dans cet endroit la résignation et le courage, et nous résolûmes de placer au pied de cet arbre vénéré l'inscription suivante que m'inspira un respect religieux.

Inscription sur un tilleul planté, en 1718, par M. le chancelier D'Aguesseau dans son parc de Fresnes.

Illustre D'Aguesseau, sur ton noble héritage,
Ce tilleul autrefois par tes mains fut planté;
Favorisé du ciel, il reçut en partage
La force, la grandeur et l'immortalité.
Je crois, en le voyant, contempler ton image:
Cet arbre protecteur sur nous s'est étendu.
Tu bravais la fortune, il résiste à l'orage;
Jamais par l'aquilon il ne fut abattu;
Et tes enfans encor, trouvent sous son ombrage
L'abri que ta justice offrait à la vertu.

SUR LES RÉUNIONS D'ARTISTES

ET

D'AMIS ÉCLAIRÉS DES ARTS.

On apprécierait mal de telles réunions, si l'on n'en sentait que les agrémens, sans y voir tous les avantages que les arts peuvent et doivent en retirer. Si la retraite est nécessaire à la pensée, la société ne lui est pas moins utile; c'est au milieu d'elle que le peintre, le statuaire, le poëte, l'orateur, trouvent le plus souvent leurs inspirations, leurs modèles, leurs guides et leurs juges.

Apelles disait *que le public jugeait mieux que lui ses tableaux.* Un fameux artiste anglais prétend avec raison que là où il n'existerait pas d'habiles connaisseurs, les arts se dégraderaient et tomberaient bientôt en décadence. Le génie lui-même doit fréquemment consulter le goût, comme un ancien a dit *que la philosophie devait sacrifier aux Graces.*

Philosophes, poëtes, savans, orateurs, guerriers, législateurs, artistes, hommes du monde, femmes aimables, réunissez-vous souvent, vous y gagnerez tous; vous jouirez des émotions douces et variées que vous feront éprouver les beaux-arts, et ces beaux-arts vous devront à leur tour de rapides progrès vers la perfection.

Ce n'est qu'au milieu de l'élite de la société qu'ils désirent, qu'ils cherchent, qu'ils trouvent des encouragemens utiles, des palmes honorables; ils sont à la fois les signes les plus éclatans d'une civilisation parfaite, et les élémens les plus nécessaires au charme de la société.

L'histoire des arts serait elle-même une véritable histoire de la civilisation; elle pourrait en marquer avec justesse les progrès et les phases. La vie des hommes encore sauvages n'est qu'une lutte, une guerre perpétuelle contre les besoins, contre les animaux, contre les élémens; long-temps ils ne songent, ils ne travaillent péniblement qu'à exister, et non à jouir de l'existence; c'est, pour ainsi dire, après avoir vaincu la nature et conquis le repos, que l'homme, regardant paisiblement autour de lui, admire le magnifique spectacle offert à ses regards par cette riche nature.

Plus tard, tournant ses réflexions sur lui-même, il apprend à connaître son ame, son intelligence, autre nature plus admirable encore, et cette imagination qui va par sa magie imiter, enrichir, varier, modifier, embellir cette terre et ce monde déjà si riche et si favorisé des dons du ciel.

Mais, avant d'imiter, il faut désirer, chercher, étudier le modèle; avant d'embellir, il faut connaître la beauté, en sentir le pouvoir, et s'en faire une juste idée.

Dès que les anciens connurent bien le sentiment de la beauté, ils en firent une religion; l'immobile architecture même affecta à chaque divinité l'ordre qui convenait à son caractère : le *dorique* majestueux fut consacré à Jupiter, l'élégant *corinthien* à la mère des Grâces.

C'est ce culte et cet enthousiasme pour les beautés de la nature, et ensuite pour les beautés idéales, c'est ce premier sentiment de l'homme civilisé qui fit naître les arts.

Ainsi, d'abord l'azur du firmament, l'or éclatant du soleil, la marche brillante des astres, les doux charmes de la verdure, l'aspect menaçant des montagnes, le cristal limpide des ruisseaux, la corbeille diaprée de Flore, les formes variées à l'infini des êtres vivans, depuis l'éléphant colossal et le lion terrible jusqu'au léger et brillant papillon, frappent l'homme d'étonnement et d'admiration; son esprit enchanté éprouve un désir pressant de retracer les riches décorations et les acteurs innombrables de la scène magnifique qui frappe ses yeux.

Bientôt les demi-dieux qu'il porte en lui-même, l'intelligence, la mémoire, l'imagination, l'ame enfin, l'avertissent qu'il est le roi de cette nature, objet de son admiration; tout lui dit qu'il est lui-même le premier, le plus noble modèle à connaître, à imiter dans ce monde de prodiges.

Un rayon rapide de lumière achève de l'éclairer et de l'animer; l'attrait le plus doux, le plus invincible, lui montre dans la compagne de ses plaisirs, de ses travaux, le vrai modèle de la beauté; il veut retracer, multiplier le charme de ce regard qui l'enflamme, la grace de ce sourire qui le séduit; ainsi, comme le dit notre Virgile français:

> L'homme, en naissant, voyait les globes radieux;
> Sa compagne naquit; elle éclipsa les cieux.

Et s'adressant ensuite à la nature:

> Toi-même t'applaudis en la voyant éclore;
> Dans le reste on t'admire, et dans elle on t'adore.

C'est alors que l'homme, guidé par l'amour, prend son pinceau et saisit sa lyre; rival de la nature, il veut imiter, peindre, chanter, faire revivre de mille façons diverses la beauté qui le ravit ; prenant ensuite un plus noble essor, il s'efforce de rendre sensibles de plus divines beautés qui échappent presque aux regards, ou du moins qui ne se dévoilent que par l'action, que par la vie intellectuelle qu'elles donnent aux beautés corporelles.

Ce sont les beautés de l'ame : l'imagination s'en empare ; elle retranche à tous les êtres qu'elle contemple ce qu'ils ont de défectueux, et, triomphant alors de la nature elle-même, elle donne la vie à ce *beau idéal* qui est le vrai but et le modèle constant de la perfection des arts.

Le *beau idéal* est le noble terme des travaux de l'artiste, comme *la vérité* est celui des recherches du philosophe : tous les hommes de génie ne cessent de le répéter à leurs élèves. Le poëte favori des Muses françaises, le chantre harmonieux de l'imagination, dit aussi à tous les amans des arts :

>Soit donc que vous teniez la plume ou le pinceau,
>La lyre harmonieuse ou l'habile ciseau,
>Soit que du cœur humain vous traciez la peinture,
>Soit que dans ses travaux vous peigniez la nature,
>C'est le choix du *vrai beau* qu'il faut étudier.

Mais ce n'est pas assez de prendre la beauté pour modèle, la nature n'en a pas formé sans défaut ; il faut, comme Apelles, *admirer mille beautés diverses pour en former une Vénus*. C'est, selon Cicéron, après avoir contemplé tout ce qui existe de beau, de noble, d'héroïque parmi les créatures mortelles, que l'artiste, élevé encore par l'imagination au-dessus de toutes ces beautés, a pu donner la vie, la divinité au marbre et créer un Apollon.

Jugez de l'enthousiasme qui inspirait l'artiste par l'enthousiasme qu'excite son chef-d'œuvre; écoutez Winckelmann. « Sa taille est au-dessus de celle de l'homme,
» et son attitude respire la majesté; un éternel prin-
» temps, tel que celui qui règne dans les champs fortu-
» nés de l'Élysée, revêt d'une aimable jeunesse son beau
» corps, et brille avec douceur sur la fière structure de
» ses membres. Pour sentir tout le mérite de ce chef-
» d'œuvre de l'art, tâchez de pénétrer dans l'empire
» des beautés incorporelles, et devenez, s'il se peut,
» créateur d'une nature céleste, car il n'y a rien ici qui
» soit mortel! A son aspect j'oublie tout l'univers, je
» prends moi-même une attitude noble pour le con-
» templer avec dignité; de l'admiration je passe à l'ex-
» tase! Je sens ma poitrine qui se dilate et s'élève comme
» l'éprouvent ceux qui sont remplis de l'esprit des pro-
» phéties; je suis transporté à Délos et dans les bois
» sacrés de la Lycie, lieux qu'Apollon honorait de sa
» présence; car la figure que j'ai sous les yeux, paraît
» recevoir le mouvement, comme le reçut jadis la beauté
» qu'enfanta le ciseau de Pygmalion. »

A quel degré de puissance le génie élève l'homme, et à quel point il peut s'approcher de la nature céleste, quand il parvient ainsi à la représenter; mais ce n'est que dans des temps de lumière qu'on voit de pareils prodiges.

Dans les temps d'ignorance et de barbarie, les arts n'enfantent que des productions mesquines et bizarres; un peuple en décadence, égaré par l'erreur ou par l'esprit de superstition, brûle les bibliothèques, brise les images, et proscrit les arts; à d'autres époques le goût corrompu choisit des modèles qui lui ressemblent; le talent ne s'élève qu'avec l'ame.

Peintres, sculpteurs, musiciens, poëtes, dédaignez d'amuser exclusivement les sens, ou satisfaites par eux un plus noble besoin, celui de *penser*; que les arts, par leur direction noble et morale, présentent à la société tous les avantages qu'elle a droit d'en attendre : c'est à eux qu'il appartient de donner un grand essor au sentiment et à la pensée.

Les anciens législateurs voulaient que tout concourût à ce noble but; les travaux, les plaisirs, le chant, la danse, les jeux, les créations de l'esprit, les actions du corps, tous les arts enfin, même les arts mécaniques, se liaient à la grandeur nationale et à l'utilité publique; les statuaires composaient leurs dieux ; les architectes construisaient leurs temples, de manière à établir une analogie parfaite entre la poésie, la religion et la législation des peuples.

Élevez donc, agrandissez nos ames par l'amour du grand et du beau, et, tandis que l'imagination et le sentiment animent vos pinceaux, vos lyres, votre ciseau, que la philosophie vous indique le but de vos travaux, en règle la marche, et rende votre gloire aussi utile que durable. Puisse enfin notre musée, élevé, orné, immortalisé par vous, devenir comme ce capitole qui, dit Tite-Live, *était un monument digne du souverain des dieux, du peuple-roi et de la majesté de Rome.*

Cette belle Italie, toujours vaincue, toujours envahie depuis quinze siècles, vit encore au moins par les arts ; elle jouit toujours de la gloire d'avoir ranimé les lettres, produit les plus grands artistes, et d'avoir eu tous les peuples pour disciples, comme tous les peuples l'avaient eue autrefois pour souveraine.

Quels que soient les objets de votre imitation, les modèles que vous cherchez à peindre, les passions que vous voulez exprimer, qu'on y voie toujours la justesse de votre esprit, l'ordre de votre raison, la dignité de votre ame. Platon comparait justement une mélodie, où entreraient pêle-mêle toutes sortes de modes et de rhythmes, à une vie passée dans le désordre.

Dans les figures antiques, nous dit un habile connaisseur, *la joie n'éclate jamais ; elles n'annoncent que le contentement et la sérénité de l'ame ; sur le visage d'une bacchante même on ne voit briller, pour ainsi dire, que l'aurore de la volupté.*

Un noble talent ennoblit la douleur ; *une grande ame*, dit Lessing, *se montre sur le visage du Laocoon, dans tous ses muscles, dans son attitude entière ; il souffre, mais il souffre comme le Philoctète de Sophocle ; l'artiste a dû sentir en lui-même cette force d'esprit dont son marbre porte l'empreinte.*

La Grèce vit plus d'une fois le philosophe et l'artiste réunis dans une seule personne, elle eut plus d'un Métrodore. *La philosophie tendait la main aux arts*, ce sont les termes d'un Allemand judicieux, *et donnait aux corps de sa création des ames plus que communes.*

Choisissez donc toujours de nobles et de beaux modèles, et, si votre sujet vous force, malgré vous, à représenter, par contraste, quelque vice ou quelque monstre, redoublez d'efforts pour que l'horreur de l'image ne dégrade point votre talent. M. de Caylus remarque que Milton seul a su peindre le diable sans avoir recours à sa laideur physique.

Vérifiez l'arrêt de Boileau :

> Il n'est point de serpent ni de monstre odieux
> Qui, par l'art imité, ne puisse plaire aux yeux.

Pour y parvenir, soyez terrible, j'y consens; mais que la terreur que vous m'inspirez soit tempérée par quelque grande idée morale.

Tout le reste ne peut vous occuper qu'accidentellement; le *beau idéal*, voilà quel doit être votre but constant : ce qui constitue la beauté, c'est la régularité, l'ordre et la proportion. La grace, qui plaît si promptement et si doucement, est bien plus difficile à définir et à imiter. C'est un mouvement qui la trahit, un sourire qui la distingue, un regard qui la fait aimer.

Artistes, pour saisir cette impression si légère, si fugitive, pour la retracer à votre imagination, quittez vos ateliers, parcourez le monde, et sur-tout appelez souvent autour de vous les amis et les protecteurs des arts ; alors le poëte et le peintre, nobles émules, dignes rivaux, réalisant ce mot de Simonide, *que la peinture est une poésie muette, et la poésie une peinture parlante*, réuniront leurs efforts et leurs talens pour reproduire à nos yeux et à nos oreilles l'impression des graces et des beautés qui nous auront charmés.

Zeuxis autrefois peignit une Hélène, et eut le noble courage d'écrire au bas les fameux vers d'Homère qui expriment le ravissement des vieillards troyens à la vue de cette beauté fatale; lutte d'autant plus admirable entre la peinture et la poésie qu'elle fut égale, et que la victoire, dit-on, resta indécise.

C'est donc dans ces réunions de tous les arts, de tous les talens, en présence du goût, de la grace et des juges les plus éclairés, que nous devons placer tous notre confiance pour le progrès et pour le perfectionnement des arts. Ces arts, protégés par le trône, garantis par la liberté, encouragés par les amis des Muses, feront à la fois notre charme et notre gloire. Nous avons dû à des héros le sceptre de la guerre, et nous devrons à nos artistes le sceptre de la paix.

VOULEZ-VOUS RIRE?
VOULEZ-VOUS PLEURER?

On trouve à Paris tous les moyens de satisfaire les goûts les plus opposés : on y rencontre la meilleure et la plus mauvaise compagnie; on peut y vivre à son gré dans le tourbillon ou dans la retraite, dans l'éclat ou dans l'obscurité, près de la sagesse ou à la suite de la folie. Vous y voyez une foule d'hommes ingénieux accourir pour vous amuser, et un plus grand nombre d'ennuyeux pour vous endormir.

C'est le lieu de la terre où l'on rencontre le plus de vertus et le plus de vices, le plus de savoir et le plus d'ignorance; nulle part vous ne compterez tant de badauds et tant de gens d'esprit, tant d'affairés et tant d'oisifs, tant de dupes et tant de charlatans, tant de favoris des Muses et tant d'adorateurs repoussés par elles, tant de mains disposées à les applaudir, tant de sifflets prêts à leur répondre, tant de frivolité et de philosophie, tant de luxe et de pauvreté, tant d'incrédulité et de superstition : on y quête, on y pleure pour les pauvres; on y chante, on y danse pour eux.

Voulez-vous rire? Allez au grand Opéra entendre *le Rossignol*; voulez-vous pleurer? Courez entendre *Wallace* à l'Opéra-Comique.

Voulez-vous rire? Allez à la Tragédie française, quand les grands acteurs français sont à Londres; voulez-vous pleurer? Venez au théâtre de la Gaieté vous attendrir aux accens du mélodrame.

Voulez-vous rire? Prêtez l'oreille à ces nouvellistes qui font venir les sauvages de l'Amérique pour détrôner les rois de l'Europe; voulez-vous pleurer? Voyez ces jolies femmes sourire à la délation, caresser la calomnie, prêcher la vengeance, s'attendrir pour la politique de Machiavel, et s'irriter de la clémence.

Voulez-vous rire? Suivez dans nos théâtres et dans nos jardins ces paisibles citadins bottés et ferrés comme des cuirassiers, ces jeunes élégans en larges pantalons comme des matelots, ces vieux libertins, modèle du *ci-devant jeune homme*, qui s'enflamment tous en prenant des glaces au pied du trône de l'Armide des *Mille-Colonnes;* descendez dans ces allées sombres, et voyez tous les piéges que de malignes beautés tendent à leur bourse et à leur santé; voulez-vous pleurer? Montez dans ces salons où des banquiers imperturbables, les yeux fixés sur un tableau rouge ou noir, prononcent sans s'émouvoir, d'un ton monotone, l'arrêt qui condamne à la ruine et souvent à la mort leurs malheureuses victimes.

Voulez-vous rire? Regardez dans ces loges, à ce balcon ou dans cette grande allée, cette femme imposante, élégante et entourée, dont on admire les beaux diamans, le panache flottant, le schall magnifique, la riche ceinture : est-ce une grande dame de la cour? non, c'est la femme d'un petit marchand de la Cité; voulez-vous pleurer? Entrez chez son mari; vous le verrez pâle, triste, abattu, repoussant ses enfans qui jeûnent, maudissant sa faiblesse, et se préparant à vendre ses meubles pour apaiser ses créanciers.

Voulez-vous rire? Suivez ces auteurs fortunés qui sortent, au bruit des applaudissemens, de l'Odéon ou du théâtre de la rue de Richelieu; voulez-vous pleurer? Accompagnez quelques-uns de ceux qui sortent de la rue Feydeau.

Voulez-vous rire? Lisez les doctes ouvrages de ces beaux esprits, enthousiastes du génie romantique, qui préfèrent les muses de l'Elbe et de la Tamise à celles de la Seine, et les disparates de Shakespeare aux beautés sublimes de Racine et de Corneille; voulez-vous pleurer? Écoutez ces indignes Français qui journellement s'évertuent à rabaisser, à dénigrer, à déchirer notre siècle, notre nation, nos talens, nos mœurs et notre gloire.

Voulez-vous pleurer? Entendez tonner cet apôtre intolérant d'un Dieu de paix; voulez-vous rire? Regardez ce grand seigneur démagogue et ce bourgeois aristocrate.

Voulez-vous rire? Écoutez cet élégant médecin parler avec feu de la guerre, avec jactance de la politique, avec grace de ses bonnes fortunes, avec orgueil de ses bijoux et de ses tableaux; voulez-vous pleurer? Allez voir ses malades.

Voulez-vous rire? Regardez les comptoirs d'acajou, les brillans quinquets, les imposantes enseignes de nos boutiques, l'élégance des commis et les mines agaçantes des filles de magasin; voulez-vous pleurer? Visitez les livres et la caisse.

Voulez-vous pleurer? Lisez les complaintes et les sinistres prophéties de certains journaux; voulez-vous rire? Voyez dans d'autres feuilles le peu de cas qu'on en fait et le jugement qu'on en porte.

Voulez-vous pleurer? Écoutez ces jeunes énergumènes qui voudraient nous ramener sous le niveau et sous le fléau de l'anarchie; voulez-vous rire? Écoutez ces vieux rêveurs qui voudraient nous faire remonter au temps, aux mœurs et aux lois gothiques.

Voulez-vous rire? Courez à votre fenêtre et regardez par votre vitre. Voulez-vous pleurer? Regardez votre miroir; et vous pourrez ainsi mettre en fable cette double cause de vos rires et de vos larmes.

LE MIROIR ET LA VITRE,

FABLE.

Certaine femme vieille, et quinteuse et despote,
Tout à la fois aigre et bigotte,
Priant Dieu le matin, battant ses gens le soir,
Finit un jour par briser son miroir.
Hélas! crie en tombant le serviteur fidèle,
Peut-on payer ainsi mon zèle?
N'ai-je pas constamment bien rempli mon devoir?
Trop bien rempli; c'est ce qui la chagrine,
Lui dit alors la vitre sa voisine.
Voici le fait, mon imprudent ami:
Près de nous deux que la bigotte vienne;
Elle ne voit par moi que la laideur d'autrui;
Et toi tu lui montres la sienne.

Voulez-vous enfin ne pleurer de rien et rire de tout? Lisez monsieur Azaïs; vous apprendrez que tout est égal dans ce monde, et que, si chaque plaisir est acheté par un chagrin, tout chagrin est compensé et payé par un plaisir.

DE LA LIBERTÉ.

Il faut que la *liberté* ait bien des charmes; puisque ceux qui la combattent publiquement par orgueil ou par esprit de parti, lui rendent en secret un culte aussi fervent que ses amis les plus zélés. La vérité est que tout le monde l'aime et veut la posséder; mais chacun la chérit à sa manière; et ceux qui prétendent avec le plus d'acharnement en priver les autres, ne sont pas les moins ardens à la désirer et à l'exiger pour eux-mêmes.

Toute la différence que j'y vois, consiste en ce que les uns la veulent pour tous, comme un bien commun; et les autres pour eux seuls, comme un privilége.

La *liberté*, ainsi que la beauté, est entourée d'adorateurs de tous genres; elle en a de tièdes, de froids, de complaisans, de confians, de soupçonneux, de tyranniques. Tourmentée par des jaloux, mal servie par des égoïstes, sacrifiée par des ambitieux, outragée par des ingrats, compromise par des fanatiques, elle s'est vue quelquefois exposée à de plus grands périls par les excès de ceux qui la défendent, que par la colère des ennemis qui l'attaquent.

On peut la blesser et non la détruire : elle s'éloigne quelquefois; mais elle revient; son feu n'est que couvert lorsqu'il semble éteint; quand elle paraît étouffée dans les esprits, elle respire au fond des cœurs.

Défendue par des principes éternels, on ne lui oppose que les armes fragiles des préjugés ; et, au moment où l'on croit l'avoir terrassée, son triomphe rappelle aux insensés qui la combattent qu'elle est immortelle.

Lorsque les ministres d'un souverain absolu s'irritent du moindre murmure et de la plus légère opposition, que veulent-ils ? la *liberté* ; mais c'est la *liberté* de gouverner à leur gré, d'enrichir eux et leur famille, de récompenser et de punir au gré de leurs caprices : la barrière des lois ne les gêne que parce qu'elle est un obstacle à cette *liberté*.

Dans tous les cultes, dans toutes les sectes, les hommes les plus intolérans n'ont eu d'autre objet, en excommuniant, en persécutant, en emprisonnant, en brûlant leurs semblables, que la *liberté* de commander, de régner sans rivaux au nom du ciel sur la terre, d'accroître sans crainte leur fortune comme leur pouvoir, et de faire passer sans opposition leurs opinions pour des vérités.

La démocratie, lorsqu'elle s'égare et dégénère en anarchie, n'aspire qu'à la *liberté* de s'emparer d'une part des biens auxquels la loi ne lui a pas donné de droits, et de l'autorité que nul ne doit exercer sans garantie et sans lumières.

L'aristocratie ne tend à l'oligarchie que pour avoir la *liberté* de partager, entre un plus petit nombre de personnes, les honneurs, les emplois et la fortune publique.

Le monarque ne cherche à se rendre despote que pour avoir la *liberté* de satisfaire tous ses désirs sans contrariété, et de dire à son gré : *l'État, c'est moi.*

Enfin les sots, qui par-tout forment un parti nombreux, ne proscrivent les lumières et la philosophie, qu'afin d'avoir la *liberté* de prétendre aux emplois sans étude, et aux honneurs sans mérite.

Aujourd'hui certains hommes passionnés se disent *monarchiques*, sans désigner de quelle monarchie ils veulent parler ; si c'est de la monarchie anglaise, de la monarchie russe, de la monarchie espagnole, de la monarchie turque, et si cette monarchie doit être absolue, tempérée, théocratique ou représentative. Pourquoi ce vague ? c'est par amour pour la *liberté*. Ils veulent apparemment se réserver celle du choix.

Ils se prétendent aussi conservateurs de la Charte, à condition qu'ils pourront toujours rester libres de l'interpréter suivant leurs intérêts. Par exemple, la Charte n'ayant reconnu d'aristocratie que la Chambre des pairs, et déclarant que tous les Français sont égaux en droits, et tous également admissibles aux emplois publics, ces mêmes hommes prennent la *liberté* de trouver mauvais que la Chambre, chargée des intérêts du peuple, soit démocratique, et ils regardent comme un démocrate forcené le ministre qui, par la loi du recrutement, a réglé l'avancement sur le mérite et sur l'ancienneté.

Enfin, certains hommes se parent aussi du titre *d'honnêtes gens*. Nous sommes trop polis pour le leur contester ; mais, de leur côté, ils sont moins civils, ils prennent *l'étrange liberté* de n'accorder ce nom qu'à eux seuls et à leurs amis.

Quant à la qualité de royalistes, on doit convenir qu'ils le sont avec fureur, et le prouveront, pourvu qu'on leur laisse la *liberté* de dénigrer et d'accuser le gouvernement du roi, lorsqu'il a la sagesse de s'opposer à la violence de leurs passions.

Je sais bien qu'on m'objectera que, loin d'aimer la *liberté*, ils ont à plusieurs reprises, pendant plusieurs siècles, proscrit la philosophie, les idées *libérales*, la faculté d'exprimer sa pensée ; qu'ils ont prôné, provoqué les lois et les tribunaux d'exception ; qu'ils ont honoré la délation, sollicité les destitutions, multiplié les emprisonnemens, et fait peser sur la France le joug du pouvoir arbitraire ; mais, en revanche, on m'avouera que, depuis qu'ils ont été menacés d'un retour à la justice, on les a vus réclamer *pour eux* la *liberté* de la presse, les procédures régulières, les formes légales, et c'est ce qui démontre la vérité de mon assertion.

Ils aiment réellement et veulent impérieusement conquérir et conserver la *liberté* de dominer sans rivaux, de nuire sans obstacles, de flétrir la gloire, de diffamer le patriotisme ; c'est assurément prendre beaucoup de *libertés*. Ne les en privons point ; mais réservons-nous la *liberté* de rire de leurs prétentions, de plaindre leur aveuglement, de repousser leurs attaques, de les contraindre, par l'autorité de l'opinion publique, à comprendre qu'*une nation est plus forte qu'un parti*, et à les amener enfin à jouir comme nous, malgré eux, de la vraie *liberté* qui n'est autre chose que la justice.

BOSSUET.

Une faible lumière brille au milieu des ténèbres; mais il faut des beautés sublimes pour jeter une grande lueur au milieu d'un torrent de clartés. Le sort, qui semblait avoir réuni autour de Louis XIV tous les génies de la guerre, des lettres, des sciences, des arts, toutes les muses du Parnasse, tous les flambeaux de l'éloquence, pour faire de cette brillante époque le grand siècle moderne, voulut qu'il s'élevât au-dessus de tous ces grands esprits un génie presque prophétique, dont la voix semblait inspirée d'en haut, et qui lançait sur la pompe des cours, au milieu du fracas des conquêtes, et contre l'orgueil des grandeurs humaines, les foudres de la parole divine : Bossuet fut l'Isaïe de l'église chrétienne et le Démosthène de la tribune évangélique.

Jacques-Benigne Bossuet, né à Dijon le 28 septembre 1627, reçut le jour au milieu d'une famille honorée par les lumières de plusieurs magistrats vertueux.

Là, des exemples salutaires, plus puissans encore que des leçons, le formèrent aux bonnes mœurs domestiques sans lesquelles de grands talens ne sont souvent que de grands dangers. Trois livres, qu'il lut avec avidité, exercèrent une grande influence sur lui : Homère échauffa son imagination, Virgile charma son esprit;

mais la Bible émut, électrisa son ame, et décida son sort, comme Euclide et Descartes avaient fixé celui de Pascal et de Mallebranche.

Ses sentimens se trouvèrent d'accord avec les vœux de sa famille qui le destinait à l'église ; son premier pas dans cette carrière fut l'effet d'un abus dont l'antiquité empêchait alors de sentir le ridicule : à l'âge de 13 ans il obtint un canonicat. Les jésuites, dont l'ambition active cherchait avec soin tous les germes de talens pour s'en emparer, avaient déjà jeté les yeux sur le jeune Bossuet pour l'agréger à leur milice ; mais ils manquèrent cette conquête.

Envoyé à Paris, son arrivée dans cette ville fut une époque trop remarquable pour qu'il pût jamais l'oublier : il y parut précisément le jour où le cardinal de Richelieu y entrait mourant, porté sur un char à la fois triomphal et funèbre, sous une tente meublée de damas ; son secrétaire était assis à côté de lui ; il marchait entouré de ses gardes comme un roi ; les rues étaient barricadées pour le garantir des approches d'une foule importune. Quel spectacle pour le génie de Bossuet, que la chute de tant de grandeur et de pouvoir ! Depuis il rappelait sans cesse à ses amis l'impression que lui avait faite la vue de cette pompe et de ce néant des vanités humaines.

Bossuet continua ses études avec ardeur et succès ; mais, destiné à parler aux passions et à les combattre, il n'aimait que les lectures qui élèvent l'ame et touchent l'esprit : les sciences lui paraissaient trop froides, trop sèches ; et, dans son erreur, il regarda toujours les mathématiques mêmes comme une étude vaine et inutile.

La réputation que lui firent promptement sa vive

imagination, son étonnante mémoire et sa prodigieuse facilité, ne tarda pas à sortir de l'étroite enceinte du collége de Navarre : dans ses premiers essais, son esprit montrait déjà l'empreinte de ses deux auteurs favoris : on y remarquait à la fois quelques traits de la sublimité d'Homère et de la douceur de Virgile.

A seize ans il soutint sa première thèse ; elle fit connaître son nom à la cour. L'hôtel de Rambouillet était alors le centre des beaux-esprits de la France ; on y parla de Bossuet. Le marquis de Feuquières qu'on avait instruit des progrès rapides et du singulier talent de ce jeune étudiant pour l'improvisation, paria, contre madame de Rambouillet, qu'en laissant quelques momens de recueillement à Bossuet, il prononcerait devant elle un sermon sur un sujet quelconque qui lui serait donné. La gageure fut tenue et gagnée. Le jeune prédicateur obtint un succès éclatant ; et, comme son sermon était prononcé à minuit, Voiture, qui était au nombre de ses auditeurs, dit, à cette occasion, *qu'il n'avait jamais entendu prêcher ni si tôt, ni si tard.*

De ce moment, Bossuet devint à la mode ; car elle exerçait alors son frivole empire sur tout, même sur les grandes réputations. Ainsi le génie de Bossuet brilla, pour la première fois, comme bel esprit, de même que les meilleurs fruits sont annoncés par de fragiles fleurs.

Mais Bossuet ne pouvait s'arrêter long-temps à des liaisons et à des succès si mondains ; l'austère et fameux abbé de Rancé conçut une vive amitié pour lui, et prévit qu'il deviendrait l'oracle de l'église.

En 1648, il soutint une thèse de philosophie en présence du grand Condé. La dispute était si animée et ressemblait tellement à un combat, que Condé fut, disait-il lui-même, tenté de prendre part à la lutte et à la victoire.

La funeste habitude des guerres religieuses était alors la cause puissante de l'intérêt qu'inspirait la théologie, et, en étudiant cette science, on s'y préparait, comme dans l'art militaire, au combat. Bossuet sentit que, dans ce genre de guerre, les armes de la raison ne suffisaient pas pour triompher : il vit qu'il lui fallait de la pompe pour étonner, des ornemens pour plaire, de l'art pour vaincre et pour entraîner ; aussi ne dédaigna-t-il point d'aller aux spectacles pour s'accoutumer à rendre son éloquence dramatique, et pour donner aux intonations de sa voix ces accens vrais, justes et variés, qui prêtent de l'éclat aux paroles et de la force aux pensées. Cette étude lui fut utile, et le génie de Bossuet dut une partie de son élévation au génie de Corneille.

Enfin le moment arriva où il fallait quitter le monde pour mériter de l'éclairer. Bossuet entra dans les ordres sacrés, et dès-lors il s'éloigna de toute étude profane.

La maréchale de Schomberg, dame d'honneur de la reine, frappée par les éloges qu'elle entendait faire de lui, se déclara sa protectrice ; car tel est le triste sort du mérite dans les cours, il n'y peut marcher sans appui.

Bossuet montra, dès sa jeunesse, la fermeté de caractère qu'il développa depuis dans toutes les circonstances de sa vie. Pendant le siége de Paris, il cacha dans sa chambre quatre de ses compagnons d'études, poursuivis alors pour leurs opinions ; et, au moment où le monarque était banni de Paris, il prit pour texte d'un de ses discours, ces mots : *Craignez Dieu, honorez le Roi.*

Au milieu des querelles qui divisaient l'église, éloigné

des opinions de Molina, son penchant le portait à suivre celles de saint Augustin et de saint Thomas ; mais il se soumit cependant aux décisions du Saint-Siége, parce qu'il avait pris le parti de tout sacrifier à une obéissance que, dans son état, il regardait comme un devoir.

Austère dans ses principes de catholicité, il se montra toujours ennemi des innovations, à tel point qu'on put lui reprocher un attachement trop puéril aux détails les plus minutieux des cérémonies religieuses. Il était difficile qu'avec des succès précoces et le sentiment de sa supériorité, il pût rester à l'abri de tout orgueil ; heureusement il prit pour guide Vincent de Paule, vraiment digne d'être nommé *saint*, puisqu'il était la *charité vivante*.

Cet homme respectable, mesurant la hauteur du génie de Bossuet, lui donna, pour directeur, le religieux le plus simple et le plus modeste, voulant ainsi, dit M. le cardinal de Beausset, lui apprendre que toutes les grandeurs de l'esprit humain devaient s'abaisser devant la vertu humble et cachée. Docile aux conseils qu'il en reçut, et décidé à suivre la trace des Apôtres, il s'éloigna du monde, fortifia ses vertus et mûrit ses talens dans la retraite.

Comme sa piété était sincère, elle le rendit modeste, et il refusa la place de grand-maître de Navarre, qui lui paraissait au-dessus de son âge et de sa capacité. En voyage, on le voyait toujours l'Évangile à la main. Saint Augustin était son guide dans l'étude de la religion, saint Chrysostôme son modèle d'éloquence ; parmi les modernes, saint Bernard était celui qui excitait le plus son admiration.

La vraie dévotion est tolérante comme la vraie philosophie; l'hypocrisie et la superstition sont seules fanatiques et intolérantes. Aussi l'on vit Bossuet, le plus intrépide défenseur de la foi romaine, lié intimement avec le ministre protestant, *Paul Ferri;* et, comme tous deux étaient sincères, leurs combats n'avaient pour but qu'une paix désirable, mais que les passions du siècle rendaient malheureusement impossible.

Saint Vincent de Paule choisit, à cette époque, Bossuet pour chef d'une mission qui se rendit à Metz. De tels missionnaires, fidèles à l'Évangile, n'employaient alors d'autres armes pour vaincre que celles de la persuasion; et, malgré l'ardeur de leur foi, ils ne cherchaient de force que dans la douceur, et de triomphe que dans la concorde.

Bossuet, pour combattre ses adversaires, composa son livre de l'exposition de la foi catholique, dans lequel ses ennemis mêmes admirèrent la force de sa logique. On y remarque des principes dont il serait à désirer, pour la paix du monde, qu'on ne s'écartât jamais. *Dans tout ce qui est nécessaire,* disait-il avec saint Augustin, *l'unité; dans tout ce qui est douteux, la liberté; dans tous les cas, la charité.*

A une époque si voisine des guerres religieuses, la philosophie elle-même ne pouvait s'attendre à voir proférer de plus douces maximes par la bouche d'un pontife catholique. Malgré la marche du temps et de l'esprit humain, cet ouvrage est encore admiré. Bossuet le corrigea et le perfectionna pour l'instruction d'un héros; car il eut la gloire d'avoir le grand Turenne pour disciple.

Ses nombreux sermons soutinrent sa réputation sans

l'agrandir ; il les écrivait trop rapidement, et s'y montrait trop inégal. Cependant son génie y brille si fréquemment, que ses négligences doivent y être regardées comme volontaires. La simplicité à ses yeux était le premier mérite d'un prédicateur : *dans la prédication*, disait-il, *tout doit se faire par une secrète vertu qui persuade contre les règles ; vertu qui, venant du ciel, doit se conserver tout entière dans la bassesse modeste et familière des premières expressions venues, et dans la simplicité d'un style qui paraît vulgaire.* Il voulait, comme saint Paul, des discours simples et des pensées divines ; mais son style se relevait lorsqu'il devait faire entendre la vérité à la puissance.

Quand il prêcha devant Louis XIV, en 1669, il lui adressa ces belles paroles : *Arbitre de l'univers et supérieur même à la fortune, si la fortune était quelque chose, il n'y a plus pour vous qu'un seul ennemi à redouter : vous-même, Sire, vous-même.* Le roi envoya féliciter le père de Bossuet d'avoir un tel fils.

Ce fut dans les oraisons funèbres que Bossuet développa toute la force de son talent, toute la pompe de son éloquence : celle de madame Henriette, regardée comme son chef-d'œuvre, est devenue un monument historique. C'est là qu'il annonce aux rois et aux peuples que toutes les révolutions n'ont jamais d'autres causes que la mollesse et la violence des princes. Persuadé, comme orateur chrétien, que son langage devait être digne de la Divinité dont il se rendait l'organe, avant de prendre la parole, il se pénétrait habituellement de cette noble pensée : *Ce n'est pas un ouvrage humain que je médite, il faut que je m'élève au-dessus de l'homme pour faire trembler toute créature sous le jugement de Dieu.* La froide raison peut blâmer cet enthousiasme ; mais, dans quelque genre que ce soit, sans enthousiasme, le talent ne peut jamais atteindre à la gloire : aussi Bossuet, plus que tout autre orateur, sut inspirer cet enthousiasme qu'il éprouvait. Un jour, député par la faculté de théologie, il parla au roi avec une éloquence si vive, si entraînante, que Turenne et Condé, qui l'écoutaient, ne purent contenir leurs transports et l'embrassèrent.

Qui pourrait n'être pas saisi de respect à la réunion de tant de noms illustres, au souvenir d'un tel orateur et d'un tel auditoire ! Mais plus on était frappé de tant d'éclat et de gloire, plus on devait être ému en entendant un homme, si supérieur aux autres, rappeler sans cesse à cette brillante cour, avec des expressions qui n'appartenaient qu'à lui, le néant des grandeurs humaines, et rabaisser l'orgueil d'un roi puissant, entouré de héros, par ce peu de mots prononcés sur la mort d'Anne d'Autriche : *Ah ! que nous ne sommes rien.*

Malheureusement tous ces grands hommes du grand siècle, et lui-même, ne prouvèrent que trop souvent, par leurs actions, la vérité de ces paroles ; et l'admiration se change presque en pitié, lorsqu'on voit tant de génies tomber, tant de grandeurs se rapétisser et descendre des hauteurs de la raison, pour se livrer aux combats ridicules et aux disputes puériles de Jansénius, de Molina, de la grace efficace, de la grace concomitante et du formulaire. Au reste, si Bossuet partagea ces erreurs, il y tomba de bonne foi, et crut sincèrement, dit-on, trouver les cinq propositions condamnées, dans un livre où tant d'autres bons esprits ne purent jamais les apercevoir.

Mais s'il paya son tribut à l'esprit de parti, il sut au moins se défendre souvent des passions qu'il excite : on le chargea de juger l'ouvrage de l'un de ses adversaires, le livre d'Arnaud *sur la perpétuité de la foi*, et son arrêt fut impartial. Plusieurs de ses contemporains ne lui montrèrent pas la même équité ; il est rare d'être bien jugé par son siècle. Plusieurs beaux esprits de son temps, ainsi que madame de Sévigné qui aimait mieux lire Pradon que Racine, préférèrent la méthode sèche de Bourdaloue à l'éloquence sublime de Bossuet.

Cependant les traits de la jalousie tombèrent devant sa vertu sans la blesser, et l'envie ne put arrêter, ni sa gloire, ni sa fortune. Peu d'années après avoir été promu à l'évêché de Condom, il fut nommé précepteur du Dauphin par Louis XIV et sur la demande de M. de Montausier : il fut ainsi proposé pour cet emploi par la franchise, et reçu par la gloire.

Comme il ne croyait pas ses devoirs d'évêque conciliables avec ceux que lui imposait sa nouvelle charge, il donna un grand et rare exemple en se démettant de son évêché. En 1671, l'Académie française ajouta, en le nommant, un brillant fleuron à sa propre renommée : Bossuet dans son discours de réception, prouva que son amour pour les lettres n'était point éteint. *La gloire de la France*, dit-il, *est d'être docte et conquérante ; si les actions héroïques animent les grands écrivains, les grands écrivains vont remuer par le désir de la gloire ce qu'il y a de plus vif dans les grandes ames.*

Bossuet ne négligeait aucun devoir ; il fut assidu aux séances académiques, déclarant *qu'il y trouvait toujours plaisir et instruction*. Il appelait l'usage *le père des langues*, et l'histoire *la maîtresse de la vie humaine*.

Il fut un des ornemens de l'Académie, comme il était une des colonnes de l'église. Son esprit fécond, qui s'applique à tout, lui fit composer une grammaire pour le Dauphin ; ce fut aussi pour l'éducation de ce prince qu'il composa son immortel discours sur l'histoire universelle ; et cet ouvrage, écrit pour un enfant, éclaira l'Europe.

Son attachement profond à la monarchie ne lui fit adoucir, par aucune faiblesse, les leçons sévères qu'il donnait à son royal élève ; il aimait la royauté et haïssait la tyrannie. En parlant de la mort violente de Charles IX, il dit : *C'était avec justice qu'on voyait nager dans son propre sang un prince qui avait si cruellement versé celui de ses sujets.*

Bossuet écrivit encore un traité de la politique sacrée ; un livre sur la connaissance de Dieu et de soi-même, et un grand nombre d'ouvrages dont la plus courte analyse composerait à elle seule un volume. Cherchant à tout une source céleste, toute puissance lui paraissait fondée sur le droit divin ; ce qui le rendit trop partisan du pouvoir absolu, et trop éloigné des principes d'une liberté pour laquelle un esprit si sublime semblait né.

A cette occasion le cardinal de Beausset fait une réflexion très-juste : « Les opinions, dit-il, dépendent
» souvent des positions. Bossuet, frappé du spectacle
» de la fronde, ne trouve de fléaux à craindre que les
» factions et que la résistance à l'autorité. Fénélon, té-
» moin d'un règne absolu, ambitieux, arbitraire, ne voit
» de dangers pour l'état que dans l'abus du pouvoir. »
Il est peut-être encore juste de chercher à cette erreur politique une cause non moins réelle : Bossuet était du

petit nombre de ceux qui font ce qu'ils commandent, et qui pratiquent ce qu'ils prêchent; et, comme il trouvait tous les devoirs, publics et privés, tracés et prescrits dans la morale évangélique, il y voyait, par la même raison, plus en homme de bien qu'en homme d'état, des bornes suffisantes pour réprimer les passions des princes; aussi disait-il *que la religion est encore plus nécessaire à ceux qui commandent qu'à ceux qui obéissent.*

Pour prix de l'éducation du Dauphin, le roi nomma Bossuet, premier aumônier de la Dauphine, évêque de Meaux et conseiller d'état. Mais ce monarque, partageant les préjugés d'une noblesse dont il flattait la vanité tout en détruisant son pouvoir, ne voulut donner à cet illustre prélat ni le chapeau de cardinal, ni l'évêché de Beauvais; comme si le génie n'ennoblissait pas assez ce grand homme pour le rendre digne de la pourpre romaine et de la pairie!

Nul homme n'est sans faiblesse; Bossuet en montra malheureusement une qui ternit sa gloire. Dans ses querelles trop fameuses avec Fénélon, relativement au livre des *Maximes des Saints,* il fut violent parce qu'il était jaloux : sans rivaux dans l'art de convaincre, il ne put supporter un rival dans l'art de persuader. Bossuet l'emporta, Fénélon fut exilé; mais la douceur et la résignation du vaincu firent de sa défaite un triomphe, et le vainqueur eut à rougir de son triomphe comme d'une défaite.

Vainement M. le cardinal de Beausset, s'efforçant d'affaiblir une faute qui rabaissait un aussi grand caractère, veut croire que sa violence, dans cette querelle, venait de sa conviction. Il rapporte que Louis XIV ayant dit un jour à Bossuet : *Qu'auriez-vous fait si j'avais protégé M. de Cambray*; celui-ci lui répondit : *Sire, j'aurais crié vingt fois plus haut; quand on défend la vérité, on est sûr de triompher tôt ou tard.* La réponse était noble; mais l'opiniâtreté aggrave l'intolérance et l'erreur plus qu'elle ne les justifie. On en connaît de lui une plus spirituelle, mais moins franche et plus convenable peut-être à un courtisan qu'à un évêque. Le roi lui demandait son sentiment sur les spectacles. *Sire, répondit-il, je vois de grandes raisons contre et de grands exemples pour.*

Sa morale était sévère : il tonnait plutôt qu'il ne prêchait contre le vice ; *et chacun de ses discours,* dit madame de Sévigné, *ressemblait à un combat à outrance.* Mais, si l'austérité régnait dans ses paroles, une bienveillance naturelle éclatait dans sa conduite ; il gourmandait les erreurs de l'humanité, et ne voulait pas qu'on blessât les hommes par des railleries : aussi se montra-t-il toujours ennemi de la satire.

Après avoir présenté courageusement la vérité sans voile aux regards d'un monarque puissant, après avoir épouvanté les vices d'une cour brillante par les foudres d'une éloquence aussi énergique que pompeuse, Bossuet, se retirant dans son diocèse, consacra ses talens à des devoirs plus modestes; et ce fut un beau spectacle que de voir ce génie sublime se dépouiller par charité de l'orgueil même du talent, quitter la ville pour les champs, les palais pour les hameaux, abaisser son esprit à la portée des esprits simples des villageois, donner enfin, avec le zèle d'un apôtre et la simplicité du style évangélique, des instructions à l'ignorance et des consolations à la misère.

Ce fut peut-être là que *l'aigle de Meaux* se montra plus digne des respects de ses contemporains et de l'admiration de la postérité. A la cour, il avait été plus célèbre et moins utile, et sur-tout moins ferme dans sa charité ; car il n'avait point échappé totalement à la contagion d'un monde corrupteur, et la vraie religion, comme la saine philosophie, lui reprocheront toujours la honteuse faiblesse ou la coupable erreur qui l'entraînèrent, dans l'oraison funèbre de le Tellier, à louer publiquement l'acte le plus violent et le plus tyrannique, la révocation de l'Édit de Nantes, l'*Édit* cruel qui proscrivit tant de Français, et qui leur fit verser tant de larmes et de sang.

On avait rendu hommage à son talent pour la controverse, lorsque son zèle ardent s'était borné à se servir, dans l'histoire des *variations* et dans l'*exposition* de la doctrine catholique, des armes de la logique et de l'éloquence pour combattre les opinions qui lui paraissaient erronées ; mais il manqua aux principes de la loi divine, comme à ceux de la justice humaine, lorsqu'il appuya, par l'autorité de son nom glorieux, un acte de despotisme, de fanatisme et de persécution. Au reste, on ne peut lui reprocher à ce sujet que des paroles et non des actions ; son erreur appartenait plus à son siècle qu'à lui ; et, s'il ne blâma pas la persécution, on ne peut au moins jamais l'accuser d'avoir été persécuteur.

Long-temps il s'était nourri d'un espoir chimérique, celui de la réunion des églises ; sa correspondance à cet égard, avec le célèbre Leibnitz, fut plus curieuse qu'utile. Le philosophe, traitant cette matière plus diplomatiquement que théologiquement, demandait et offrait des concessions ; l'inflexible théologien n'opposait à sa dialectique subtile que la foi et les conciles; aussi le satirique Bayle, se moquant de leurs débats, disait : *Demander à Bossuet de la condescendance et des concessions, c'est l'exhorter à se faire protestant; et, sans être prophète, on peut assurer qu'il n'en fera rien.*

Les dernières années de la vie de Bossuet furent troublées par une maladie cruelle qu'il supporta avec une résignation chrétienne : cette lumière de l'église s'éteignit le 12 avril 1704. Bossuet mourut de la pierre à l'âge de 77 ans; il couronna une vie de triomphes par un trait d'humilité, et demanda en mourant qu'on l'enterrât au pied de ses prédécesseurs.

Nous n'avons point parlé du prétendu mariage de Bossuet avec mademoiselle Desvieux. M. le cardinal de Beausset a complètement prouvé l'absurdité de cette fable inventée par l'envie et répandue par la malignité; la jalousie voudrait couvrir de taches tout éclat qui blesse ses yeux.

La nature avait orné Bossuet de tous les dons heureux qui forment le grand orateur : la noblesse de sa figure et son port majestueux donnaient de la dignité à ses moindres paroles; la candeur de sa physionomie touchait ses auditeurs avant qu'ils l'eussent entendu. « Sa voix, dit le cardinal Maury, était douce, flexible, sonore, mais grave, ferme et mâle. Ses plus grands mouvemens étaient produits sans efforts; tout en un mot parlait en Bossuet. Tout était animé, grand, persuasif, et l'on ne savait ce qu'il fallait le plus admirer en lui, sa vie exemplaire, son éloquence, la grandeur de ses pensées, ou la sublimité de son style. »

Voltaire appelait Bossuet *le seul homme éloquent parmi les écrivains célèbres.* En effet, réunissant en lui seul toutes les beautés de l'art oratoire, il était hardi avec sagesse, sublime avec modestie, clair, simple, noble, précis, varié, pittoresque, véhément, harmonieux, et les traits imprévus de ses discours semblaient des élans de son ame.

Quelques critiques lui reprochaient son inégalité; mais il fallait que l'aigle quelquefois reprît haleine et ralentît son essor. Les esprits médiocres ignorent que celui qui veut être toujours sublime ne l'est jamais.

On l'accusait, avec plus de raison, d'avoir opiniâtrément professé une doctrine favorable au despotisme et contraire à la liberté. Cependant nul n'a défendu plus hardiment que lui, contre l'ambition ultramontaine, les libertés de l'Église gallicane; et, si l'évêque s'est montré souvent trop partisan de l'obéissance passive, on doit au moins avouer que le précepteur de l'héritier du trône sut lui parler dignement des devoirs des rois, des droits des peuples, de l'amour de la patrie et des avantages de la liberté.

« La maxime fondamentale de la république romaine, lui disait-il, était de regarder la liberté comme une chose inséparable du nom romain. Un peuple nourri dans cet esprit, disons plus, un peuple qui se croyait né pour commander aux autres peuples, et que Virgile, pour cette raison, appelle si noblement *un peuple-roi*, ne voulait recevoir de lois que de lui-même. L'autorité du sénat était jugée nécessaire pour modérer les conseils publics, qui, sans ce tempérament, eussent été trop tumultueux; mais, au fond, c'était au peuple à donner les commandemens, à établir les lois, à décider de la paix et de la guerre: un peuple qui jouissait des droits les plus essentiels de la royauté, entrait en quelque sorte dans l'humeur des rois ; il voulait bien être conseillé, mais non pas forcé par le sénat: tout ce qui paraissait trop impérieux, tout ce qui s'élevait au-dessus des autres, en un mot, tout ce qui blessait ou semblait blesser l'égalité que demande un état libre, devenait suspect à ce peuple délicat. »

Socrate, Démosthène et Aristide n'auraient pas, dans leur amour pour leur patrie, trouvé de plus nobles traits que ceux de Bossuet, pour tracer le tableau de la Grèce glorieuse et libre.

« Des lois simplement écrites, dit-il, et en petit nombre, tenaient les peuples dans le devoir, et les faisaient concourir au bien commun du pays: l'idée de liberté, qu'une telle conduite inspirait, était admirable; car la liberté que se figuraient les Grecs, était une liberté soumise à la loi, c'est-à-dire, à la raison même, reconnue par tout le peuple. La loi était regardée comme la maîtresse; c'était elle qui établissait les magistrats, qui en réglait le pouvoir, et qui enfin châtiait leur mauvaise administration ; et comme chaque forme de gouvernement a ses avantages, celui que la Grèce tirait du sien, était que les citoyens s'affectionnaient d'autant plus à leur pays, qu'ils le conduisaient en commun, et que chaque particulier pouvait parvenir aux premiers honneurs. Ce que fit la philosophie pour conserver l'état de la Grèce, n'est pas croyable ; plus ces peuples étaient libres, plus il était nécessaire d'y établir, par de bonnes raisons, les règles des mœurs et celles de la société.

» Pythagore, Thalès, Anaxagore, Socrate, Architas, Platon, Xénophon, Aristote et une infinité d'autres remplirent la Grèce de ces beaux préceptes. Il y eut des extravagans qui prirent le nom de philosophes ; mais ceux qui étaient suivis, étaient ceux qui enseignaient à sacrifier l'intérêt particulier et même la vie à l'intérêt général et au salut de l'état, et c'était la maxime la plus commune des philosophes, qu'il fallait, ou se retirer des affaires publiques, ou ne regarder que le bien public. »

Si un tel homme eût vécu de nos jours, quels vœux n'eût-il pas formés, comme philosophe et comme chrétien, pour voir cette noble Grèce secouer ses chaînes, relever ses débris, et enfin échapper à la double tyrannie du fanatisme et du despotisme musulman!..

Si Bossuet, dans les livres sacrés, trouvait toutes les leçons suffisantes pour éclairer l'ame du prince, son élève, et toutes les armes nécessaires pour combattre ses vices, il croyait avec raison que, pour enseigner l'art de gouverner les peuples et de les rendre heureux, l'histoire était la seule et la véritable institutrice des rois. Aussi personne, mieux que lui, ne s'efforça de leur faire sentir l'importance et la nécessité de cette étude royale.

« Quand l'histoire, disait Bossuet au Dauphin, serait inutile aux autres hommes, il faudrait la faire lire aux princes : il n'y a pas de meilleur moyen de leur découvrir ce que peuvent les passions et les intérêts, les temps et les conjonctures, les bons et les mauvais conseils. Les histoires ne sont composées que des actions qui les occupent; et tout semble y être fait pour leur usage. Si l'expérience leur est nécessaire pour acquérir cette prudence qui fait bien régner, il n'est rien de plus utile à leur instruction, que de joindre, aux exemples des siècles passés, les expériences qu'ils font tous les jours; au lieu qu'ordinairement ils n'apprennent qu'aux dépens de leurs sujets et de leur propre gloire, à juger des affaires dangereuses qui leur arrivent, par le secours de l'histoire ils forment leur jugement, sans rien hasarder sur les événemens passés. Lorsqu'ils voient jusqu'aux vices les plus cachés des princes, malgré les fausses louanges qu'on leur donne pendant leur vie, exposés aux yeux de tous les hommes, ils ont honte de la vaine joie que leur cause la flatterie, et ils connaissent que la vraie gloire ne peut s'accorder qu'avec le mérite. »

La France perdit presque à la fois les deux plus brillans soutiens de sa gloire militaire et de sa gloire chrétienne. L'oraison funèbre du grand Condé fut le dernier chef-d'œuvre de Bossuet. Il n'est point de cœur et d'esprit français qui n'aient retenu ces dernières paroles si tristes, si nobles et si touchantes : « Jouissez, prince, de cette victoire, jouissez-en éternellement par l'immortelle vertu de ce sacrifice. Agréez ces derniers efforts d'une voix qui vous fut connue : vous mettrez fin à tous ses discours. Au lieu de déplorer la mort des autres, grand prince, dorénavant je veux apprendre de vous à rendre la mienne sainte; heureux, si, averti par ces cheveux blancs du compte que je dois rendre de mon administration, je réserve au troupeau que je dois nourrir de la parole de vie, les restes d'une voix qui tombe et d'une ardeur qui s'éteint. »

DE L'INQUISITION.

IL est malheureux de penser, et cependant il est trop vrai de dire qu'une galerie, *morale et politique*, dans laquelle on ne trouverait que des tableaux ou des portraits représentant des vertus, de grandes actions, et rappelant des traits de justice, de générosité, de sagesse, de bienfaisance, de tolérance et d'humanité, serait vide de curieux : il faut en tout des contrastes; il faut des ombres pour faire ressortir la lumière; la vertu toute seule n'inspire communément qu'une froide estime; elle excite l'admiration dès qu'on la met en opposition avec les vices et les crimes. C'est la tyrannie qui fait sentir tout le prix de la liberté; c'est l'aspect hideux de l'esprit de parti et du fanatisme qui fait chérir la bienveillance et la modération. Il ne suffit pas, pour donner des leçons de morale, de montrer le bien qu'il faut imiter; on doit en même temps faire voir le mal qu'il est nécessaire de fuir; et Plutarque fait peut-être sur l'ame des impressions moins profondes, en nous offrant les images de tant d'hommes illustres, que Tacite en immortalisant par son burin sévère les forfaits de quelques monstres.

Nous allons donc placer dans cette galerie l'image d'un monstre qu'après une longue lutte la raison vient de terrasser : ce monstre est l'inquisition. Pendant plusieurs siècles il ne fut que trop fameux sans être bien connu; ses torches répandaient la terreur au loin, et les mille bras qui lançaient ses flammes restaient, ainsi que lui, enveloppés dans d'épaisses ténèbres sur lesquelles aucun œil profane ne pouvait porter ses regards indiscrets, sans être foudroyé comme sacrilége; enfin la lumière a pénétré dans ce sombre séjour; le monstre n'existe plus; son antre est démoli.

Un homme vertueux et éclairé, Jean-Antoine Llorente, forcé par sa destinée à le servir quelque temps, a écrit son histoire * et dévoilé ses terribles mystères; il a rendu par-là un grand service à l'humanité, car le seul moyen d'empêcher la résurrection de ce monstre né dans les ténèbres, c'est de le frapper, comme Python, des traits du jour. Le tableau tracé par M. Llorente est un peu colossal comme son modèle. Nous nous bornerons à en présenter une esquisse.

La vérité est le premier besoin de l'homme; l'erreur est la source la plus commune de toutes ses fautes et de tous ses malheurs. Mais, pour trouver cette vérité que chacun prétend chercher, et dont tant de personnes s'éloignent, nous n'avons d'autre guide que la raison; les passions la repoussent au lieu de l'accueillir et de la consulter. Ces passions ne veulent rien que d'exagéré, et tout ce qui est exagéré éloigne du vrai et conduit à l'erreur. Portez une vertu à l'excès, elle devient un défaut; retranchez de la plupart de nos défauts l'excès, vous en ferez de bonnes qualités. Tout ce qui se renferme dans de justes bornes est un bien; tout ce

---

* Histoire critique de l'Inquisition d'Espagne, depuis l'époque de son établissement par Ferdinand V, jusqu'au règne de Ferdinand VII; par D. Jean-Antoine Llorente, ancien secrétaire de l'inquisition de la cour.

qui les dépasse est un mal : c'est ainsi que le courage se change en témérité, l'économie en avarice, la prudence en lâcheté, la sévérité en cruauté, la douceur en faiblesse, la fermeté en tyrannie, la croyance en crédulité, et le zèle en fanatisme.

La vraie philosophie n'a d'autre but que de réprimer la violence de nos penchans et de nous ramener à la modération, c'est-à-dire à la vérité. La meilleure des philosophies, la vraie religion, part de plus haut pour atteindre avec plus de force le même objet. L'Évangile ne combat que nos passions, ne prescrit que la douceur et l'humilité, ne commande que la bienveillance; il est plus que tolérant, car il ne veut pas seulement que nous tolérions, mais encore que nous aimions ceux qui pensent autrement que nous; aussi, dans les premiers siècles de l'église, ces papes célèbres, ces saints évêques, ces illustres personnages qui scellaient leur foi de leur sang, voulaient qu'on avertît trois fois les hérétiques avant de les séparer de leur communion. Ils cherchaient alors à persuader, et ne pensaient pas à brûler. Ils savaient, par leur expérience, qu'immoler n'est pas convertir; et que, presque toujours, tuer les hommes égarés, c'est donner une nouvelle vie à leurs opinions et une nouvelle force à leurs erreurs.

Les siècles de ténèbres et d'ignorance furent, comme ils devaient l'être, le temps du règne des passions les plus aveugles et les plus violentes; en vain les lumières de la foi s'efforçaient d'éclairer les ames et de les adoucir. Un trop grand nombre d'hommes, égarés par un faux zèle, s'opiniâtraient à vouloir forcer les consciences, à remplacer la persuasion par la violence et à soutenir par la terreur un culte qui ne peut exister et régner que par l'amour. L'inquisition parut ; les cachots s'ouvrirent, les bûchers s'élevèrent ; une foule innombrable de victimes périrent, et l'Europe entière retentit long-temps en vain des murmures de la raison et des gémissemens de l'humanité.

Cette injustice fit naître d'autres erreurs, et produisit, dans un genre opposé, d'autres excès. Au lieu d'accuser les abus, on attaqua les principes ; on confondit les dogmes et les erreurs, les choses et les hommes, la religion et ses ministres : les hérésies prirent naissance ; l'incrédulité abusa de la philosophie, comme les fanatiques avaient abusé de la religion ; l'athéisme même éleva une tribune témérairement rivale de la chaire de vérité. De là est résultée une guerre opiniâtre et funeste entre les hommes qui devraient le mieux s'accorder ensemble, puisqu'ils tendent au même but, les écrivains religieux et les écrivains philosophes.

Au lieu d'employer uniquement, les uns la parole divine, et les autres l'éloquence humaine, à faire chérir la vertu, à faire haïr le vice et à obliger les hommes à s'aimer, à se plaindre, à se pardonner, ils continuèrent à ébranler la confiance des peuples par leurs divisions ; ils mirent tout en péril en mettant tout en doute. Les hommes, chargés de prêcher l'amour du prochain, prirent les armes de la haine et inondèrent la terre de sang, tandis que ceux qui se disaient les apôtres de la raison attaquaient avec fureur les principes de la sagesse même, et traitaient avec un indécent mépris la foi de leurs pères, le culte de leur pays et tous les liens sacrés qui doivent, pour l'ordre social, unir le ciel à la terre.

Enfin, après de longues et de cruelles secousses, le besoin du repos s'est fait sentir ; la raison a reparu ; et, suivie de la tolérance, elle nous permet de chercher et de trouver la vérité. En vain quelques esprits opiniâtres, étroits et passionnés, veulent encore, d'un côté, défendre des erreurs humaines comme des dogmes, et de l'autre escalader le ciel comme des Titans : le fanatisme des uns, la témérité métaphysique des autres, ne peuvent plus égarer les gouvernemens, armer les peuples et troubler la terre. Les rayons de la vérité, écartant tous les nuages qui l'entouraient, font disparaître les prestiges de l'erreur; on respecte, par sagesse ou par croyance, tout ce qui est divin, mais aussi on examine sans crainte et sans danger tout ce qui est humain.

Dans cette grande Charte que la raison semble donner aujourd'hui à toute la terre, la Divinité et la religion sont sacrées et inattaquables, comme les rois inviolables; mais leurs ministres sont responsables toutes les fois qu'ils enfreignent les lois du ciel ou celles de la terre. Ce n'était que dans de pareilles circonstances qu'on pouvait écrire sans crainte l'histoire de l'inquisition, la lire sans passion et la juger sans inconvénient.

Cette institution terrible, qui légalisait la plus effrayante tyrannie et déclarait les proscriptions permanentes, était tellement en opposition par sa nature, et encore plus par ses excès, avec les principes de la morale et de la charité chrétienne, qu'elle devrait plutôt être attaquée par les vrais amis de la religion que par ses ennemis, et la vraie piété doit peut-être encore plus la condamner qu'une incrédule philosophie. L'ouvrage dont nous rendons compte est digne, à tous égards, d'exciter la curiosité et de fixer la méditation. Tous les écrits publiés jusqu'à ce jour contre ce redoutable tribunal n'étaient composés que par des hommes qui ne s'étaient pas trouvés à portée d'approfondir ses ténébreux mystères, ou par des victimes échappées à ses sombres cachots, et qui pouvaient être accusées de passion dans leurs récits. Nous n'avions, pour ainsi dire, sur cet objet que des déclamations, des diatribes, des satires, ou de fastidieuses et mensongères apologies : c'était assez pour la passion, mais non pour la raison ; elle veut, dans un genre si grave, une histoire et non un roman historique. Cette histoire paraît et porte les caractères qui peuvent inspirer une juste confiance ; l'auteur n'a manqué d'aucun moyen pour connaître la vérité; puisqu'il a long-temps été secrétaire de l'inquisition. Son ouvrage n'est presque composé que de citations historiques et de pièces justificatives; il est évidemment sincère, car il raisonne, raconte et ne déclame point.

Son style est simple, sans prétention, dénué d'images. Il récite et ne peint pas ; la simplicité de sa narration fait même un contraste assez extraordinaire avec l'horreur des événemens qu'il raconte. Il est vrai que les faits parlent assez; et, quand l'injustice et la cruauté passent certaines bornes, tout moyen d'éloquence devient inutile, comme toute réflexion. Il suffit de les montrer dans leur hideuse nudité pour exciter l'indignation et l'effroi.

Cet ouvrage curieux est trop long et trop intéressant dans toutes ses parties pour qu'on puisse en offrir l'analyse complète. L'auteur examine d'abord en historien quels étaient les principes de l'Église catholique pour la recherche et la punition des hérétiques avant l'établissement de l'inquisition : il s'épargne par ce moyen la nécessité de faire beaucoup de réflexions que ce premier tableau rend inutiles; le récit seul des faits établit le plus évident contraste entre la douce charité de ces premiers temps et l'inhumaine férocité des siècles de fanatisme.

Il nous conduit ensuite au berceau sanglant de l'inquisition, au milieu de la Gaule narbonaise, à l'époque malheureuse des persécutions et du massacre des Albigeois. Il suit les progrès de cette formidable institution en Italie et en Espagne. On la voit se fortifier graduellement malgré la résistance opiniâtre de toutes les provinces de Castille et d'Aragon. En vain les sages réclament contre son usurpation de tous les pouvoirs; en vain la piété lui oppose ses antiques maximes; en vain les peuples se révoltent; la politique ambitieuse, la tyrannie, et sur-tout la cupidité cimentent son pouvoir; elle étend enfin par-tout ses nombreuses racines, règne par la terreur, s'accroît par le mystère et finit par dominer les puissances mêmes qui l'ont fondée et dont elle se rend indépendante.

Cette histoire fait connaître le gouvernement de l'inquisition ancienne, l'étrange procédure de ses tribunaux, la nature des châtimens et des pénitences qu'elle imposait à ses victimes, l'établissement de l'inquisition moderne sous le règne de Ferdinand et d'Isabelle, la violence de ses premiers actes, l'expulsion des Juifs et la persécution des Maures et de leurs descendans.

On pourrait regarder Sylla, Marius, les triumvirs et les plus cruels empereurs de Rome comme des hommes modérés, si on les comparait à ce grand inquisiteur, à ce terrible Torquémada, dont le nom est écrit en caractères de sang dans les annales des peuples. Pendant les dix-huit années que dura son ministère inquisitorial, on compta « dix mille deux cent vingt

» malheureux qui périrent dans les flammes, six mille
» huit cent soixante brûlés en effigie, quatre-vingt-dix-
» sept mille trois cent vingt-un condamnés à l'infamie,
» à la perte de leurs biens, à la prison perpétuelle; »
et les exils, ordonnés par une fausse politique et par un
faux zèle, firent dans le même temps perdre à l'Espagne huit millions d'habitans.

Le lecteur sera convaincu, en examinant ce tableau fidèle et déplorable, que l'établissement de l'inquisition, dont la destruction du judaïsme ne fut que le prétexte, eut pour vrai motif le désir de confisquer les biens des Juifs pour enrichir le gouvernement; que Sixte IV favorisa cette institution dans le but d'étendre sa domination; que Charles-Quint la protégea dans l'espoir qu'elle fermerait l'entrée de l'Espagne à l'hérésie de Luther, et que ses successeurs la respectèrent, les uns par superstition, les autres par faiblesse.

Et qui pouvait en effet attaquer sans crainte ce pouvoir effrayant; dont les agens innombrables, par-tout répandus et par-tout invisibles, dénonçaient sans être nommés, condamnaient sans entendre, jugeaient sans appel, et frappaient sans pitié.

Un grand nombre de princes, de princesses, d'archevêques, de ducs, de ministres, subirent les arrêts de cette puissance ténébreuse; elle n'épargna pas même les saints; et l'auteur rend compte des procès que le saint office osa intenter à saint Ignace de Loyola, à saint François de Borgia, à saint Jean de Dieu et à plusieurs autres. En vain quelques papes par leurs bulles, quelques rois par leurs ordonnances, voulurent, à différentes époques, mettre des bornes à la tyrannie des inquisiteurs; ils éludèrent les unes, ils résistèrent aux autres, et poussèrent l'audace au point d'excommunier et de faire arrêter des conseillers, des alcades de la cour et des chancelleries royales.

Si, malgré le ton de sincérité qui règne dans ce livre, et malgré la lecture des pièces justificatives que cite l'auteur, on était encore tenté de le soupçonner d'exagération, il suffirait sans doute, pour connaître avec évidence toute la monstruosité et toute l'absurdité de cette institution, de lire la loi que les cortès de Castille et d'Aragon avaient proposée et fait accepter, sous le règne de Charles-Quint, pour réformer les abus de ce tribunal injuste et sanguinaire. Les remèdes proposés démontrent mieux que toute réflexion l'existence inconcevable et cependant réelle des maux auxquels on voulait les appliquer.

Cette loi sage et nécessaire n'eut point d'effet : le cardinal Adrien, quatrième grand-inquisiteur, en empêcha l'exécution. Les cortès avaient demandé qu'on examinât les dénonciations, qu'on remplaçât les cachots infects et mystérieux par des prisons publiques et saines.

La loi proposée voulait qu'on donnât un défenseur à l'accusé, qu'on lui communiquât l'accusation, l'information, l'interrogatoire et les dépositions des témoins, dans le cas où l'accusé ne serait pas un homme en dignité et puissant.

Qu'on n'employât la question qu'une seule fois, et sans avoir recours aux inventions cruelles dont on s'était servi jusque-là.

Qu'à défaut de preuves du délit, l'accusé fût acquitté et ne pût pas être retenu en prison comme suspect ; que l'accusé pût récuser des témoins et appeler du jugement ;

qu'aucun ne pût être arrêté pour présomption d'hérésie, comme ayant été élevé par des hérétiques.

Que la peine de prison perpétuelle fût abolie, *parce qu'on y meurt de faim et qu'on ne peut y servir Dieu.*

Qu'on cessât de blesser le droit divin et humain en défendant l'entrée des couvens aux descendans des nouveaux chrétiens; que les biens des condamnés fussent séquestrés et non confisqués, et que leurs enfans pussent en hériter; enfin la loi défendait de faire, avant le jugement, aucune donation des biens de ces malheureux, afin d'empêcher les donataires d'avoir intérêt à faire condamner les accusés.

Un tel acte, provoqué par les états de la nation, est de toutes les pièces justificatives la plus concluante; elle doit confondre les apologistes de l'inquisition et justifier pleinement son historien.

Notre curiosité, moins barbare que celle des anciens, fuirait avec dégoût ces arènes sanglantes où les dames romaines se plaisaient à voir des milliers d'hommes s'entre-tuer ou périr sous la dent des bêtes féroces; mais on aime encore le récit des grands malheurs, des grands crimes, et le spectacle tragique des procès fameux : à cet égard, la richesse du sujet, l'importance des causes, la cruauté de l'inquisition et la foule de ses victimes ne laisseront rien à désirer au lecteur.

Tout nous fait connaître l'esprit impartial et sage de l'auteur; il répand beaucoup de lumières sur les sombres mystères de cette formidable institution qui servit toujours mieux les passions privées que l'intérêt public, qui fut plus utile aux vues d'une politique ambitieuse et cruelle qu'au maintien d'une religion fondée sur l'amour de Dieu et du prochain, prêchée par la douceur et propagée par la charité. En examinant l'origine et les progrès de cette puissance qui soumit à son joug les peuples, les grands, les rois et les princes de l'église même, on a pu se convaincre que jamais il n'exista dans le monde une tyrannie plus forte par le grand nombre de ses racines, plus redoutable par ses artifices, plus hypocrite dans ses moyens, plus terrible par ses effets.

Au-dessus de toutes les lois, à l'épreuve de toutes les atteintes, à l'abri de tous les regards, martyrisant les corps sous le prétexte de sauver les ames, rédigeant ses arrêts de proscription dans le langage mielleux d'une feinte douceur et d'une fausse pitié, elle employait, dans le dessein de dominer les hommes, le fer sous le prétexte d'extirper l'hérésie, le feu pour purifier les esprits, ne semblait s'élever au ciel que pour en lancer la foudre, et ne signalait son pouvoir sur la terre qu'en la couvrant d'espions, de cachots, de bûchers et de victimes.

Si, par la vicissitude des choses humaines, cette puissance inique se trouvait un jour soumise au jugement d'un tribunal sévère, le recueil de ses actes fournirait seul la liste et la preuve de ses excès; les ombres de plusieurs millions d'hommes serviraient de témoins contre elle, et l'Évangile serait le livre de la loi dans lequel sa condamnation se trouverait écrite à chaque page.

On ne peut lire sans surprise et sans indignation l'histoire des procès entrepris par l'inquisition contre plusieurs princes et souverains, tels que Jacques de Navarre, qui avait donné asyle à un proscrit; Jean Pic de la Mirandole, *qu'on jugea coupable de magie parce qu'il fut trouvé trop savant;* le duc de Valentinois, César Borgia, dont le nom rappelle tant de crimes : la saint-office l'avait respecté dans les jours de sa puissance, et se joignit à ses ennemis au moment de son infortune. Cette victime, qui n'eût été plainte par personne, échappa au fer de l'inquisition. César trouva, en combattant, une mort plus noble que sa vie.

On verra dans ce même tableau tous les efforts de l'inquisition, toutes ses intrigues pour enlever et faire arrêter Jeanne, reine de Navarre, ainsi que ses enfans; et, si le sort eût favorisé ce complot, on aurait vu languir et périr dans les cachots de l'inquisition notre illustre Henri IV, ce modèle des rois, des guerriers, dont le nom excite toujours en France l'amour et l'admiration. La cour d'Espagne favorisait en secret cette trame odieuse; le pape ordonnait aux accusés de comparaître à Rome, et cédait leurs états au premier prince catholique qui voudrait s'en emparer : les Guise soudoyaient des émissaires et des soldats pour s'assurer de leurs personnes; ils furent avertis et sauvés par leur ennemie mortelle, Catherine de Médicis. Cette princesse crut devoir alors oublier sa haine personnelle pour défendre les trônes menacés.

Son ambassadeur déclara au pape : « Que le chef de
» l'église n'avait point le droit de délier les sujets du
» serment de fidélité, ni d'empêcher un souverain de
» tolérer dans ses états un culte religieux; qu'elle in-
» viterait tous les princes de l'Europe à faire cause
» commune pour s'opposer à un tel abus de pouvoir;
» qu'au reste, il était bien étrange que l'inquisition
» voulût intenter un procès criminel à la reine de Na-
» varre, n'ayant jamais montré la même audace contre
» la reine d'Angleterre et contre les princes d'Alle-
» magne qui avaient professé la même doctrine. »

De toutes les causes célèbres dont parle l'auteur, celle de *don Carlos* paraîtra sans doute la plus intéressante. Tous les historiens ont raconté la vie et les malheurs de ce jeune prince; tous les théâtres ont retenti de ses amours; la juste haine qu'inspire le caractère sombre et tyrannique de Philippe II a fait adopter comme vérités toutes les fables répandues à ce sujet.

Presque tout le monde croit encore que ce roi cruel fit agir l'inquisition contre son fils, et qu'elle le condamna à la mort; on rapporte même de prétendues conversations entre Philippe et l'inquisiteur-général, entre don Carlos et d'autres grands personnages. La plupart des auteurs parlent de ce procès comme s'ils y avaient assisté; mais Llorente détruit toutes ces erreurs, et prouve évidemment qu'il n'a jamais existé de procédure ni de jugement de l'inquisition contre don Carlos. L'opinion qui le condamna fut émise par le conseil d'état que présidait le cardinal Espinosa.

La dissertation de l'auteur sur cet événement dissipe encore d'autres préjugés; sans excuser la rigueur inhumaine de Philippe, il nous offre un portrait de don Carlos, tout différent de celui que l'imagination de nos poëtes nous avait tracé. L'histoire détruit le roman; Carlos ne fut jamais amoureux de la reine Isabelle; la vertu de cette princesse fut toujours sans tache; elle n'écrivit point de billet à don Carlos; elle ne reçut point de lettres de lui; le prince, trop embelli par ses peintres, était maigre, faible, pâle et beaucoup moins fait pour plaire que Philippe II ne l'était à quarante ans.

Don Carlos ne possédait aucune des qualités morales qui peuvent séduire; son éducation était négligée, son caractère brutal, son orgueil insupportable; à la moindre contrariété il frappait ses gens, brisait tout ce qui se trouvait sous sa main, et insultait les plus illustres personnages.

Quelques lettres rapportées prouvent que l'esprit de ce prince était sans culture, et ses raisonnemens sans suite. Un jour il poursuivit le président du conseil de Castille qui avait banni un comédien, courut sur lui un poignard à la main, et dit publiquement à cet évêque : « Qu'est-ce que c'est qu'un prestolet comme celui-là, » qui ose me résister en empêchant Cisneros de venir » m'amuser? Par la vie de mon père! je veux vous » tuer. »

Il fit la même menace au duc d'Albe, voulut se marier avec Anne d'Autriche malgré son père, et porta enfin sa violence jusqu'à conspirer contre la vie du roi.

L'ambassadeur du pape écrivait à sa cour :

« Le prince des Asturies est d'une arrogance insup- » portable, effréné dans ses mœurs; son esprit est si » faible, et il est à la fois si capricieux et si obstiné, » qu'on peut dire avec raison qu'il a des accès de folie. »

Il confia son secret criminel à son confesseur et à la femme du grand écuyer; il fut arrêté, et le conseil, persuadé qu'il ne pouvait régner, déclara qu'il devait mourir.

Philippe hésitait; le prince furieux n'observa plus aucun régime; son sang s'enflamma; il fit remplir son lit de glaces dans l'espoir insensé de calmer cette agitation; une fièvre maligne le saisit, une dyssenterie s'y mêla; la sentence du conseil n'était pas encore prononcée lorsque ce prince mourut.

On dit que le cardinal Espinosa et le prince d'Évoli crurent remplir les véritables intentions du roi en

accélérant la mort de son fils. Ce prince expira après avoir pris des mains du docteur Olivarès une médecine: Louis Cabréra, employé alors au palais, se borne à dire que ce remède « ne fut suivi d'aucun bon résultat, la ma-
» ladie paraissant mortelle. » Il est commun, mais très-injuste, d'appuyer des atrocités sur des conjectures ; il ne faut jamais croire le crime que sur des preuves ; car l'histoire est aussi un tribunal, et ne doit point opiner avec la foule de ceux qui, ainsi que le dit Estrada,
« sans se soucier de la vérité, reçoivent avec joie tout
» ce qui se dit, tout ce qui se répand en mauvaise part
» des actions des princes. » Philippe II est assez odieux par d'autres crimes sans le charger du meurtre de son fils, lorsqu'aucune pièce ne justifie cette accusation.

Ceux qui cherchent des amusemens dans les livres les plus sérieux, et le ridicule au milieu des atrocités, s'arrêteront probablement sur le procès d'un capucin, missionnaire apostolique dans les Indes-Occidentales, directeur d'une communauté de femmes, composée de *dix-sept béguines*; il en pervertit treize, en leur persuadant successivement que Dieu, touché de leur vertu et de leur combat contre les passions, lui était apparu, et l'avait chargé de leur dire que, pour récompense de tant de sacrifices, il leur permettait de manquer momentanément avec lui à la chasteté. Ce qui ne semblera peut-être pas moins étrange que cette histoire, c'est l'indulgence de l'inquisition, qui ne voulut point traduire ce moine dans les prisons, dans la crainte du scandale, et qui, en considération de ses aveux, ne le condamna qu'à cinq ans de détention dans un couvent, et au fouet infligé par la main de tous les frères de la communauté.

Les mêmes lecteurs laisseront à des esprits plus graves l'examen du long procès qui retint dix-huit ans en prison l'archevêque de Tolède, Cabresca, l'un des plus vertueux prélats d'Espagne, et l'une des lumières du concile de Trente. Ils laisseront sans doute aussi les hommes d'état lire avec fruit les actes relatifs à l'impolitique expulsion des Maures ; mais ils s'arrêteront avec plaisir sur le procès intenté à une secte [de sorciers, où l'on vit condamner cinquante-deux personnes, *onze* au feu, *vingt* à de rudes châtimens, et *vingt-une* à diverses pénitences.

En lisant les aveux des condamnés qui se trompaient eux-mêmes comme ils avaient trompé les autres, les personnes qui voudraient *voir le Sabbat à leur aise*, sans commettre de crime et sans courir le danger d'y aller *à cheval sur un balai*, auront une idée complète de tout ce qui se passait, disait-on, dans ces infernales cérémonies ; et sans éprouver la moindre peur, assistant à une séance et à une réception de sorcier, elles auront le plaisir de voir le diable en personne.

« Il y entre sous la figure d'un homme triste, colère,
» noir et laid ; il est assis sur un siége d'ébène et doré ;
» sa couronne est composée de petites cornes ; deux
» autres, plus grandes, ornent le derrière de sa tête ;
» une troisième, s'élevant au milieu de son front,
» éclaire le lieu de l'assemblée ; sa lumière, plus bril-
» lante que celle de la lune, est inférieure à celle du
» soleil ; ses yeux sont grands, ronds, lumineux, ef-
» frayans ; sa barbe est celle d'une chèvre ; il est moi-
» tié homme et moitié bouc ; ses doigts sont terminés
» par des ongles démesurés qui s'allongent et finissent
» en pointes ; la forme de ses pieds imite les pattes d'une

» oie ; sa main ressemble à la serre d'un oiseau de proie ;
» il profère d'un ton mélancolique des paroles mal arti-
» culées, et sa voix, semblable à celle de l'âne, est
» rauque, discordante et formidable. »

Je n'ajouterai point à cette peinture celle des magiques, indécentes et même lascives cérémonies que décrit l'auteur, et dont s'occupaient si longuement de graves docteurs sous les voûtes terribles du saint-office. Ces peintures feraient sourire de pitié, si le tableau entier de l'inquisition laissait place à d'autres sentimens qu'à celui d'une profonde horreur.

Depuis un demi-siècle, si de violentes commotions politiques ont fatigué la terre et affligé l'humanité, ces malheurs ne seront pas perdus pour nos neveux. Ils hériteront des biens que nous avons si chèrement payés, sans être obligés aux mêmes sacrifices que nous ; ils profiteront de notre expérience sans ressentir les maux que nous ont faits les passions ; et, sans avoir à supporter les mêmes orages, ils jouiront doucement de la paix dans le port où notre raison, après une navigation périlleuse, les aura conduits. Le feu qui nous brûle encore ne fera que les éclairer, et de même que du choc des corps on voit jaillir la lumière, ainsi du choc des peuples, des rois, des armes, des opinions, des partis, il est sorti des clartés nouvelles qui dissipent la nuit des préjugés. Les rêves du fanatisme, les ténèbres de l'ignorance, et nos folies, quelque tristes, quelque sanglantes qu'elles aient été, auront au moins l'avantage certain de préparer et de consolider pour l'avenir l'empire de la raison. Notre postérité sera instruite, sage et heureuse à nos dépens.

Depuis un demi-siècle, en effet, tout a été mis en

question, tout a été discuté, approfondi, éprouvé; prestiges anciens, préjugés nouveaux, secrets d'états, fraudes pieuses, prétentions des corps, prérogatives des rois, droits des peuples, usurpations de l'église, rien n'a pu arrêter la curiosité ardente de l'esprit humain qui a voulu tout examiner, tout changer, tout régler; on a renversé toutes les barrières de l'autorité, on a déchiré tous les voiles de la superstition; plusieurs révolutions successives ont brisé les portes des archives, celles des sanctuaires mêmes, et les puissances civiles et religieuses n'ont plus eu de secrets pour les peuples.

La bouche de fer des inquisiteurs de Venise n'ensevelit plus dans l'ombre les délations; les mystères politiques de cette ombrageuse aristocratie ont été publiés par les soins d'un académicien distingué; enfin une tyrannie plus sombre, plus violente, plus impitoyable, la plus terrible qui ait pesé sur le genre humain, celle du saint-office, voit dérouler à nos yeux ses funèbres annales.

Lorsque cette hydre moderne est justement flétrie et condamnée par l'opinion publique, elle voudrait en vain accuser la philosophie, invoquer la religion. La philosophie en cette circonstance n'est qu'historienne; elle lui oppose non des réflexions, mais des faits. Les pièces du procès sont ses propres registres; les témoins, douze millions de victimes ou de bannis; la loi qui la frappe, l'Évangile; le juge qui prononce l'arrêt, le genre humain.

Les derniers tableaux qui terminent l'histoire de l'inquisition, offrent encore aux lecteurs un autre genre d'intérêt que ceux qui l'ont précédé. Lorsqu'on nous raconte les actions héroïques, lorsque nous lisons les chefs-d'œuvre des hommes de génie qui ont illustré leur patrie et leur siècle, nous nous sentons grandir et élever au-dessus de nous-mêmes, et nous éprouvons un juste orgueil en voyant à quel degré de hauteur peut parvenir l'esprit humain; mais, d'un autre côté, à quel point d'humiliation ne sommes-nous pas réduits, et quel mépris ne devons-nous pas concevoir pour la raison de l'homme, quand l'histoire nous la montre, dans différens siècles et dans différens pays, égarée, avilie quelquefois par les cultes les plus absurdes, souvent par les tyrans les plus imbécilles; dominant les esprits par des fables, les volontés par des supplices, sacrifiant le sang des hommes à des idoles, gouvernant les peuples par des eunuques, renforçant les chaînes du despotisme par celles de la superstition; et, enfin, tellement dégradée que, si elle devait s'égarer toujours ainsi, l'instinct des animaux les plus bornés lui serait certainement préférable!

Telle est l'impression qu'on éprouve en lisant *l'Histoire de l'Inquisition*. L'absurdité s'y trouve toujours unie à la cruauté, de sorte qu'elle excite à la fois l'horreur et la pitié.

Et qui pourrait concevoir qu'au milieu de l'Europe, en 1671, dans le siècle des lumières, sous le règne de Charles II, en présence des grands d'Espagne, un prédicateur ait pu dire, en prêchant à Sarragosse devant les inquisiteurs, que « Aaron, grand pontife des Juifs,
» était *inquisiteur de la foi*; que, si Moïse choisit le
» premier jour de mars pour ouvrir le tabernacle, et
» que, si le même jour Aaron se revêtit des habits
» pontificaux, c'était pour annoncer au genre humain
» que, le premier jour de mars 1671, on devait ouvrir
» l'église de Saint-François d'Assise à Sarragosse? »

Dans le même discours, il assure que « *saint Pierre*, » dans sa conduite contre *Simon le magicien*, a rempli » le devoir de *véritable inquisiteur*, » et il énonce cette maxime bien opposée à la charité chrétienne : « Que » celui qui ne dénonce pas, trahit. »

L'imagination peut-elle comprendre d'une part tant d'absurdités, de l'autre tant de patience ?

En 1693, l'inquisition, par un décret, défendit la lecture des ouvrages de Barclay, comme renfermant plusieurs propositions hérétiques ; et, entre autres, il cite celle-ci : « Que le pape n'a pas le droit de détrôner les « rois, ni de délier les peuples de leur serment de fidé- » lité. »

Comment les monarques ont-ils pu protéger une institution si dangereuse pour la royauté, et plus audacieuse que les plus hardis révolutionnaires ?

On peut se faire une idée des périls auxquels une puissance si redoutable exposait la dignité du trône, par les actes mêmes de justice, très-rares, de ce tribunal ; et qui ne serait, en effet, aussi choqué qu'effrayé du scandale d'un procès fait au confesseur du roi, pour avoir consulté le démon, dans l'intention de savoir si ce prince était possédé ?

Lorsque Philippe V monta sur le trône en 1701, on voulut, suivant la coutume, célébrer son avénement par un auto-da-fé solennel ; mais l'on voit avec plaisir que le premier roi français qui gouverna l'Espagne, loin d'imiter ses prédécesseurs, refusa d'assister à cet horrible spectacle.

Il ne consulta, dans cette occasion, que les sentimens naturels à un prince français ; mais, lié par la politique, il crut cependant devoir protéger l'inquisition, parce que Louis XIV le lui avait conseillé, comme un moyen de consolider son pouvoir et de maintenir la tranquillité dans le royaume.

Ainsi, sous son règne, malgré son aversion secrète pour cette sanguinaire institution, il y eut sept cent quatre-vingt-deux auto-da-fé, et l'on compta annuellement trente-quatre individus brûlés en personne, dix-sept en effigie et deux cent cinquante-cinq pénitenciés : ce qui fit, au bout de son règne, mille quatre cent vingt-six individus condamnés, nombre encore très-faible, si on le compare aux victimes sacrifiées sous les règnes précédens.

Lorsque, antérieurement, Ferdinand VI gouvernait l'Espagne, malgré tous les efforts du fanatisme, quelques rayons de lumière avaient pénétré dans les ténèbres des cachots de l'inquisition, elle-même s'éclaira ; les maximes ultramontaines perdirent une partie de leur force ; les bannissemens, les châtimens temporaires remplacèrent souvent les supplices, et l'on ne vit d'auto-da-fé que tous les cinq ou six ans.

A cette époque, d'ailleurs, la fureur des guerres religieuses était presque par-tout éteinte en Espagne ; tous les Maures, tous les hérétiques avaient été bannis. On avait dépeuplé le royaume pour le rendre tranquille ; tout prétexte grave manquait à l'inquisition ; la franc-maçonnerie devint l'objet de sa haine et de ses rigueurs.

On lit avec intérêt dans cette histoire le procès intenté, en 1757, à un fabricant français, nommé Tournon. L'absurdité de l'accusation, le courage qui règne dans sa défense, sont également remarquables. Tournon conserva la vie, et ne perdit que le fruit de ses travaux ;

il parut dans l'auto-da-fé sans porter le *san benito*, mais on le condamna au bannissement perpétuel.

Ce qui excitera peut-être plus la curiosité de certaines personnes que des objets plus graves, c'est qu'à cette occasion l'historien parle avec détail de la franc-maçonnerie, de son but et de ses différens grades. Nous ne conviendrons point qu'il en ait pénétré tous les secrets, mais nous pouvons assurer qu'il en a bien expliqué l'objet moral, et qu'il en parle avec plus de raison que tous ceux qui ont traité la même matière.

L'histoire de l'inquisition est une lutte perpétuelle de l'ambition contre l'humanité, du fanatisme contre la raison, et sur-tout de l'ignorance contre la lumière. A la guerre longue et cruelle des inquisiteurs contre de prétendues hérésies, succéda la guerre contre la philosophie. Les personnages les plus distingués de la cour d'Espagne se virent traînés dans les prisons de ce terrible tribunal, dès qu'ils osèrent élever leurs voix pour protéger les progrès de la civilisation.

Tous ceux qui apportaient quelque clarté pour dissiper la nuit de la barbarie, furent traités comme des incendiaires; le célèbre Azara, le général Ricardos, Yriarte, chef des archives, un grand nombre de savans professeurs, furent punis du crime de raisonner et de penser.

Louis de Urquijo, depuis premier ministre, avait obtenu un décret qui rendait aux évêques les droits dont la cour de Rome s'était emparée à leur préjudice; il fut long-temps enfermé au secret dans d'humides cachots.

Parmi tous les récits qui répandent un vif intérêt sur la dernière partie de ce tableau, on doit remarquer une anecdote politique extrêmement curieuse; elle est relative au prince de la Paix.

Cet homme, fameux par la rapidité et par l'étendue de sa fortune, par l'excès de son pouvoir et par l'éclat de sa chute, était cousin du roi et de la reine, et premier ministre. On sentit qu'un pareil homme ne pouvait être atteint et renversé que par des armes sacrées. L'archevêque de Séville et le confesseur de la reine dirigèrent cette intrigue dont trois moines étaient les agens; ils accusèrent le prince comme athée, comme bigame, et parce qu'il avait vécu huit ans sans confession et sans communion.

Le grand-inquisiteur Laurenzana ordonna l'information secrète; elle eut lieu; mais, avant de décréter l'arrestation qui devait en être le résultat, il fallait obtenir le consentement du roi. Pour y parvenir, l'archevêque sollicita l'intervention du pape; le cardinal Vincenti obtint du souverain pontife la lettre désirée, dans laquelle il pressait le monarque de sacrifier son favori aux intérêts de la religion. Napoléon, dit l'historien, fut informé de cette correspondance, l'intercepta et la livra au prince de la Paix, dont il s'acquit par-là le plus sincère dévouement.

L'intrigue, ainsi découverte, ne put se renouer; le prince éloigna le grand inquisiteur, l'archevêque et le confesseur, en les chargeant de porter au pape, au nom du roi, des condoléances sur l'entrée des Français dans les états romains.

Enfin parut le jour qui devait porter le coup mortel à l'inquisition. Après une discussion vive et solennelle, où des deux côtés on déploya tous les moyens de la raison, toutes les ressources de la passion, les cortès, qui formaient une assemblée espagnole, alors indépendante, prononcèrent l'anéantissement de cette puissance terrible. De toutes parts, les cortès reçurent de nombreuses adresses pour les féliciter de la victoire remportée *sur l'ignorance et sur la superstition*. La ville de Madrid sur-tout exprima sa joie de voir la destruction d'un tribunal « qui, disait-elle, transformait en tigres » les ministres d'un Dieu de paix, et qui fermait les » portes de l'Espagne aux sciences, aux lettres et à la » morale. »

Le tableau de M. Llorente est terminé par un abrégé chronologique très-curieux, par une récapitulation des maximes du saint-office et par une longue énumération des autorités sacrées qui prouvent combien l'esprit et la conduite du saint-office sont opposés à l'esprit de l'Évangile et de la religion chrétienne.

Le dénombrement des victimes de l'inquisition, depuis 1481, fait année par année et sur des pièces officielles, produit un total de 31,912 brûlés en personne, 17,659 en effigie, 291,450 condamnés à des peines rigoureuses : en tout 341,021. Il faut y ajouter la perte pour l'Espagne, par les exils et par le bannissement des Maures, de douze millions d'ames.

L'auteur ne comprend point les colonies dans ce calcul. Quel acte d'accusation pourrait être plus fort et plus foudroyant que ce résultat ?

LES LUNETTES.

On accuse la vieille Europe de folie; je ne prononcerai point entre elle et son accusateur. Il faut qu'il soit bien sûr de son fait ou bien hardi; car, si elle était, comme il le prétend, tombée en démence, la cure serait difficile. La malade est forte, puissante; sa tête touche aux glaces du pôle, ses pieds aux mers brûlantes de la côte d'Afrique; ses bras s'étendent de Moscow aux colonnes d'Hercule; il serait mal-aisé de lier une telle folle, et celui qui voudrait la mettre aux petites-maisons, se montrerait à coup sûr beaucoup plus fou qu'elle.

Au reste, ces exagérations, ces inconséquences, filles des passions, sont elles-mêmes des maladies de l'esprit; toutes aussi vieilles que la vieille Europe.

Autrefois, Érasme accusait aussi de folie l'Europe de son temps, et ce qu'il y a de singulier, c'est qu'il le faisait avec une hardiesse de langage, dont ce bon vieux temps ne se scandalisait pas, et qui serait aujourd'hui taxée de démence, de rebellion et d'impiété. *Les serviteurs des serviteurs de Dieu*, s'écriait-il, *se sont faits princes et maîtres du monde; les apôtres de la charité ont brûlé leurs frères; les humbles pasteurs des hommes ont déposé les rois. On dirait que tous ces gens-là ne renonçaient au monde que pour en mieux savourer les délices, ne voulaient du sanctuaire qu'à ce prix, et ne regardaient le paradis que comme leur pis aller.*

Je ne prolongerai pas cette citation dans laquelle l'auteur de la folie se complaît à nous faire croire que de son temps la folie était universelle, et que, dans le ciel même, on avait placé *la voie dorée* à la place de *la voie lactée*. Ce que j'en ai dit suffira peut-être pour prouver que, dans cet ancien régime si vanté, beaucoup de gens fameux et réputés sages poussaient ce qu'on appelle à présent *le libéralisme* à un point qui effraierait et arrêterait aujourd'hui les moins timides *des libéraux*.

La vraie conséquence de ceci est que, de tout temps, il a existé et il existera en Europe et dans le monde entier, tant qu'ils seront peuplés d'hommes, non pas une folie, mais autant de folies qu'il y a d'organisations, d'éducations, d'inclinations, de passions différentes et d'intérêts opposés. Chacun regarde et regardera toujours comme sagesse l'erreur qui le flatte, et comme démence la vérité qui le blesse.

On m'a conté qu'un jeune prince, assis sur un des trônes de cette Europe aujourd'hui si malade, et dont je tairai le nom par respect, puisqu'il était, au dire de ses courtisans, assez fou lui-même pour chercher de bonne foi la vérité, la raison et la justice, eut avec un de ses vieux ministres l'entretien que je vais vous rapporter.

« Écoutez, comte, dit le prince ; je suis triste, mécontent de vous, et j'ai sujet de l'être ; j'ai suivi tous vos conseils, et tout va de mal en pis dans mes états : mes bienfaits ne rencontrent que des ingrats ; ma bonté semble augmenter le nombre des méchans ; ma justice n'excite que des plaintes, mon indulgence enhardit les vices qui se montrent par-tout sans pudeur ; ma cour est remplie d'intrigues ; je ne vois autour de moi que des ministres divisés, des grands orgueilleux, des prêtres ambitieux et intolérans, des courtisans avides, des femmes coquettes et intrigantes, des vieillards qui maudissent le temps présent, des jeunes gens qui, sans respect pour leurs pères, outragent par leurs dédains et leurs sarcasmes le temps passé, des écrivains qui veulent porter, les uns le pouvoir qu'ils flattent jusqu'au despotisme, et les autres la liberté jusqu'à la licence, des pédans qui s'irritent dès qu'on raisonne, de prétendus philosophes qui voudraient faire de ce monde *une table rase*, pour le reconstruire à leur fantaisie, et qui regardent tous les liens comme des chaînes. Je vois partout la vertu sacrifiée à l'égoïsme, la raison aux passions, la vérité à l'esprit de parti, et l'intérêt général aux intérêts privés : voilà le résultat de vos conseils. Vous voulez que le joug des lois soit doux, et il plie ; vous avez cru qu'on pouvait laisser les hommes penser et agir en liberté, et vous voyez comme ils abusent de cette liberté ; ce sont des aveugles qui tombent dès qu'ils sont sans guides et sans bâtons. Il faut, je le sens bien, changer de système, et, quoi qu'il puisse m'en coûter, je renonce à une bonté qui n'est que faiblesse ; il faut que mon sceptre soit garni de fer, et force enfin le peuple à être raisonnable, religieux, vertueux et heureux malgré lui. »

Prince, répondit le ministre, avant de vous adresser des paroles qui pourraient vous déplaire, je puis et je dois vous en dire une qui fera seule votre éloge, c'est que vous êtes vraiment digne de régner puisque vous ne voulez que le bien, et ne cherchez que la vérité. Mais la vertu même est susceptible d'erreur et d'excès ; plus elle pure, moins elle conçoit les passions qui la combattent ; l'expérience seule peut la rendre indulgente, et lui faire concevoir qu'ici-bas l'intérêt est un prisme au travers duquel chacun voit tous les objets diversement colorés. Il n'est rien qui n'ait plusieurs faces et que l'on ne juge différemment, suivant la position où le sort nous place à l'égard de la chose que nous envisageons. Permettez-moi, à ce propos, de vous dire un conte qui n'est pas trop étranger au sujet de notre conversation. »

« Un jeune sultan était irrité comme vous contre la
» perversité de son temps, et, malgré la douceur de
» son caractère, se montrait disposé à employer l'arme
» de la tyrannie, la violence, pour contraindre ses su-
» jets à se plier sous le joug de la raison. Un vieux visir,
» voulant lui faire mieux connaître les hommes et le
» faire entrer dans le cercle des folies humaines, pour
» qu'il les jugeât avec plus d'indulgence, lui dit qu'un
» favori du grand prophète, justement vénéré par sa
» sainteté, lui avait fait un présent précieux, et qui
» pourrait devenir très-utile au projet de sa hautesse ;
» car, poursuivit-il, vous formez une entreprise qui
» n'est pas sans difficulté : vous voulez guérir des ma-
» lades, il faut avant bien étudier leurs maladies. Vous
» triompherez bien plus facilement de vos ennemis, si,
» avant de les combattre, vous mettant pour ainsi dire
» à leur place, vous suivez avec sagacité leurs raison-
» nemens et leurs projets. Le saint homme dont je
» viens de vous parler m'a donné un grand nombre de
» lunettes vraiment magiques ; il les a faites pareilles à
» des lunettes invisibles que le plus grand sorcier du

» monde, l'égoisme, fait porter à chaque homme sans
» qu'il s'en doute. Or, dès que vous aurez daigné placer
» une de ces lunettes sur votre auguste nez, vous ver-
» rez involontairement toutes les choses de ce monde,
» précisément comme les voit celui auquel une lunette
» semblable a été départie par la nature.

LE SULTAN.

» Voyons ; *par la jument du prophète*, je suis cu-
» rieux de savoir s'il est en effet possible qu'on puisse
» me faire envisager les objets autrement que la raison
» ne me les présente. Quelles sont ces lunettes que tu
» tiens ?

LE VISIR.

» Seigneur, ce sont celles de l'esprit du jeune Ka-
» leb que vous aimiez tant et que vous venez d'exiler.

LE SULTAN.

» Eh quoi ! celles de ce jeune homme si passionné,
» qui désole sa famille, oublie ses devoirs, méconnaît
» mes bontés, et se laisse entraîner par son extrava-
» gante passion pour une étrangère à laquelle il sacrifie
» sa fortune et sa réputation.

LE VISIR.

» Précisément ; ayez la bonté de porter un instant
» ces lunettes et de répondre à mes questions : j'écri-
» rai vos réponses, et vous les jugerez quand vous vous
» serez débarrassé du prisme qui va colorer à vos re-
» gards les objets comme il les colore à ses yeux.

LE SULTAN (*ayant mis les lunettes*).

» Bon, m'y voilà : Dieu! quelle métamorphose ; tout
» change pour moi ; mes yeux se remplissent de larmes
» brûlantes ; je vois l'objet que j'aime ; je l'écoute ; je l'en-
» tends ; ses regards me remplissent de crainte. Mais, en
» baissant doucement les yeux, elle me rend l'espérance.
» Un sourire délicieux embellit ses lèvres ; absente, elle
» est toujours présente pour moi. Je crois voir ses bras
» charmans s'étendre, s'arrondir et former autour de
» moi le lien le plus voluptueux. Quels doux baisers !
» quelles brûlantes caresses ! L'approche de la gaze qui
» la couvre fait frémir tout mon corps. O nuits déli-
» cieuses ! prolongez vos ombres et mes rêves ; vos pres-
» tiges ne disparaîtront que trop tôt devant les tristes
» réalités du jour.

LE VISIR.

» Kaleb, Kaleb, sors de cette extase ; renonce à tes
» chimères : ton prince t'appelle ; la trompette sonne.
» Oublie un amour que la raison condamne ; écoute la
» voix de la gloire et de la fortune.

LE SULTAN.

» Visir, laisse-moi ; les vraies chimères sont cette
» fortune inconstante et cette gloire orgueilleuse dont
» tu me parles ; elles font vivre pour les autres et non
» pour soi. Au lieu d'un bonheur réel, on ne leur doit
» qu'un éclat frivole et imposteur. Ce que tu appelles
» raison est une vraie folie. Tu ne parles qu'à mon
» amour-propre, et l'amour parle à mon cœur.

LE VISIR.

» Mais, Kaleb, si tu es insensible à la gloire et à la
» fortune, l'es-tu également à la reconnaissance? Ne
» dois-tu rien à ton père, à ton prince, à ton pays?
» La raison ne te dit-elle pas qu'avant tout il faut rem-
» plir ses devoirs?

LE SULTAN.

» Je chéris mon père, je suis touché des bontés du
» sultan et dévoué à ma patrie; je mourrais pour eux,
» mais il faut qu'ils me laissent vivre pour Zulime. Vou-
» loir me séparer d'elle, vouloir sans elle disposer de
» moi, ce serait changer mes liens en chaînes; ce serait
» vouloir se servir d'un corps sans ame; Zulime est mon
» ame, ma vie, mon existence tout entière.

LE VISIR.

» Mais elle est sans fortune; d'ailleurs on en voit de
» plus belles. Quels sont donc ses charmes?

LE SULTAN.

» Que répondre à un aveugle qui nie le jour? Il n'est
» rien de comparable à la grace, à la fraîcheur, aux
» regards, au sourire, à l'esprit, aux vertus, à la dou-
» ceur et à la modestie de Zulime. Qu'importe la for-
» tune à qui posséderait un pareil trésor? J'aimerais
» mieux une cabane avec elle, que le palais du sultan
» avec toute autre.

LE VISIR.

» Tu me parles du sultan; vois combien il est au-
» dessus de toi : il avait deux passions, l'amour et la

» chasse; au lieu de s'y livrer en aveugle, il a su n'en
» faire que de simples amusemens; il a su se vaincre et
» sacrifier ses penchans à ses devoirs.

LE SULTAN.

» Je le crois bien; mais, loin de l'admirer en ce point,
» je suis tenté de le plaindre : il est détourné des sen-
» timens naturels par des sentimens factices. C'est
» changer de mal et non s'amender. Je le croirais plu-
» tôt blasé que guéri. Un vieux sage disait avec raison
» *qu'il n'y a rien de si empêchant et de si dégoûté que*
» *l'abondance, et que le moyen de se guérir des deux*
» *passions de l'amour et de la chasse, c'est d'avoir*
» *trois cents femmes comme le grand-seigneur, et sept*
» *mille faucons comme l'empereur de la Chine.* Le
» sultan languit dans son harem; je brûle en voyant la
» chaumière de Zulime : sa simplicité me ravit, m'en-
» chante, tandis que le grand nombre et le luxe de ses
» maîtresses le fatiguent. Dans mes voyages en Eu-
» rope, j'ai vu de jeunes paysans entendre avec en-
» thousiasme les rustiques accords d'une musique de
» village, tandis que la satiété rendait ennuyeuse pour
» des enfans de chœur l'harmonie pompeuse des chants
» d'une cathédrale.

LE VISIR.

» Seigneur, je vois que les lunettes ne sont déjà pres-
» que plus sur le nez de votre hautesse, car vous com-
» mencez à raisonner et à citer.

LE SULTAN (*en riant*).

» Tu as raison; mais voyons ce que j'ai dit : (*Il lit.*)

» Ah! par Mahomet, que de folies! mais elles m'éclai-
» rent. Visir, je rappelle Kaleb; et, pour le guérir, je
» le marie à l'objet qu'il aime.

LE VISIR.

» Vous agissez sagement; la politique, comme la
» justice, conseille l'indulgence; les réprimandes trop
» fortes ou trop injurieuses à une personne ou à un
» parti sont des coups de marteau qui les enfoncent
» davantage dans l'erreur qu'on leur reproche; ce sont
» des coups d'aiguillon qui les font courir avec fureur
» dans le chemin où ils s'étaient d'abord timidement
» engagés.
» Voici à présent les lunettes au travers desquelles
» votre émir Soliman voit, ainsi que la plupart de ses
» compagnons d'armes, les choses de ce monde.

LE SULTAN.

» Ce verre me semble un peu ardent, mais je crois le
» reconnaître; il me présente les objets à peu près
» comme je les voyais dans ma première jeunesse.

(*Un moment de silence.*)

LE VISIR.

» Noble émir, pourquoi donc ces regards farouches,
» cet air sombre, ces pas précipités? Tu portes, au
» milieu de cette cour paisible, la physionomie re-
» doutable d'un guerrier entouré d'ennemis et prêt à
» s'élancer sur eux pour les détruire. Ne voudras-tu
» donc jamais jouir en repos de ta gloire, et goûter
» comme nous les douceurs de la paix que nous devons
» à la sagesse du sultan?

LE SULTAN.

» Voilà bien les propos d'un vieillard, *les douceurs de la paix! la sagesse du sultan!* Eh! ne voyez-vous pas, visir, que la paix, si vantée par la faiblesse, est un poison lent qui tue les états en amollissant les mœurs; elle engourdit les courages, enhardit la licence, favorise le luxe, exile les mâles vertus, ouvre la carrière aux basses intrigues; favorable aux courtisans, nuisible au mérite, elle déplace l'activité. Au lieu de voler à la gloire, grace à elle, on rampe dans les antichambres; les courtisans font oublier les soldats; l'habitude des plaisirs dégoûte du travail; la population s'augmente sans mesure, et la misère avec elle. Les peuples se mutinent; l'autorité mollit; les factions s'agitent; et, si l'étranger nous menace, on ne trouve plus, pour le combattre, que des courages abâtardis et des bras énervés. Les seules nations respectées et célèbres sont les nations belliqueuses; les seuls princes qui aient laissé de brillantes traces dans les siècles, ce sont les princes guerriers; leur nom est redouté au dehors, dans l'intérieur on respecte leur autorité. Le glaive est le véritable sceptre; c'est lui seul qui assure l'indépendance des états, qui affermit les trônes; c'est lui seul qui prête quelque force à la justice, et qui contraint la multitude à l'obéissance.

» Voilà le langage mâle que vous devriez tenir au sultan, au lieu de l'endormir par les sermons de vos imans, par les rêves de vos philosophes, et de l'enivrer par l'encens de votre flatterie. Mais vous aimez mieux en faire un prince pacifique, et l'abandonner à la paresse et aux voluptés. En l'enchaînant avec

» des liens de fleurs soporifiques, vous espérez le gou-
» verner plus facilement. Déjà j'ai peine à le recon-
» naître : ce n'est plus ce guerrier ardent et modeste
» tout à la fois, qui croyait n'avoir rien fait quand il
» lui restait encore quelques conquêtes à faire. Inac-
» tif et livré aux plaisirs, il ne cherche plus le dan-
» ger, mais la louange; la vanité oiseuse remplace en
» lui la fierté laborieuse. Il n'en est pas encore au point
» de se louer lui-même, et de vanter tout ce qu'il fait
» pour un vain luxe, pour des arts frivoles, pour une
» cupide industrie; il blâme encore quelquefois la sot-
» tise qui s'encense elle-même; mais déjà il paie des
» panégyristes flatteurs et des muses hableuses. *Elles*
» *l'embaument*, comme dit un satirique européen, *de*
» *la douce fumée d'un éloge menteur, qui fait beau-*
» *coup de peu, et transforme une mouche en éléphant.*
» Voilà les beaux fruits de vos sages conseils.

LE VISIR.

» Émir, l'âpreté de ton langage et l'injustice de tes
» reproches peignent bien la violence de ton carac-
» tère. Le peuple serait bien malheureux, et tu le de-
» viendrais toi-même, si le sultan suivait tes funestes
» conseils.

» La paix est l'état de santé des nations, la guerre
» est pour elles un état de maladie; et, si l'on en croyait
» tes pareils et toi, on entretiendrait dans le corps po-
» litique une fièvre continue qui le détruirait bientôt.

» L'armée, j'en conviens, est la force d'un état; on
» ne saurait trop l'honorer quand elle n'est employée
» qu'à le défendre, ni trop la craindre dès qu'elle veut
» se mêler de l'intérieur. Il n'existe que deux bases

» solides pour les trônes, la justice au dedans, la force
» au dehors. Quand le glaive se met à la place du scep-
» tre, la crainte remplace l'affection; les caprices du
» pouvoir arbitraire succèdent aux lois; la féconde li-
» berté ne porte plus de fruits; le commerce languit;
» les arts s'exilent; l'agriculture même est anéantie;
» l'autorité devient la proie du guerrier le plus auda-
» cieux. Ce ne sont plus de lentes conspirations qui
» menacent à longs intervalles la puissance : ce sont
» des séditions soudaines qui la renversent; et, ainsi
» que la Grèce et l'empire romain, les gouvernemens
» qui ne se reposent que sur le fragile et dangereux
» appui de l'épée, retombent inévitablement de la ci-
» vilisation dans la barbarie.

» Mais je perds mes paroles; je lis ton courroux
» dans tes yeux; ton intérêt t'aveugle. Apprends que
» c'est la tête qui doit gouverner, tandis que le bras
» n'est fait que pour agir. Soldats, vous êtes les bras
» de la puissance; cessez d'avoir le fol orgueil de vous
» mettre à la place de sa tête, dont les organes sont
» le prince, les législateurs et les magistrats. Ne son-
» gez à combattre que quand on vous l'ordonne, et
» ne portez pas vos présomptueux regards sur les tra-
» vaux de ceux qui s'occupent péniblement à démêler
» les nœuds compliqués de la politique.

LE SULTAN.

» Pitoyable raisonnement! Ces misérables nœuds
» dans lesquels vous espérez nous enlacer et enchaîner
» notre gloire, furent présentés autrefois, dit-on, au
» grand Alexandre, et voici comme il les rompit. (*Il*
» *veut tirer son sabre, et les lunettes tombent.*) A quel

» transport extravagant j'allais céder ! Visir, tu as rai-
» son, la plupart de nos guerriers dédaignent tout ce
» qui n'est pas force et gloire; le pouvoir absolu leur
» plaît parce qu'il a besoin de leur appui. Nourrissons
» avec soin leur zèle, mais en le contenant; leur pas-
» sion est utile quand elle est dirigée. Protégeons sur-
» tout avec soin les lois contre la force; c'est une arme
» qui blesse trop souvent celui qui s'appuie sur elle
» sans prudence.

» Mais voici les lunettes les plus bizarres du monde ;
» je n'en vis jamais de semblables ; leur forme est
» étrange; leur verre à facettes doit présenter les ob-
» jets sous mille formes ridicules. A quel nez sont-
» elles destinées ?

LE VISIR.

» Seigneur, elles sont cependant d'un usage fort gé-
» néral, et particulièrement dans les cours où vous
» savez bien qu'on est accoutumé à prendre toutes les
» formes qui peuvent plaire, à éviter toutes celles qui
» pourraient ennuyer et choquer. La raison et la vé-
» rité osent rarement s'y montrer; elles y porteraient
» un certain air chagrin qu'on trouverait insociable.
» Chacun, pour réussir, doit se montrer content de
» lui et des autres : or, vous comprenez qu'une grande
» erreur ou un excessif amour-propre qui approche
» de la folie, peuvent seuls nous rendre complètement
» contens de nous-mêmes.

LE SULTAN.

» Je comprends; ainsi je ne m'attends pas à voir
» aucun sage porter de telles lunettes.

LE VISIR.

» Ne jurons de rien. Souvenons-nous que, des sept
» sages de la Grèce, cinq furent proclamés par la rai-
» son, et deux par cabale; c'étaient les princes Cléo-
» bule et Périandre.

LE SULTAN.

» Visir, l'épigramme est hardie; mais essayons cette
» folle lunette : à qui appartient-elle?

LE VISIR.

» A Zéangir.

LE SULTAN.

» A Zéangir, ce courtisan écervelé qui passe pour
» fou parmi les plus fous de ma cour! En vérité, tu
» me fais perdre mon temps, tandis que, pour bien
» l'employer, je ferais mieux de chasser de mon palais
» Zéangir et ses pareils. N'importe, voyons quelles
» extravagances il va débiter. (*Il met les lunettes.*)

LE VISIR.

» Eh bien, Zéangir, n'es-tu pas honteux, avec ton
» nom et ton rang, de jouer le rôle dont tu te charges
» dans le monde, de scandaliser tous les honnêtes gens
» par tes folies?

LE SULTAN.

» Le nom de fou ne m'effraie nullement, visir; au
» contraire il me rassure, car il me permet souvent
» un langage que tu n'aurais pas le courage de tenir.
» Rappelle-toi ce que disait en Europe un vieux et

» respectable panégyriste de la folie : *Dans les an-*
» *ciennes monarchies, on ne permettait jamais qu'aux*
» *fous des rois de dire des vérités. Si un homme prend*
» *un mulet pour un cheval, une citrouille pour une*
» *femme, on le dit fou; et, s'il prend la flatterie pour*
» *la vérité, le faux éclat pour le vrai bonheur, un*
» *courtisan pour un ami solide, une laidron galante*
» *pour une Pénélope, croyez qu'on ne l'enfermera*
» *pas; il faudrait pour cela des petites-maisons*
» *grandes comme des villes.*

LE VISIR.

» J'en conviens; mais, de ton côté, avoue qu'une
» folie n'excuse pas l'autre, et que jamais il ne pourra
» sortir des tiennes ni une sage leçon, ni un résultat
» utile.

LE SULTAN.

» Pourquoi non ? *Les Romains ont dû leur gloire à*
» *la folle fable d'une tête de cheval trouvée au Capi-*
» *tole, leur législation au conte d'Égérie et de Numa;*
» *leur retour à la raison à l'apologue des membres et*
» *de l'estomac. Les Spartiates, sourds aux raisons de*
» *Lycurgue, lui crevèrent un œil pour le payer de ses*
» *sages maximes, et n'adoptèrent son système d'édu-*
» *cation qu'après avoir ri du conte qu'il leur fit sur*
» *deux chiens de chasse.*

» *Ah! croyez-moi; le plus sage des dieux était Mo-*
» *mus qui se moquait d'eux tous; et par-là, il pré-*
» *sentait certainement de meilleures leçons aux hommes*
» *que Jupiter en quittant la foudre pour courir les*
» *grisettes, que Cérès en donnant sa fille au diable; que*

» *Mars en espadonnant contre tout venant, qu'Her-*
» *cule en amusant le ciel par ses tours de force, comme*
» *Mercure par ses honorables missions et par ses esca-*
» *motages.*

LE SULTAN (*riant et ôtant ses lunettes*).

» J'ai ri, me voilà désarmé. Au lieu de bannir Zéan-
» gir et ses semblables, j'écouterai avec indulgence
» leurs folies, et je chercherai, comme dans les fa-
» bles, s'il n'y a pas au bout quelques petites mora-
» lités.

(*Essayant successivement beaucoup d'autres lunettes.*)

» Comme l'amour-propre est fier : comme la flatte-
» rie est complaisante; comme la paresse est douce et
» oublieuse; comme la volupté est fleurie et parfumée;
» comme l'ivresse ensevelit la douleur dans le som-
» meil! Ah! visir, reprenez vite ces lunettes; elles me
» rendraient aussi par trop indulgent, et je finirais
» peut-être par trouver, comme ces insensés, que la
» sagesse gâte la vie en ne s'alimentant que de priva-
» tions, tandis que la folie ne se nourrit que de plai-
» sirs. Pardonnons pourtant à ceux qui s'égarent en
» cherchant à se distraire des malheurs de la vie. *S'il*
» *n'y avait pas tant de peines dans l'existence*, comme
» le dit certain sage français, *la raison et la mémoire*
» *seraient des dons divins. Mais nos jours sont rem-*
» *plis de tant d'erreurs et de chagrins, que l'oubli ou*
» *l'illusion doivent être regardés souvent comme des*
» *présens célestes.*

» Ah! ah! quel contraste! tu me présentes mainte-
» nant une lunette bien sombre et bien enfumée; c'est
» sans doute celle de quelque oiseau de nuit.

LE VISIR.

» Doucement ; parlons-en avec plus de respect et
» pour cause : c'est la lunette dont se servent notre
» muphti et un grand nombre de vénérables imans.

LE SULTAN.

» Je vais l'essayer, quoiqu'elle me semble plus pro-
» pre à empêcher de voir qu'à éclaircir les objets. (*Un*
» *moment de silence.*)

LE VISIR.

» Lumière de l'Orient! quel est le nuage qui trouble
» l'auguste sérénité de vos traits; vous semblez mécon-
» tent et prêt à nous annoncer quelque ordre sinistre
» du prophète.

LE SULTAN.

» Eh ! n'ai-je pas un juste sujet d'être irrité, quand
» je vois les poisons de l'Europe et les contagions phi-
» losophiques se répandre parmi nous ? Vainement le
» prophète nous avait garantis d'une ivresse physique,
» en nous défendant l'usage pernicieux du vin : nous
» tombons dans une ivresse morale, cent fois plus dan-
» gereuse, celle de l'orgueil, qui, par de frivoles jouis-
» sances de vanité, nous prive des voluptés éternelles
» qui nous sont promises par le prophète. L'homme,
» né pour obéir, veut examiner; il ose raisonner et
» penser au lieu d'ignorer et de se soumettre. Les tra-
» vaux d'une science mondaine ébranlent les racines
» de la foi. Nous cesserons bientôt d'être les seuls in-
» terprètes de la sagesse. On nous apporte de l'Occident

» les doctrines les plus pernicieuses, la tolérance, l'é-
» galité devant la loi, la liberté civile et politique, en-
» fin une fatale invention, œuvre des mauvais génies.
» C'est une méthode d'*enseignement mutuel* qui, plus
» funeste que le canon, va renverser tout l'édifice reli-
» gieux et social.

LE VISIR.

» Comment pouvez-vous concevoir de pareilles crain-
» tes ? Je le comprendrais si vous prêchiez l'erreur et
» non la vérité; si vous défendiez plutôt vos intérêts
» privés que la morale publique; et si, combattant pour
» votre propre cause et non pour celle de la divinité,
» vous ne nous aviez débité, au lieu d'oracles, que des
» fables grossières, incapables de soutenir l'éclat du
» jour et la lumière de la raison. Cette raison est un
» flambeau donné à l'homme par le ciel pour l'éclairer
» dans sa marche, pour le diriger dans ses travaux,
» pour le conduire à la perfection; pourquoi donc vou-
» lez-vous l'éteindre ? Oubliez-vous que les envoyés du
» Très-Haut sont des anges de lumières et non des an-
» ges de ténèbres. On ne recherche l'ombre que lors-
» qu'on a de fortes raisons pour craindre la clarté. Quel
» mal peut donc, selon vous, résulter d'un système
» d'*enseignement mutuel*, qui doit exciter une noble
» émulation dans la jeunesse; et lui faire apprendre
» rapidement tout ce qui lui est nécessaire pour déve-
» lopper ses facultés, pour connaître ses devoirs et exer-
» cer d'utiles talens ?

LE SULTAN.

» Quel bouleversement dans les esprits et dans les

» ames! Ah! visir, malgré votre barbe grise, vous êtes
» atteint par la corruption du siècle; et ne sentez-vous
» pas que, si les hommes s'éclairent et raisonnent, tout
» sera perdu? ne voyez-vous pas dès-lors notre domi-
» nation ébranlée, la source de nos richesses tarie, les
» préjugés détruits, la licence invoquant les lois contre
» l'autorité? Il n'existera plus d'autre inégalité que
» celle des fortunes, d'autre prééminence que celle des
» vertus et des talens. Pour arriver aux emplois, les ti-
» tres de nos pères ne nous serviront plus, si nous ne
» les appuyons d'un mérite personnel. L'inflexible loi
» soumettra tous les rangs à son rigoureux niveau. Le
» mot d'*ordre* lui-même, notre bouclier sacré, cessera
» de rappeler d'antiques distinctions, d'illustres supé-
» riorités sociales. On ne s'en servira que pour expri-
» mer les idées triviales et monotones de tranquillité
» publique, d'économie, de morale universelle, de to-
» lérance et de juste équilibre des pouvoirs. Enfin ce
» sera une subversion totale; et, pour peu que ce chaos
» continue, il sera mille fois plus heureux d'être gou-
» vernés que d'être gouvernans. Vous-même, visir,
» vous cesserez d'exercer à votre gré l'autorité du prince;
» vos serez forcé de consulter l'opinion publique au
» lieu de votre propre volonté, et le sultan lui-même
» ne se verra plus entouré de courtisans zélés, mais de
» censeurs importuns. »

LE VISIR.

» Respectable iman, ce que vous appelez malheur pour-
» rait fort bien être regardé comme le plus grand bonheur
» pour le peuple musulman et même pour son prince.
» Nos premiers sultans, pleins du véritable esprit de

» l'Alcoran, et qui ont soumis les trois quarts du monde
» à la loi sainte, ne se distinguaient des autres fidèles
» que par leur modestie, leur justice et leur courage;
» ils avaient sur leur autorité légitime des idées très-
» différentes de celles que vous voulez inspirer au vul-
» gaire; leur opinion sur ce point ressemblait fort à
» celle d'un célèbre iman chrétien, nommé Bossuet :
» *Qui ne sait, dit-il, qu'un roi légitime doit régner*
» *par l'inclination? Elle assujettit bien autrement le*
» *cœur que la crainte et même que l'espérance; la*
» *crainte servile donne un tyran à notre ame; l'espé-*
» *rance mercenaire lui donne un maître, tandis que*
» *la soumission, qui naît du devoir et de l'inclination,*
» *donne à notre cœur un roi légitime.*

» Si les hommes, comme vous le craignez, sont dé-
» sormais soumis par affection, gouvernés par les lois,
» éclairés par la raison, le trône n'en sera que plus af-
» fermi; la cour seule sera changée : *Et qu'est-ce que*
» *la vie de la cour?* disait encore le même iman chré-
» tien : *faire céder toutes ses passions au désir d'avan-*
» *cer sa fortune; dissimuler tout ce qui déplaît, et souf-*
» *frir tout ce qui offense de la part de celui que nous*
» *flattons pour lui plaire; étudier sans cesse la vo-*
» *lonté d'autrui, et renoncer pour cela, s'il est né-*
» *cessaire, à nos plus chères pensées : qui ne sait pas*
» *cela, ne sait pas la cour.* Voilà ce que disait un grand
» docteur, un illustre moraliste; et c'est ce langage que
» devraient tenir les ministres de la religion à tous les
» grands, à tous les princes.

LE SULTAN.

» Allah m'en préserve! c'est une doctrine maudite

» contre laquelle tous les hommes bien pensans doivent
» réunir leurs efforts pour l'arrêter dans ses progrès.

LE VISIR.

» Et quand bien même votre projet serait aussi rai-
» sonnable qu'il me semble injuste, comment vous y
» prendrez-vous pour l'exécuter ? La pensée échappe
» à la compression je ne connais point de cimeterre
» qui puisse trancher des idées, ni de canons qui puis-
» sent renverser des opinions.

LE SULTAN.

» Il faut bien se servir des armes du démon contre
» lui-même. Opposons donc la ruse à l'audace, et des
» voiles utiles à des clartés trop dangereuses.
» Il m'est venu une idée que je crois excellente et
» que je vais proposer au divan : on nous mine par
» des écoles *d'enseignement mutuel* pour étendre une
» orgueilleuse science ; créons de notre côté des écoles
» où l'on s'enseignera mutuellement toutes les douceurs
» et tous les avantages d'une sainte et paisible ignorance.
» Le penchant le plus commun chez tous les hommes, la
» paresse, nous prêtera son secours et doit nous faire
» espérer un plein succès. Dans ces écoles, on appren-
» dra combien il est utile à chacun de ne connaître que
» ses devoirs, et d'ignorer ses droits ; combien il est
» doux de suivre sans efforts la routine de nos pères, de
» ne faire aujourd'hui que ce qu'on a fait la veille, et
» de se laisser tranquillement conduire au bonheur,
» dans ce monde par les visirs, et dans l'autre par les
» imans.

LE VISIR.

» Ainsi, vous voulez qu'on s'apprenne mutuellement
» à n'être que des machines dociles et des instrumens
» serviles. Mais avec quelle confiance, dans des jours
» de périls et de détresse, vous reposerez-vous sur de
» tels appuis, qui n'auront ni affection pour vous, ni
» dévouement pour la patrie, ni fermeté contre l'en-
» nemi. L'habitude de ne connaître d'autre droit que
» la force, rend le peuple inconstant et lâche. Au mi-
» lieu de vos nouvelles écoles, ignorant ce qu'il doit
» suivre, ce qu'il doit éviter, n'apprendra-t-il pas à
» sacrifier trop souvent le ciel à la terre, la religion à
» l'ambition, la piété à la cupidité, et à négliger le
» malheur pour encenser la fortune ?

LE SULTAN (*irrité*).

» Ah ! si vous n'étiez pas visir, comme je punirais
» votre imprudente audace. Mais vous êtes trompé par
» mes ennemis : je ne suis ni un méchant, ni un cour-
» tisan ; je ne cherche la fortune que pour secourir la
» pauvreté ; je ne fréquente la cour que pour l'éclai-
» rer ; je ne me montre rigoureux que pour défendre
» l'autel et le trône, et je ne prodigue mes louanges
» au prince que pour l'engager à les mériter. S'il m'é-
» coute, sa justice va faire rentrer dans la poussière
» tout ce qui ne veut pas se soumettre aveuglément à
» cette maxime fondamentale: *Qu'il ne faut par-tout*
» *qu'une loi, qu'un maître et qu'une foi.* (*Il ôte les*
» *lunettes*).

» Ce maudit verre devient si noir et si rouge que je
» n'y vois plus rien. (*Il lit et dit ensuite :*)

» Comme l'intérêt nous aveugle ! toutes les extra-
» vagances que je viens de dire me rappellent ce pas-
» sage d'un prédicateur chrétien, que j'ai lu autrefois :
» *Le courtisan, dévoré d'ambition, et qui tous les*
» *jours sacrifie à cette idole sa conscience et la pro-*
» *bité, convient de la bassesse de cette passion dans*
» *ses semblables, en même temps qu'il la regarde*
» *comme une vertu, ou comme la grande science de*
» *la cour pour lui-même. Chacun s'envisage toujours*
» *par certains côtés favorables qui l'empêchent de se*
» *reconnaître tel qu'il est. Nous avons beau, pour*
» *ainsi dire, le montrer au doigt, on trouve toujours*
» *en soi certains traits adoucis qui changent la ressem-*
» *blance ; on se dit tout bas à soi-même, je ne suis pas*
» *cet homme.*

» L'iman Massillon avait raison ; cependant, sur
» certains points, mon muphti n'a pas tant de torts.
» Il est certain que trop de bonté ressemble à la fai-
» blesse ; qu'il faut que l'autorité se fasse craindre pour
» qu'elle soit respectée ; et, que, si on laisse trop d'es-
» sor à la pensée, un champ trop libre à l'opinion.....

LE VISIR.

» Doucement, seigneur, vous reprenez, sans y son-
» ger, vos propres lunettes ; et ce ne sont point celles-ci
» que j'ai l'audacieuse intention de vous présenter.

LE SULTAN.

» Fort bien, je vous entends, malicieux visir. Vous
» ordonnerez de ma part à tous les imans de ne s'occuper
» que de morale, de religion, de ne prêcher que la paix,
» que la tolérance, et de ne jamais se mêler de politique.

» Quelles sont ces autres lunettes si petites et si di-
» versement colorées?

LE VISIR.

» Ce sont celles des femmes de votre harem.

LE SULTAN.

» Il serait assez ridicule que je m'en servisse même
» pour un moment.

LE VISIR.

» Vous ne seriez pourtant pas le premier prince qui
» ait vu tous les objets, même les plus graves, à travers
» de semblables lorgnettes.

LE SULTAN (*il les approche de ses yeux*).

» Ah! que de jalousies, que de vanités, que de que-
» relles, que d'inconstances, que de flatteries, que de
» vengeances, que de méchancetés! Essayons cette lu-
» nette rouillée; elle appartient sans doute à une femme
» âgée: peut-être me présentera-t-elle les objets plus
» gravement que les autres.

LE VISIR.

» Zoraïme, tu parais bien irritée. Quel est le sujet
» qui excite ta colère?

LE SULTAN.

» Votre injustice et votre ingratitude. Je viens d'en-
» tendre un vieux moraliste, bouffi d'orgueil, qui dé-
» clamé avec violence contre tous les défauts prétendus
» de notre sexe, parce que jeune il était trop sot pour

» en être bien traité, et que vieux il n'est plus sensible
» à ses charmes. Vous oubliez trop souvent que les fem-
» mes protègent votre berceau, soignent votre enfance,
» embellissent votre jeunesse, font le bonheur de vo-
» tre maturité, et sont les dernières consolations de
» votre vieillesse. Elles se voient condamnées par vous
» à pratiquer sans cesse des vertus dont vous ne con-
» naissez que le nom, et à remplir une foule de de-
» voirs auxquels il vous serait impossible de vous sou-
» mettre.

» Nous avons des défauts; mais nous vous les devons
» tous : c'est pour vous plaire que nous paraissons vai-
» nes et coquettes; c'est votre inconstance qui nous
» rend jalouses; ce sont les chagrins que vous nous
» causez qui excitent nos querelles, qui nous portent
» à la vengeance : enfin c'est pour éviter d'être escla-
» ves et victimes de nos tyrans, que nous cherchons
» à les dominer : en un mot, nos vertus vous appar-
» tiennent, et nos vices viennent de vous.

LE VISIR.

» Comment! je m'attendais à des folies, et voilà de
» la sagesse.

LE SULTAN (*ôtant ses lunettes*).

» Ma foi, visir, la vieille a raison; je voulais sévère-
» ment réformer les mœurs des femmes; mais je vois
» bien que c'est par les nôtres que la réforme doit com-
» mencer.

» A quoi servent ces immenses lunettes qu'à peine je
» puis tenir dans mes mains?

LE VISIR.

» Ce sont celles à travers lesquelles l'orgueil de cha-
» que peuple s'examine et se juge lui-même. Chacun
» n'envisageant que son beau côté, croit ainsi l'empor-
» ter sur tous les autres.

LE SULTAN.

» Voyons. En effet, l'Espagnol croit qu'il excelle
» par son héroïque fierté, le Romain par la grandeur
» de ses souvenirs, l'Italien par son goût pour les arts,
» le Russe par son intrépidité, le Chinois par sa cons-
» tance dans ses coutumes et dans ses lois, le Turc par
» sa bonne foi et par la pureté de son culte, l'Alle-
» mand par sa bonté, l'Anglais par sa raison, le Fran-
» çais par son esprit.

LE VISIR.

» Et ne voyez-vous pas aussi cette autre lunette ?
» C'est celle d'une espèce de peuple disséminé par-
» tout et par-tout le même, c'est le peuple des cour-
» tisans.

LE SULTAN.

» Ah ! je les connais trop bien pour être tenté de les
» essayer ; elles sont d'ailleurs trop remplies de taches ;
» l'égoïsme seul peut s'en servir sans dégoût.
» Mais ces dernières lunettes, pourquoi les mettez-
» vous à part ?

LE VISIR.

» Pour de très-bonnes raisons. Votre hautesse a be-
» soin de repos, et l'examen de celles-ci pourrait fort

» bien l'agiter et la priver pour quelque temps du som-
» meil : ce sont deux lunettes qui servent à deux esprits
» de parti très-opposés ; l'un ne voit les objets que sous
» le rapport de l'intérêt général, l'autre sous celui de
» l'intérêt privé, et....

LE SULTAN.

» Il suffit. Ceci demande une plus froide méditation.
» D'ailleurs, ma résolution est prise à cet égard, et ma
» justice saura briser toutes lunettes d'esprit de parti ;
» elles doivent disparaître devant celle de l'intérêt na-
» tional, la seule dont un bon prince veuille se servir. »

« Telle fut, reprit alors le ministre européen qui venait d'achever son conte, telle fut la conversation du sultan et du visir.

» Mon cher comte, je vous remercie, répondit le prince ; vos lunettes m'éclairent, elles me rendront plus indulgent. Je vois que les hommes sont plus trompés que méchans. Chacun considère les objets suivant la position où il est placé. Il vaut mieux les éclairer que les comprimer, et je veux les amener doucement à concilier leurs différens intérêts pour les faire concourir tous au bien général. Les goûts, les penchans, les passions, seront éternellement variés. Ce sont les vents qui agitent l'océan de la vie humaine ; ils favorisent la navigation d'un pilote habile, et jettent sur les écueils celui qui ne connaît point l'art de s'en servir.

» Votre apologue me rappelle ces vers d'un ancien poëte romain [*], traduits par un sage moderne [**] : »

Chacun a ses plaisirs : ménagez ceux des autres,

---

[*] Horace.
[**] Daru.

Et ne les forcez point de s'asservir aux vôtres.
. . . .
Le sort du bœuf fait envie au coursier :
Crois-moi, chacun doit faire son métier.
Il est des gens qui n'ont ni pourpre de Carie,
Ni vases précieux, ni marbres, ni tableaux ;
Mais j'en connais aussi qui n'en ont point envie.
Voilà deux frères : l'un n'aime que le repos
Et méprise tout l'or du tyran de Lydie ;
Pourquoi l'autre aussi riche épuise-t-il sa vie
A faire dans ses champs de pénibles travaux ?
C'est le secret du dieu que l'on nomme *Génie ;*
Tantôt blanc, tantôt noir, ou propice ou malin,
Qui naît, meurt avec nous et fait notre destin.

LA DISPUTE INTERROMPUE,

OU

UNE FOLIE CHASSE L'AUTRE.

J'AI toujours, comme un bon Parisien, aimé la nouveauté en fait de modes et de plaisirs ; elle plaît à tout le monde sans nuire à personne ; je ne la redoute qu'en fait de législation. Je veux de la variété dans mes amusemens, et de la fixité dans mes intérêts ; je verrais volontiers nos jolies femmes changer tous les mois la forme de leurs robes et de leurs chapeaux ; mais je frémis encore au seul souvenir du temps où nous changions plus fréquemment de lois que d'habits.

Par malheur on rencontre un trop grand nombre de gens qui ne pensent pas ainsi, et la plupart de nos écrivains politiques, tristes usurpateurs du champ de la littérature, paraissent doués d'une imagination créatrice, plus vive, plus féconde et plus légère que celle de nos *modistes* les plus renommées.

Où en serions-nous si les barrières d'une Charte solide n'arrêtaient leurs téméraire activité ? Nous nous verrions encore les victimes de leur aventureux système et de leur législation rétrograde ou *vélocifère*.

Me promenant un jour au Luxembourg dans le dessein de respirer un air pur, et de rafraîchir mon cerveau échauffé par la lecture de plusieurs pamphlets bien âcres, bien lourds et bien mordans, je fus accosté, sans pouvoir éviter cette fâcheuse rencontre, par trois de ces fameux législateurs de salons, de ces *Solons* de gazettes, de ces *Dracons* de brochures, de ces *Lycurgues* de feuilletons qui tous, réunis pour détruire, et divisés pour édifier, prennent leurs intérêts pour des opinions, leurs passions pour des principes, leurs rêveries pour des institutions, et leurs sophismes pour des vérités.

Le cercle étroit de leurs coteries est leur horizon; leur vanité qui le remplit se croit une supériorité morale; et, comme cette vanité est très-peu ménagée par le public, ils voient la France sur le bord d'un abîme, et proclament la patrie en danger.

Attribuant ce qu'on peut faire de bien aux lumières qui jaillissent de leurs écrits, et les fautes qui se commettent, à l'oubli dans lequel on laisse leurs talens sublimes, ils me rappellent l'orgueil de ce ver luisant qui s'attribuait le doux éclat qu'un beau clair de lune répandait sur la prairie, et accusait les astres de vouloir, par jalousie, éteindre son flambeau, lorsque l'ombre répandue par quelques nuages obscurcissait passagèrement la clarté du ciel.

Je fus d'abord surpris de voir marcher ensemble et en bonne intelligence trois hommes de partis si différens, et qui, pendant le cours de la révolution, avaient constamment suivi des bannières si opposées. Mon étonnement redoubla lorsque je les entendis parler.

Le plus parfait accord semblait régner entre eux; ils ne voulaient que la Charte, ne juraient que la Charte, et proclamaient tous les principes de la liberté constitutionnelle dans sa plus grande extension.

Comme je suis bon homme, je les crus, je l'avoue, sincèrement convertis, et je me félicitais intérieurement de ce progrès de la raison, jusque-là si vivement désiré et si vainement attendu. Mais bientôt la suite de leur entretien dissipa mon erreur, et me prouva que leur alliance apparente n'était qu'offensive et momentanée.

Déplorant avec amertume les calamités de la France, ils déclamèrent avec animosité contre le siècle, dénaturant le bien, exagérant le mal, comptant pour rien le temps, les hommes, les intérêts, la nécessité; la moindre erreur, à leurs yeux, était crime; la bonté, faiblesse; la bienfaisance, dilapidation; l'opposition, conspiration.

Fatigué de ces diatribes qu'ils répétaient sur différens tons, mais en *chœur*, j'eus la malice de vouloir rompre cet accord et de faire cesser cette harmonie; j'y réussis par une seule question. « Vous parlez d'or,
» leur dis-je, messieurs; je vois qu'en nous privant de
» vos lumières, nous courons en aveugles à notre perte;
» mais, de grace, ne dédaignez pas de m'éclairer, et
» dites-moi ce que vous feriez pour le bonheur du peu-
» ple et pour assurer le maintien de cette Charte qui
» nous est si chère, si l'on vous rendait justice, et si
» l'on vous consultait? »

A ces mots, la discorde éclate; nos trois amis parlent avec la même chaleur, mais ne s'entendent plus. L'un veut que l'autorité, sous le voile de la Charte, devienne absolue, et conserve l'ordre par la crainte, lien, comme on le sait, bien plus fort que l'amour.

L'autre veut que tous les révolutionnaires, c'est-à-dire, tous ceux qui ne pensent pas comme lui, soient exclus des places, et qu'elles n'appartiennent qu'à la noblesse de naissance et d'opinions; à défaut de château, il faut selon lui, se *créneler* dans les municipalités.

Le troisième exclut au contraire de tout emploi ceux qui ont, à quelque époque que ce soit, combattu la liberté; il veut que la Charte soit purement démocratique, et que l'état, sous le nom de monarchie, ne se présente enfin à nos regards que comme une république pyramidale, dont le trône serait la pointe mince et fragile.

Chacun d'eux, s'évertuant à soutenir sa thèse et s'échauffant dans son *harnais*, gesticulait, criait, se consumait en vains efforts pour couvrir la voix, pour pulvériser les argumens de son adversaire, et, triomphant déjà en idée, croyait, à force de mouvemens et de poumons, dominer l'opinion publique.

« Grace à nos soins, elle s'avance à grands pas,
» disaient-ils tous à la fois; sans nous, jamais la Charte
» n'eût été mise en activité, et, si elle marche, on ne
» le doit qu'à nos pénibles travaux. »

Ils faisaient, en disputant, un tel bruit, qu'un grand nombre d'oisifs et de curieux se groupaient autour de nous, comme on les voit accourir en foule autour de ces charlatans qui vendent des remèdes pour toutes les maladies, promettent des miracles et ne font que des dupes. J'aime assez à satisfaire ma curiosité, mais non pas à devenir l'objet de celle d'autrui; et je voyais avec peine que j'allais me trouver au milieu de cette multitude maligne qui entourait nos turbulens disputeurs.

Tout à coup mon embarras cesse : un grand bruit se fait entendre, la foule s'écarte, et je vois accourir *les* *célèbres draisiennes* *, invention déjà fameuse avant de savoir si elle serait utile, mais fort prônée parce qu'elle était nouvelle.

Le désir de voir ces bizarres voitures, destinées à supprimer le luxe des chevaux et à faire baisser le prix de l'avoine et du foin, avait amené une foule de curieux.

Je regarde donc avec avidité ce char élégant : à ma grande surprise, je vois un homme à cheval sur une selle que portent deux roues, et qui ne les fait mouvoir et rouler qu'en s'agitant sans cesse et en frappant continuellement la terre avec ses pieds, tandis que sa main, par d'autres efforts répétés, cherchait à diriger, au moyen d'un léger timon, sa frêle machine.

A la vue de ce grotesque appareil et de cette course burlesque, un rire universel éclate, confond l'orgueil de l'inventeur et déconcerte l'adroit et laborieux cocher.

Au milieu de ce tumulte, un Gascon, qui se trouvait près de nous, s'écrie : « Cap de bious, messieurs, c'est
» uné raillérie qué dé prendre notre argent pour uné
» tellé baliverne; sandis, cé n'est pas pour aller à pié
» que jé veux uné voiture ! Cé conducteur harassé, qui
» sé sert dé ses jambes pour faire aller ses roues, res-
» semble, ma foi, à ces docteurs qué j'écoutais à l'ins-
» tant, et qui suaient sang et eau pour pousser à leur
» fantaisie la roue du gouvernément. Sans leurs belles

---

* Ces voitures *vélocipèdes*, pendant quelques jours, coururent Paris et le firent courir. Après deux ans d'oubli, elles reparaissent, dit-on, dans un département. L'inventeur, les ayant perfectionnées, prétend avoir parcouru avec elles un espace de quarante lieues en vingt-quatre heures.

» inventions, nous marchérions beaucoup mieux.
» Croyez-moi, en fait dé lois, commé en fait dé voi-
» tures, inventons moins et fuyons *les vélocipèdes.* »

Je ris de la colère du Gascon, et je vis, en me retournant, que, craignant l'application de ses paroles, mes trois voisins avaient disparu plus rapidement que les draisiennes.

PRÉJUGÉS

QUI EXISTENT

SUR LA MANIÈRE D'ÉCRIRE L'HISTOIRE.

Un auteur a rempli le premier devoir imposé à tout historien, lorsqu'il a prouvé son attachement à sa patrie, son dévouement à la justice, son respect pour la vérité, et le désir ardent d'inspirer la haine du vice et l'amour de la vertu.

C'était là le premier mérite de ces grands historiens de l'antiquité, que nous admirons tant et que nous imitons si peu. Ils mesuraient les hommes et leurs actions, non sur des systèmes et de prétendus principes qu'une passion fait naître, et qu'une autre détruit; mais sur une règle invariable, celle de la justice et de la morale : aussi leurs jugemens sont confirmés par la voix des siècles. L'esprit de système, de secte, de parti, n'est que pour un lieu, pour un jour; la justice et la vérité sont de tous les temps et de tous les pays.

Par quelle fatalité ces peintres immortels du crime et de la vertu sont-ils restés jusqu'à présent parmi nous, non sans émules, mais sans égaux.

Comment l'Europe moderne, qui oppose avec fierté tant de chefs-d'œuvre dans tous les genres à ceux qui ont illustré les beaux jours d'Athènes et de Rome, offre-t-elle si peu de noms qu'on puisse comparer aux noms de Thucydide, de Xénophon, de Tite-Live, de Salluste et de Tacite ?

Bossuet, qu'on doit excepter, Bossuet, allumant dans le ciel le flambeau de l'histoire, a fait un tableau sublime de la naissance et de la chute de ces grands empires que la pensée de l'Éternel a créés, et que son souffle a détruits; mais il n'a point parlé des peuples modernes.

L'illustre Montesquieu n'a porté ses regards pénétrans que sur la grandeur de Rome et sur ses débris.

Machiavel, au-dessus de son siècle par l'étendue de ses lumières et par la profondeur de sa politique, ne respecta pas la morale; et la postérité, en admirant son talent, imprime à son nom une tache ineffaçable.

Hume, Robertson et Schiller ont éclairé leurs contemporains; ils doivent une grande renommée à la pureté de leur morale, à l'éloquence de leur saine philosophie.

Voltaire, plus brillant et plus critiqué, Voltaire, dont le génie sera toujours admiré, malgré les écarts de son imagination et l'acharnement de ses détracteurs, a fait la peinture la plus vraie des siècles modernes. Mais, trop frappé des inconséquences des hommes, il a quelquefois manqué de gravité, en retraçant avec une ironie trop piquante des sottises tragiques et des folies sanglantes : son histoire de Charles XII, la meilleure qui ait paru jusqu'à nos jours, a été sévèrement critiquée, parce qu'on y trouve à la fois l'action d'un drame et l'intérêt d'un roman. Ainsi, son mérite réel est précisément le défaut que lui reprochent de froids censeurs.

Avec moins de talent, Saint-Réal et Vertot ont inspiré le même intérêt, et se sont attiré les mêmes critiques.

Mais ces beaux génies, en se frayant des routes nouvelles, en s'élevant au-dessus de la foule des historiens, en assurant à leurs noms une gloire durable, n'ont pas su répandre complètement, sur l'histoire des nations modernes, ce charme que nous trouvons dans les annales de ces vieilles nations, dont les mœurs, les religions et les lois ne devraient plus avoir pour nous que l'intérêt d'une stérile curiosité.

Pourquoi faut-il donc que les Romains et les Grecs soient si long-temps vainqueurs ? Vainement on a répondu que les peuples anciens offraient une matière plus riche aux pinceaux de l'histoire ; que leurs institutions, leurs mœurs, leurs assemblées publiques, présentaient des tableaux plus animés, des sujets plus dramatiques ; qu'enfin tout était colossal, héroïque dans l'antiquité, et dénué de grandeur et d'intérêt dans les temps modernes.

Et qui pourrait soutenir de bonne foi que l'établissement des Francs dans les Gaules, la chute et le démembrement de l'empire romain, les conquêtes et la religion des Arabes, l'empire de Charlemagne, la politique et l'accroissement des pontifes romains, la chute de tant de dynasties, la fondation de tant de royaumes et de républiques, les exploits et les mœurs de la chevalerie, les aventures épiques des croisades, la lutte des rois et des grands, du sacerdoce et de l'empire, des lois et de la tyrannie féodale, la restauration des sciences et des lettres, la découverte d'un nouveau monde, le changement total produit dans l'univers par l'invention de la poudre et de l'imprimerie; qui pourrait, dis-je, soutenir que des sujets si riches, si grands, si variés, n'offrent aux talens qu'une matière aride et qu'un champ trop étroit ?

Nous pouvons peindre tout ce que l'antiquité a peint ; nous avons de plus des sujets qui manquaient à ses crayons, des institutions plus variées, des guerres plus savantes et plus étendues, une philosophie plus éclairée : il faut donc l'avouer, si, dans cette lutte de talens, les auteurs anciens ne sont encore ni vaincus, ni même égalés, ce qui nous a manqué jusqu'à présent, ce sont les historiens, ce n'est pas l'histoire.

On trouverait, je crois, l'explication de ce phénomène dans un vieux préjugé littéraire, établi en principe chez tous les peuples modernes.

Mably l'a fortement signalé, dans un excellent ouvrage, comme l'unique cause de la sécheresse et de la froideur de l'histoire moderne. Duclos, en faisant sentir ses funestes effets, a déclaré qu'on essaierait en vain de détruire une erreur si généralement respectée.

Ce préjugé, auquel nos meilleurs écrivains se sont tous plus ou moins soumis, veut que la Muse de l'histoire soit toujours grave et dépouillée de parure. Il défend toute richesse, comme un luxe coupable ; tout ornement, comme un fard immodeste ; tout mouvement oratoire, comme un excès répréhensible.

Et telle est l'influence de ce faux principe universellement reçu, que, s'il paraissait à l'instant un Tite-Live, un Tacite, un Salluste français, on refuserait le titre d'histoire à son ouvrage. On lui reprocherait de manquer de gravité ; ses descriptions seraient trouvées trop poétiques ; ses portraits, trop chargés ; ses harangues, trop invraisemblables ; on l'accuserait d'avoir profané la dignité de l'histoire par les mouvemens du drame, et sa vérité par les fictions du roman. On exigerait de lui l'exactitude des dates, la statistique des lieux, le calcul exact des forces, le tableau détaillé des finances. S'il cédait à cette injuste censure, il deviendrait, comme la foule des auteurs, froid et monotone, et entendrait encore répéter ces éternels reproches contre les modernes, qu'on enchaîne en les accusant de manquer de mouvement, et ces constans éloges des beautés de l'histoire ancienne, qu'on nous défend impérieusement de reproduire.

Autrefois, pour s'instruire complètement, l'homme d'état avait recours aux archives, aux commentaires, aux annales, aux actes publics.

Mais l'histoire était exclusivement destinée à consacrer les événemens les plus mémorables, et à célébrer les hommes les plus illustres ; ainsi son objet était d'élever l'ame, et non de charger la mémoire de faits.

Une bonne histoire était un morceau d'éloquence, paré de toutes les richesses de l'art oratoire ; un tableau qu'animaient les plus vives couleurs ; un drame plein d'action, fait pour inspirer les plus nobles sentimens ; un monument éternel où la vertu désirait, où le crime redoutait de se voir inscrit.

C'est ainsi qu'on envisageait le but de l'histoire, et qu'on l'écrivait ; c'est ainsi que nous devons l'écrire désormais.

Délivrons-nous de ces tristes entraves ; rendons la vie à l'histoire ; ne montrons presque jamais l'auteur ; faisons agir, faisons parler, mettons en scène les personnages.

Au lieu de vouloir tout dire comme les compilateurs, choisissons les hommes, les événemens, les lieux, les temps les plus dramatiques ; pour les peindre et les mettre en action, empruntons tous les genres ; aucun ne doit nous être étranger : imitons ces illustres prosateurs qui se montraient à la fois peintres et poëtes ; et que notre style flexible, adapté aux divers sujets que nous traiterons, soit, comme celui des anciens, simple dans le récit, dramatique dans l'action, poétique dans les descriptions, éloquent dans les harangues, philosophique et concis dans les réflexions.

Il est temps d'abjurer un préjugé funeste ; il prive notre siècle d'une palme que nous pourrons disputer à l'antiquité dès que nous laisserons au génie la liberté qu'il réclame. Encourageons sur-tout la noble hardiesse de ceux qui commencent à combattre cette fausse doctrine, et nous aurons alors, d'un côté, de savans et d'estimables annalistes, qui composeront leurs utiles recueils pour notre instruction, et des historiens éloquens, qui éleveront des monumens pour notre gloire.

PORTRAIT
DU PRINCE POTEMKIN,
FAVORI, GÉNÉRAL ET MINISTRE
DE L'IMPÉRATRICE CATHERINE II.

LE feld-maréchal, prince Potemkin, par la rapidité de sa fortune, par l'influence qu'il exerça, et par la bizarrerie de son caractère, obtint tout ce qu'il méritait, non la gloire, mais la célébrité; et l'histoire, en traçant son portrait, conservera le souvenir non d'un grand ministre, mais de l'un des hommes les plus singuliers qui aient paru dans le dix-huitième siècle.

Comme il dut sa renommée à la faveur et son élévation à la bienveillance de Catherine II, il serait difficile de le peindre en le séparant de sa souveraine. Cependant on ne peut les réunir tous deux dans un cadre étroit : peu de pages suffisent pour retracer les singularités, les contrastes du caractère de ce favori, tandis qu'il faudrait un volume pour peindre Catherine II. Pourtant le prince de Ligne, par une heureuse faute de langage, l'a représentée assez fidèlement d'un seul trait, en la nommant Catherine-le-Grand.

En effet, elle réunissait au génie d'un grand roi l'esprit, la grace et les faiblesses d'une femme aimable;

elle aima, elle écrivit comme cette spirituelle reine de Navarre, sœur de François Ier, et montra tout à la fois, sur le trône, les grandes qualités et les défauts de Henri IV et de Louis XIV.

Cette femme étonnante mérita, parmi les nations du nord, l'honneur de donner son nom à son siècle : étrangère à la Russie, jeune, sans appui, elle vécut quelques années isolée dans sa cour, négligée et ensuite persécutée par un époux incapable de l'apprécier. Au moment d'être bannie du palais et reléguée dans une prison, une révolution soudaine la sauva et lui donna le suprême pouvoir.

Entraînée, enlevée par cette subite explosion, *elle n'eut ni la honte ni l'honneur de cette audacieuse entreprise.* (Je me sers ici des termes dans lesquels le grand Frédéric m'en parla, lorsque j'allais en Russie, en 1784, comme ministre du roi de France.)

L'ambition de quelques guerriers, le mécontentement général, les bizarreries, les faiblesses et les terreurs de Pierre III, furent les causes de cette révolution. Peu de jours après, la crainte des vengeances décida les conjurés à commettre un grand attentat.

Catherine l'ignorait; elle en gémit : mais, comme elle en recueillit nécessairement le fruit, ses larmes ne purent désarmer l'injustice et la malignité, qui se plaisent toujours à voir quelques taches sur une vie glorieuse.

Il n'est pas hors de propos peut-être de remarquer que le roi de Prusse était brouillé avec cette princesse et vivement aigri contre elle, au moment où sa conversation dissipait dans mon esprit les préventions que l'opinion vulgaire m'avait inspirées sur cet événement,

Catherine acheva ce que Pierre-le-Grand avait commencé : il avait créé, elle fonda; elle recula ses frontières ; elle éclaira ses peuples; les lois furent rassemblées et modifiées; l'administration prit une marche régulière ; plusieurs académies furent établies ; on y appela les sciences et les arts; la cour polit ses mœurs; la décence les adoucit; les boyards s'éclairèrent; la justice ouvrit ses temples, le malheur et l'innocence y trouvèrent un asyle.

Le commerce, favorisé sur le Pont-Euxin et sur les mers du Nord, réunit la Russie à l'Europe par mille liens féconds.

Pétersbourg, dont Pierre-le-Grand avait posé sur un marais la première pierre à la fin du siècle précédent, rivalisa de richesses et d'éclat avec les plus célèbres capitales.

Pierre-le-Grand s'était vu réduit à capituler avec les Turcs. Charles XII, avant sa chute, avait pénétré, les armes à la main, dans le cœur de la Russie. Catherine abaissa l'orgueil ottoman, fit trembler Constantinople, anéantit les Cosaques Zaporaviens, enleva la Finlande aux Suédois, conquit la Crimée, étendit son sceptre sur la mer Caspienne et sur ces vastes contrées d'où jadis *la horde dorée* des Tartares imposait aux czars des tributs, des lois et des fers.

Sous son règne, de hardis navigateurs réunirent à son sceptre les côtes occidentales de l'Amérique. Une armée navale, nombreuse et disciplinée, sortie des glaces du nord, fit hardiment le tour de l'Europe étonnée, et livra aux flammes, dans l'Archipel, la flotte du sultan.

Argos, Athènes, Sparte et Corinthe virent briller

dans leurs murs les armes russes, et Catherine fit entendre de nouveau, dans cette ancienne patrie de la gloire, cet appel à la liberté auquel la Grèce répond aujourd'hui avec tant d'éclat.

Cette reine conquérante ne put échapper à l'ivresse de la gloire : après avoir donné un roi à la Pologne, elle le détrôna, et, en partageant cette Pologne inoffensive, elle fit l'essai d'un funeste système trop suivi depuis pour le malheur des nations, celui de substituer la force à la justice et le droit de convenance au droit des gens.

Au reste, on ne peut lui reprocher d'avoir conçu la première idée de ce partage qui brisa les balances de la politique européenne, et renversa le grand édifice de cet équilibre des puissances, fondé avec tant de peines et d'efforts, après une guerre de trente ans, par le traité de Westphalie.

Le prince Henri de Prusse (je le tiens de lui-même) proposa ce démembrement à Catherine, et n'en informa le roi son frère qu'après s'être assuré du consentement de l'impératrice.

D'abord l'Autriche sembla contraire à cet accroissement de territoire, qui devait augmenter la force de la Prusse et de la Russie; mais, ne pouvant compter sur l'appui de la France dont le faible gouvernement laissait alors tomber la puissance et la gloire, la cour de Vienne aima mieux profiter de cet injuste partage que de s'y opposer seule et sans alliés.

Plusieurs grands souverains brillaient alors avec majesté sur les principaux trônes de l'Europe : Gustave III avait reconquis son pouvoir et remplacé, par une constitution sage et libre, l'autorité d'un sénat ambitieux.

Frédéric-le-Grand, rapide dans ses succès, indomptable dans ses revers, s'était également illustré par ses victoires, par ses lois et par ses écrits. Joseph II, empereur, citoyen et philosophe, n'eut peut-être d'autre tort, dans son règne, que celui d'avoir raison trop tôt, et de s'être montré plus éclairé que son peuple et que son siècle.

Ce fut au milieu de tant d'habiles hommes d'état couronnés, qu'une femme trouva le moyen de jeter un vif éclat, et d'atteindre même à une supériorité assez grande pour devenir tour-à-tour l'objet de leur crainte, de leur rivalité, de leur haine et de leur amitié.

Le poids de son sceptre força l'Autriche et la Prusse à terminer, par une prompte paix, une guerre qui venait de s'allumer : toutes deux briguèrent son alliance. La France, l'Angleterre, la Hollande, l'Espagne et le Portugal s'empressèrent de s'unir à elle par des traités de commerce.

Pétersbourg devint le centre de la politique du monde civilisé. Pierre-le-Grand était venu dans l'Occident pour apprendre l'art de gouverner; sous le règne de Catherine, les savans, les littérateurs, les poëtes vinrent admirer les clartés qui brillaient dans le Nord, et Voltaire put dire avec raison :

> C'est du Nord aujourd'hui que nous vient la lumière.

Plus tard, lorsque de grandes révolutions ébranlèrent les trônes, la cour de Catherine devint, comme celle de Louis XIV, l'asyle des rois.

Cette princesse ne borna pas sa gloire à lutter avec égalité contre les monarques ses rivaux; il suffit de lire ses lettres à Voltaire, au prince de Ligne, à D'Alembert, à Diderot, pour convenir qu'elle savait aussi porter des armes brillantes dans les combats d'esprit.

Admirée par les étrangers, elle était véritablement aimée par ses sujets. Ses peuples, justes pour elle, lui attribuaient avec reconnaissance la prospérité croissante dont ils jouissaient, et n'accusaient que ses ministres des maux ou des injustices qu'ils pouvaient éprouver.

J'ai traversé avec cette *autocratrice* son immense empire, je l'ai vue la plupart du temps sans gardes, parce qu'elle était sans crainte, laissant approcher la foule de sa voiture, et présentant indistinctement sa main aux marchands, aux paysans qui la saluaient du nom de mère.

Après avoir rendu hommage au génie de cette illustre souveraine, ceux qu'elle admettait dans sa société intime, la voyaient avec surprise, écartant la froide étiquette, faire oublier momentanément son imposante majesté, et régner seulement encore, comme particulière, par la grace, par la douceur et par l'esprit.

Son entretien vif, gai, facile, sans apprêt, voilait, pour ainsi dire, l'impératrice; elle ne reparaissait que dans les momens très-rares où la conversation tombait sur quelques sujets politiques : alors un trait subit de caractère, plutôt qu'un trait d'esprit, faisait tout à coup reconnaître Catherine-le-Grand.

Un jour, l'un de ses ministres vint lui dire devant moi qu'elle allait recevoir un gouverneur de province. Il l'invitait à lui adresser des reproches publics, parce qu'il avait négligé d'exécuter un ordre important. *Je n'en ferai rien*, dit-elle, *j'aime à récompenser tout haut et à gronder tout bas.*

Je me souviens qu'une fois elle demanda à plusieurs personnes qui l'entouraient, ce qu'elle aurait été, à leur avis, si le sort l'eût fait naître homme et particulier. L'un répondit qu'elle aurait été un habile ambassadeur; l'autre, un grand ministre; un autre, un écrivain célèbre; mon tour venu, je dis, en riant, qu'elle serait devenue un général hardi et renommé. *Vous vous trompez*, reprit-elle, *je connais ma tête ardente; au lieu d'arriver au grade de général, je me serais fait tuer comme lieutenant de cavalerie.*

Au moment où ses armées se dirigeaient toutes vers le midi de son empire pour combattre les Turcs, ses frontières du nord étaient totalement dégarnies de troupes. Son orgueil n'avait pas pensé qu'un roi de Suède osât attaquer sa colossale puissance; elle se trompait: Gustave III l'attaqua subitement avec une armée et une flotte qui, peut-être, auraient pénétré jusqu'à Pétersbourg, si la promptitude et la fermeté de l'exécution eussent répondu à l'audace de l'entreprise.

Trois régimens des gardes, quelques paysans et quelques domestiques levés à la hâte, furent les seules forces qu'on put opposer dans le premier moment aux Suédois. En combattant on négocia. Gustave, se croyant déjà sûr du triomphe, voulut dicter une paix dure, et déclara à l'impératrice que, pour obtenir cette paix, *elle devait rendre à la Suède et aux Turcs tout ce qui avait été conquis sur eux, rappeler ses armées et soumettre ses différends avec la Porte à son arbitrage.*

Catherine avait communiqué cette déclaration à tous les ministres étrangers; et, lorsque je vins chez elle, elle me demanda ce que j'en pensais. *Il me semble*, lui dis-je, *que le roi de Suède, en écrivant cet acte, a rêvé qu'il avait déjà gagné deux ou trois batailles.* — Eh! quand même cela serait, M. le comte, reprit Catherine, *il se tromperait encore; et fût-il arrivé jusqu'à Moscow, je saurais bien lui apprendre ce que peut une femme d'un grand caractère, debout sur les débris d'un grand empire.*

Cette femme si fière, si éclairée, si grande, eut, dit-on, des faiblesses; mais cependant, toujours maîtresse d'elle-même, elle savait les faire respecter. Elle ne cessa jamais de dominer ceux qui semblaient régner sur son cœur. On pouvait avoir beaucoup de part à son affection sans en prendre aucune aux secrets de sa politique : la femme et la reine restaient séparées. Potemkin fut peut-être le seul des courtisans honorés de son amitié, qui se vit à la fois son favori, son général et son ministre. Les surprenantes singularités, les bizarres contrastes du caractère de cet homme faisaient comprendre avec peine que Catherine pût reposer sa confiance sur un pareil choix; mais son génie clairvoyant avait démêlé, sous cette écorce inégale, raboteuse, sauvage, de grands talens, et elle persista dans ses sentimens, parce qu'elle se connaissait la force nécessaire pour ne point souffrir des défauts de son ministre, et pour profiter de ses grandes qualités. Au reste, en dernier résultat, la fortune et les événemens la justifièrent.

Le prince Grégoire-Alexandrowitz Potemkin fut un des hommes les plus extraordinaires de son siècle; mais il fallait, pour qu'il jouât un rôle aussi marquant, qu'il naquît en Russie, et qu'il vécût sous le règne de Catherine II. Dans tout autre pays, dans tout autre temps, avec tout autre souverain, il aurait été déplacé, et un hasard singulier réunit toutes les circonstances auxquelles il pouvait convenir.

Il rassemblait dans sa personne tous les défauts et tous les avantages les plus opposés. Il était avare et magnifique, despote et populaire, dur et bienfaisant, orgueilleux et caressant, politique et confiant, libertin et superstitieux, audacieux et timide, ambitieux et indiscret. Prodigue avec ses parens, ses maîtresses et ses favoris, il ne payait souvent ni sa maison ni ses créanciers. Son crédit dépendit toujours d'une femme, et toujours il lui fut infidèle. Rien n'égalait l'activité de son imagination, ni la paresse de son corps. Aucun danger n'effrayait son courage, aucune difficulté ne le faisait renoncer à ses projets; mais le succès le dégoûtait de tout ce qu'il avait entrepris.

Il fatiguait l'empire par le nombre de ses emplois et par l'étendue de sa puissance. Il était lui-même fatigué du poids de son existence, envieux de tout ce qu'il ne faisait pas, et ennuyé de tout ce qu'il faisait. Il ne savait ni goûter le repos, ni jouir de ses occupations. Tout en lui était décousu, travail, plaisir, caractère, maintien. Il avait l'air embarrassé dans toutes les sociétés, et sa présence gênait tout le monde. Il traitait avec humeur tous ceux qui le craignaient, et caressait tous ceux qui l'abordaient familièrement.

Il promettait toujours, tenait peu et n'oubliait jamais rien. Personne n'avait moins lu que lui, peu de gens étaient plus instruits. Il avait causé avec des hommes habiles dans toutes les professions, dans toutes les sciences, dans tous les arts. Nul ne sut jamais mieux pomper et s'approprier le savoir des autres. Il aurait étonné dans une conversation un littérateur, un artiste, un artisan et un théologien. Son instruction n'était pas profonde, mais elle était fort étendue. Il parlait bien de tout.

L'inégalité de son humeur répandait une bizarrerie inconcevable dans ses désirs, dans sa conduite, dans sa manière de vivre. Tantôt il formait le projet de devenir duc de Courlande; tantôt il songeait à la couronne de Pologne. Souvent il montrait le désir de se faire évêque, ou même simple moine. Il bâtissait un palais superbe, et voulait le vendre avant qu'il fût achevé. Un jour il ne rêvait que la guerre, il n'était entouré que d'officiers de Tartares et de Cosaques; le lendemain il ne songeait qu'à la politique, il voulait partager l'empire ottoman et mettre en mouvement tous les cabinets de l'Europe. Dans d'autres temps, ne s'occupant que de la cour, paré d'habits magnifiques, couvert de cordons de toutes les puissances, étalant des diamans d'une grosseur et d'une blancheur éblouissantes, il donnait sans sujet de superbes fêtes.

On le voyait quelquefois passer pendant un mois, aux yeux de toute la ville, des soirées entières près d'une jeune fille, paraissant également oublier et toute affaire et toute décence. Quelquefois aussi, pendant plusieurs semaines, retiré chez lui avec ses nièces et quelques hommes admis à son intimité, il restait sur un sopha sans parler, jouant aux échecs ou aux cartes, les jambes nues, le col déboutonné, en robe de chambre, le front soucieux, les sourcils froncés, et présentant, aux yeux des étrangers qui venaient le voir, l'aspect d'un farouche Cosaque.

Toutes ces singularités donnaient souvent de l'humeur à l'impératrice, mais le rendaient plus piquant pour elle. Dans sa jeunesse, il lui avait plu par l'ardeur de ses feux, par sa valeur, par sa mâle beauté. Arrivé à l'âge mûr, il la charmait encore en flattant son orgueil, en calmant ses craintes, en affermissant son pouvoir, en caressant ses chimères héroïques d'empire d'Orient, d'expulsion des barbares et de restauration des républiques grecques.

A dix-huit ans, sous-officier dans les gardes à cheval, le jour de la révolution il décida son corps à prendre les armes, et offrit à Catherine sa dragonne pour orner son épée. Bientôt rival d'Orloff, il fit pour sa souveraine tout ce qu'une passion romanesque peut inspirer. Il se creva même un œil en cherchant à faire disparaître une tache qui diminuait sa beauté. Banni par son rival, il courut chercher la mort dans les combats et rencontra la gloire.

Parvenu au comble de la faveur, il se débarrassa promptement d'un rôle si long-temps désiré, mais dont le dénouement lui offrait pour perspective une disgrace obscure. Il donna lui-même des favoris à l'impératrice, et devint son confident, son ami, son général et son ministre.

Panin était le chef du conseil et tenait à l'alliance de la Prusse. Potemkin persuada à l'impératrice que l'amitié de l'empereur lui serait plus utile pour réaliser ses projets contre les Turcs. Il la détermina à s'allier avec Joseph II, et se donna ainsi le moyen de conquérir la Crimée et le pays des Tartares nogais, qui en dépendait. Rendant à ces contrées leurs noms sonores et antiques, créant une armée navale à Kerson et à Sévastopol, il persuada à Catherine de venir elle-même admirer ce nouveau théâtre de sa gloire.

Rien ne fut épargné pour rendre ce voyage à jamais célèbre. De toutes les parties de l'empire, on fit venir de l'argent, des vivres, des chevaux. Les grands chemins furent illuminés par d'énormes bûchers enflammés. On couvrit le Borysthène de galères magnifiques. Cent cinquante mille soldats furent armés et équipés à neuf. On rassembla des Cosaques, on disciplina des Tartares. On peupla précipitamment des déserts; on éleva partout des palais. La nudité des plaines de la Crimée fut déguisée par des villages bâtis exprès. On l'éclaira par des feux d'artifice. Des chaînes de montagnes furent illuminées, de belles routes ouvertes par l'armée; des bois sauvages furent transformés en jardins anglais.

Le roi de Pologne accourut rendre hommage à celle qui l'avait couronné, et qui depuis le détrôna. L'empereur Joseph II vint lui-même accompagner la marche triomphale de l'impératrice Catherine; et le résultat de ce brillant voyage fut une nouvelle guerre que les Anglais et les Prussiens firent impolitiquement déclarer par les Turcs.

Cette guerre servit encore l'ambition de Potemkin en lui donnant l'occasion de conquérir Oczakoff qui resta à la Russie, et d'obtenir le grand cordon de Saint-George, seule décoration qui manquait à sa vanité.

Ses derniers triomphes furent le terme de sa vie. Il mourut en Moldavie presque subitement. Sa mort, regrettée par ses nièces et par un petit nombre d'amis, n'occupa que ses rivaux avides de partager ses dépouilles; et elle fut bientôt suivie de cet oubli qui, dans les cours, remplace si promptement les hommages empressés de la flatterie.

Ce ministre disparut comme on voit passer rapidement

ces météores brillans, dont l'éclat étonne, mais n'a rien de solide. Potemkin commença tout, acheva peu : il dérangea les finances, désorganisa l'armée; mais il enrichit son pays de quelques déserts qu'il fut plus difficile de peupler que de conquérir. La célébrité de l'impératrice s'accrut par ces dernières conquêtes ; mais comme elles coûtaient beaucoup d'hommes, beaucoup d'argent, et rapportaient peu, l'admiration fut pour la souveraine, et la haine pour son ministre.

La postérité, plus juste, partagera peut-être entre eux l'honneur des succès, mais non la sévérité des reproches. Elle ne donnera point à Potemkin le titre de grand homme, mais elle le citera comme un homme extraordinaire; et, si l'on veut le peindre avec vérité, on pourra le représenter comme le véritable emblème, comme une image vivante de l'empire de Russie tel qu'il était alors.

Potemkin était, en effet, colossal comme la Russie. Il rassemblait, comme elle, dans son esprit, de la culture et des déserts. On y voyait aussi de l'asiatique, de l'européen, du tartare et du cosaque, la rusticité du onzième siècle et le luxe du dix-huitième, l'amour des lettres, des arts, et la crédulité des cloîtres, les fruits brillans de la civilisation et quelques traces de la rudesse des mœurs antiques; enfin même, si l'on ose le dire, son œil ouvert, son œil fermé, rappelaient encore cette mer Noire toujours ouverte, et cette mer du Nord si longtemps fermée par les glaces.

Ce portrait peut paraître gigantesque. Ceux qui ont connu Potemkin en attesteront la vérité. Cet homme avait de grands défauts; mais sans eux, peut-être, il n'eût dominé ni sa souveraine ni son pays.

Si Catherine eût occupé plus tard le trône, il est probable que son choix ne serait point tombé sur un ministre dont le mérite était terni par tant de défauts et de bizarreries. Les Russes d'aujourd'hui ne ressemblent presque plus aux Russes de cette époque. On dirait que, chez ce peuple étonnant, des lustres sont des siècles.

Ce colosse du Nord, depuis qu'il est entré dans la civilisation, a fait, dans tous les genres, des pas de géant. Long-temps étranger à l'Europe, et connu seulement par l'effroi que, dès son berceau, il avait inspiré à Byzance et aux faibles successeurs de Constantin, il était retombé dans la nuit des ténèbres par la longue oppression que les fiers enfans de Gengis-kan avaient fait peser sur lui. Délivré de cette servitude par quelques czars belliqueux, il se fortifia dans le silence, mais resta inculte et plus asiatique qu'européen.

Pierre-le-Grand, nouveau Prométhée, chercha, aux extrémités de l'Europe, le flambeau des sciences, et, en éclairant son peuple étonné, lui donna une nouvelle vie.

Ce grand homme avait répandu dans ses vastes états tous les germes de gloire, toutes les semences de civilisation : Catherine les développa, et ce travail glorieux occupa tout son règne.

De son temps, le voyageur contemplait avec surprise, dans ses provinces, dans ses deux capitales, et même dans sa cour, un singulier contraste de mœurs antiques et de mœurs nouvelles, de savoir et d'ignorance, de rudesse et d'urbanité, de philosophie et de superstition : c'était, pour ainsi dire, un mélange de siècles.

Un seul fait, que je tiens de Catherine elle-même, suffira pour donner une juste idée de l'incroyable rapidité des progrès de l'instruction dans cet empire. Elle me dit qu'au commencement de son règne, voulant organiser des établissemens administratifs et judiciaires dans un seul gouvernement, celui de Novogorod, elle ne trouva pas, dans ses vastes états, assez d'hommes possédant les premiers élémens de l'enseignement et du calcul pour remplir son intention; mais que, vingt-deux ans après, lorsqu'elle divisa l'empire en quarante-un gouvernemens, il se présenta trois fois plus de candidats avec les qualités requises, qu'il n'existait de places à donner dans les chancelleries, dans les tribunaux et dans les bureaux de ces gouvernemens.

Par-tout les ateliers, les exploitations, les fabriques, les manufactures, les hôpitaux, les écoles, les académies se répandirent et se multiplièrent; les mœurs se perfectionnèrent; enfin l'urbanité, les arts, les sciences conquirent une nouvelle patrie.

La lumière ne dissipe pas plus promptement les ombres de la nuit. Le signe le plus évident des progrès de la prospérité publique, l'accroissement de la population, couronna tant d'utiles travaux. Catherine, en montant sur le trône, ne trouva pas en Russie plus de dix-huit millions d'habitans; à la fin de sa vie, elle régnait sur trente millions de sujets, qui se sont élevés depuis à quarante millions.

Paul Ier, dont l'esprit inquiet, les actes arbitraires et la fin malheureuse ont fait peut-être exagérer les défauts, n'arrêta point l'esprit public dans sa marche progressive. Ce prince instruit protégea les arts, les sciences, les lettres; et, loin de laisser déchoir la gloire des armes et l'influence politique de la Russie, les ministres éclairés qu'il choisit firent flotter ses étendards en Italie, en Suisse et sur les rives du Rhin.

Depuis, la Russie, courageuse dans ses revers et modérée dans ses triomphes, a porté au plus haut degré son influence sur la politique de l'Europe; et, si l'état des paysans, quoiqu'il soit journellement adouci, rappelle encore les anciens âges de la Moscowie, dans le reste de la nation presque toutes les traces en sont effacées.

Les grands, les généraux, les ambassadeurs, les magistrats, les savans, rivalisent avec ceux des plus florissantes monarchies, et les jeunes voyageurs russes, qui parcourent l'Occident pour connaître et comparer les mœurs de leurs aînés en civilisation, n'ont plus besoin d'y chercher des modèles.

Plusieurs savans, dignes successeurs d'Épinus et de Pallas, illustrent les académies de l'empire. Un écrivain érudit, M. Karamsin, élève pour sa patrie un glorieux monument: son histoire de Russie est écrite avec élégance, force et liberté. On voit quelques hommes distingués de cette nation cultiver avec succès la littérature française. Le théâtre russe commence déjà à faire entendre, sur les bords de la Néva, de nouvelles muses. Un fabuliste même y fait d'heureux essais dans le chemin tracé par Ésope, Phèdre et La Fontaine: peut-être pourra-t-on connaître et apprécier le genre de son talent et la tournure de ses pensées, par cette faible imitation d'une de ses fables.

LE RENARD ET LA MARMOTTE.

Où vas-tu, mon compère, et quel trouble t'agite?
Disait une marmotte assise dans son gîte,
En voyant le renard son voisin qui fuyait.

Ma commère, répond le matois inquiet,
Je suis chassé, proscrit, exilé par l'envie ;
Victime d'une noire et vile calomnie,
Mon honneur est en proie aux fureurs des méchans,
Tu connais ma candeur, mes modestes penchans.
Quelques poules aussi m'avaient choisi pour juge ;
Je cours au poulailler qui leur sert de refuge :
Là, des coqs orgueilleux, querelleurs et tyrans,
Par des combats cruels vidaient leurs différends :
De poulets expirans la terre était jonchée ;
Mainte poule criait, battue, effarouchée.
Sans goûter de repos, sans prendre aucun repas,
Je n'épargne pour eux ni mes soins, ni mes pas ;
La raison, la vertu leur parlent par ma bouche :
Mon éloquente voix les émeut et les touche.
A force de travaux, de fatigue et de temps,
Je ramène le calme entre les combattans ;
Je les rapproche tous, les unis, les accorde,
Et le silence enfin succède à la discorde.
On m'accuse pourtant de dol et de larcin,
Et je suis poursuivi comme un vil assassin.
Toi, qui connais mes mœurs, embrasse ma défense,
Et que ta probité venge mon innocence.
Il n'est plus de vertus à l'abri du soupçon,
Si de la calomnie on souffre le poison.
Tu me touches vraiment, réplique la marmotte :
J'en croirais tes discours et ta mine dévote ;
Ton plaidoyer, compère, est pathétique et beau ;
Mais prends garde au duvet qui couvre ton museau.

Oh ! combien de renards parmi les gens en place
Que l'on vante d'abord, et puis après qu'on chasse !
Leur zéle ardent et pur ne se reproche rien :
Croyez qu'ils n'ont jamais voulu que notre bien.
Mais, pauvres en entrant, riches à leur sortie,
Le bronze, l'acajou, la campagne jolie,
Et la maison de ville et le petit château
Sont *plumes* et *duvet* pendant à leur *museau*.

DU REPOS.

C'est un mot doux à l'oreille que celui de *repos*, et si doux qu'il peut donner du charme aux idées les plus funèbres. Le mot de *cimetière* porte au chagrin : il est triste et presque dégoûtant; celui de *champ du repos* dispose à une mélancolie paisible, colorée par l'espérance. Le premier rappelle la destruction de notre être et ses tristes débris; l'autre nous offre l'image de ces ombres heureuses que les anciens faisaient errer doucement dans les bosquets toujours verts de l'Élysée.

Pendant notre vie, le *repos* est le but que nous cherchons tous à atteindre, ou que nous prétendons désirer. Le mouvement n'est que le moyen d'y arriver, et l'ambition même, cette folle passion qui donnerait une idée du mouvement perpétuel, s'il pouvait réellement exister, paraît regarder, pour peu qu'on veuille la croire, le *repos* comme la volupté suprême qui doit être le terme de ses travaux. C'est ainsi que Pyrrhus, après avoir développé à son favori ses projets de conquête en Italie, en Sicile, en Grèce, en Asie, en Afrique, lui dit :

> Alors, cher Cinéas, victorieux, contens,
> Nous pourrons vivre à l'aise et prendre du bon temps.

Le désir des émotions nous fait penser que la vie est dans le mouvement; bientôt la fatigue et la paresse nous persuadent que le bonheur est dans le *repos*. Le fait est que la Providence, aussi sage que nous sommes insensés, a voulu que notre existence fût partagée entre le mouvement et le *repos*. Tout ce qu'elle a créé, tout cet immense tableau qui frappe nos regards mortels ou notre imagination intelligente, ne se compose que de perpétuels contrastes entre la lumière et l'ombre, la vérité et l'erreur, le bien et le mal, la raison et les passions, les sens et l'esprit, le *repos* et le mouvement.

Un mouvement continu et sans relâche serait pour l'homme un supplice égal à celui de Sisyphe; un *repos* sans interruption serait la mort du corps et de l'ame, et celui qui sait faire dans ce monde la meilleure distribution du temps entre ces deux besoins de notre existence, est certainement celui qui sait le mieux jouir de la vie.

Pour le bonheur des hommes, il serait bien à désirer que Dieu, nous aidant à bien régler ce partage, inspirât aux hommes bons et vertueux un peu plus d'activité, de mouvement; et aux méchans un plus grand besoin de *repos*; mais le contraire précisément arrive pour le malheur de l'humanité, et par-tout l'agitation violente des vices et des folies de tout genre triomphe de la paresse indolente qui semble vouer au *repos* la raison et la vertu.

On se tromperait si l'on donnait à la définition du mot *repos* un sens trop étendu; le *repos* ne peut être l'*immobilité* : physiquement il peut signifier la cessation du mouvement, mais moralement il n'en représente que la diminution.

Ceux qui cherchent le bonheur dans le *repos*, n'entendent certainement pas par-là l'anéantissement de toute sensation, de tout sentiment. Un homme d'esprit, M. Dubuch, a plus ingénieusement rendu leur pensée en définissant le bonheur, *l'intérêt dans le calme.*

On sait bien d'ailleurs qu'il n'existe rien d'absolu, et que tout est relatif; rien ne se mesure que par son contraire : si on ne voyait pas de laideur, on ne connaîtrait pas de beauté ; on ne comprendrait pas les idées de *force*, de *grandeur*, de *bonté*, sans l'opposition des mots de *faiblesse*, de *petitesse* et de *méchanceté*.

Un homme de cinq pieds serait un géant chez un peuple de nains. Le chasseur fatigué se livre à ce qu'il appelle le *repos*, en courant dîner chez ses amis et goûter ensuite le plaisir d'un concert. Pour l'homme laborieux, le changement de travail est un *repos*. Le sommeil n'est souvent qu'un *repos* agité, fatigant pour une conscience troublée, et doux seulement pour l'innocence.

La plupart des sentimens qui embellissent la vie parce qu'ils l'animent, sont incompatibles avec le *repos* : quand l'amour arrive à ce *repos*, il est bien près de sa tombe. Aussi Figaro ne disait pas sans raison que « la pauvre jeunesse est réduite à choisir entre *repos* » sans *amour*, ce qui est bien ennuyeux, ou *amour* sans » *repos*, ce qui se présente de bien meilleure grace. »

Ce *repos* qu'on désire tant lorsqu'on en est privé, dont on se dégoûte si vite dès qu'on l'a obtenu, est lui-même la cause d'un incroyable mouvement dans l'univers : voyez, pour satisfaire le besoin du *repos* qu'éprouve un riche voluptueux, pour qu'il s'étende sur un lit moelleux, ou voyage doucement dans sa dormeuse, pour qu'il goûte enfin le plaisir du changement de lieu sans changer de position, et celui du mouvement sans se mouvoir; voyez, dis-je, quel nombre immense d'hommes sont obligés de travailler d'esprit et de corps, et de se fatiguer sans relâche, afin de satisfaire les désirs nonchalans de cet ami du *repos*.

Tout est ainsi partagé dans le monde, et c'est parce qu'il y a beaucoup de gens qui ne veulent rien faire, que tant d'autres se voient condamnés au travail. Saint Chrysostôme suppose une ville toute peuplée de riches et une autre toute peuplée de pauvres; il assure que la première périrait par oisiveté, et que l'autre vivrait et prospérerait par le travail et l'activité. Je pense autrement; voici ce qui arriverait : la ville riche deviendrait pauvre et laborieuse, et la ville pauvre arriverait par l'industrie et la richesse au *repos*; ce *repos* deviendrait un objet de souffrance, d'ennui, de dégoût pour la première, tandis qu'il serait le but des désirs et la jouissance de la seconde.

Notre existence physique est sagement réglée par la nature; notre existence morale est fantasquement dirigée par les caprices de notre imagination. Aussi voyez comme la distribution du mouvement et du *repos* est raisonnable dans ce qui concerne notre partie animale: la nature, mère de nos besoins, nous porte au mouvement pour les satisfaire, et ensuite au *repos* dès qu'ils sont satisfaits; elle consacre le jour à notre activité et la nuit à notre tranquillité. Il n'en est pas de même de notre vie morale, rien n'est plus irrégulier; la lumière, vraie ou fausse de notre esprit, n'a ni *lever* ni *coucher* constant; vive ou modérée, selon nos caprices, tantôt c'est une lune douce et tranquille au milieu du jour, tantôt c'est un soleil ardent au milieu de la nuit.

Notre mouvement physique est presque uniforme comme la santé ; notre mouvement moral irrégulier comme la fièvre. Bossuet prétend que *l'homme est un être qui semble flotter dans les airs et vivre incertain entre le ciel et la terre.* D'un côté, dit-il, *il semble s'approcher des intelligences célestes, de l'autre il paraît au-dessous de la brute.*

Peut-être se trompait-il, car nous restons pour la plupart du temps comme brutes, soumis aux lois éternelles de la sage nature, tandis que, comme intelligence, nous nous approchons plus fréquemment de la folie que de la sagesse.

Avec un peu de bon sens, rien ne nous est plus facile que de distribuer dans nos journées le *repos* et le mouvement, de la manière la plus conforme à notre santé et à notre bien-être. Moralement, c'est une autre affaire : c'est un point sur lequel les plus sages se contredisent. En cette matière, nous sommes rarement d'accord avec nous-mêmes. Montaigne a dit avec raison que, *de même que les fièvres ont leur chaud et leur froid, de même nous retombons des effets d'une passion ardente dans les effets d'une passion frileuse.*

Le mouvement nous lasse ; le *repos* nous ennuie. Tantôt nous désirons tout ; tantôt nous sommes dégoûtés de tout ; quelquefois nous croyons ne pouvoir exister, comme l'abeille, qu'au milieu d'une ruche bruyante ; en d'autres momens, semblables à l'huître et au limaçon, nous ne nous plaisons qu'à rentrer solitaires dans notre coquille.

Une femme d'esprit, ornement du grand monde, Mme de Lambert, nous dit : *C'est dans la solitude que la vérité nous donne ses leçons ; là nous apprenons à* rabattre du prix des choses que notre imagination sait nous surfaire. *Le repos,* dit-elle, *allonge la vie; le monde nous dérobe à nous-mêmes, et la solitude nous y rend; n'y craignez pas l'inaction.* Pline nous apprend *qu'il vaut mieux passer sa vie à ne rien faire qu'à faire des riens.*

Voilà qui va le mieux du monde. Eh bien ! écoutez la même personne dans une autre situation d'esprit. *La retraite,* dit-elle, *a presque toujours trompé ceux qu'elle flattait de l'espérance du repos ; le monde leur a déplu, parce qu'ils n'ont pas assez plu au monde.*

Les Européens, actifs, turbulens, industrieux, consacrent, pour la plupart, leur vie au mouvement, à l'ambition, au travail : aussi écoutez-les ; le bonheur qu'ils se proposent pour terme est un *repos* éternel dans le sein de Dieu. Les Orientaux, indolens, inactifs, couchés sur leurs divans, engourdis dans leur sérail, passant leurs journées assis, à fumer et à prendre de l'opium au murmure d'une fontaine, espèrent, dans l'autre monde, un paradis peuplé de vives et ardentes houris, avec lesquelles ils se livreront à des transports sans terme et à des voluptés sans fin.

Le penseur Vauvenargues prétend que *la solitude et le repos sont à l'esprit ce que la diète est au corps.* Cette pensée est ingénieuse, mais ne décide rien ; car si une diète légère guérit, une diète trop longue tue.

Les hommes ne peuvent être comme les marmottes qui passent six mois de l'année sans remuer et sans se nourrir. D'ailleurs, qu'est-ce que la nourriture des ames ? Ce sont les émotions. Eh bien ! les uns en veulent de vives et les autres de douces. L'émotion est le mouvement moral. Quand nous n'en pouvons pas avoir de réelles, nous en cherchons de factices : c'est ce qui donne la vie aux arts ; et, malgré tous les événemens tragiques, les agitations véritables, les peines du cœur, les accidens funestes, dont nous ne sommes que trop entourés, nous courons encore verser des larmes au théâtre pour des malheurs imaginaires.

Le même Vauvenargues le sent bien malgré son stoïcisme : *Nous ne connaissons pas*, dit-il, *l'attrait des violentes agitations ; ceux que nous plaignons de les éprouver méprisent notre repos.*

Pour apprécier la douceur du *repos*, il faut d'abord désirer peu ; et pourtant rien n'est plus difficile. Montaigne, le plus modéré des hommes, l'éprouvait. *C'est un précepte salutaire, certain et d'aysée intelligence*, disait-il, *que celui-ci, contentez-vous du vôtre. Et cependant l'exécution n'en est pas plus facile au sage qu'à moi ; la seule variété me plaît, je hais les morceaux que la nécessité me taille ; la vertu, assignée aux affaires du monde, est une vertu à plusieurs plis, encoignures et coudes pour s'appliquer et se joindre à l'humaine faiblesse.*

Le stoïcisme qui, selon La Bruyère, n'est qu'un jeu d'esprit, nous crée un homme chimérique, tandis que le naïf Montaigne nous présente un homme réel. Au dire de ces fiers stoïciens, tout ce qui est étranger à nous, ne nous est rien. Notre *repos*, notre bonheur, sont en nous-mêmes ; et si, par notre faute, nous ne troublons pas l'ordre, c'est-à-dire, selon eux, le bien suprême, il n'est dans le monde aucun être, aucune chose qui puisse nous nuire, nous affliger et nous faire souffrir.

En vérité, ces prétendus sages sont les plus graves des fous : en criant, ils nient les douleurs de la goutte, et c'est en laissant échapper les larmes qu'ils renfoncent, qu'on les voit soutenir que la mort d'un ami ou d'un enfant ne doit pas plus ébranler l'ame que la perte d'un vase fragile.

La pauvreté ne les force à convenir d'aucun besoin, et la décrépitude n'a ni laideur ni infirmité pour eux. Leur philosophie n'est qu'une lutte de la vanité contre la nature, et l'exagération de leur sagesse la transforme en déraison.

Le bon La Fontaine, qui cueillait nonchalamment des vérités comme on cueille des fleurs, fait très-bien parler à ce propos son philosophe scythe. Voyez, dit-il, cet indiscret stoïcien :

> Celui-ci retranche de l'ame
> Désirs et passions, le bon et le mauvais,
> Jusqu'aux plus innocens souhaits.
> Contre de telles gens, quant à moi je réclame :
> Ils ôtent à nos cœurs le principal ressort,
> Et font cesser de vivre avant que l'on soit mort.

En effet, la vérité cesse là où l'exagération commence. Si vous retranchiez des maximes les plus contradictoires, et en apparence les plus déraisonnables, émises par les sages ou par les sophistes d'opinions diverses, ce qu'elles ont d'exagéré, vous seriez tout étonné d'en voir sortir de bonnes vérités.

Le philosophe chinois Confucius avait raison ; il cherchait en tout le milieu, parce que c'est dans ce juste milieu que se rencontrent toujours la sagesse et la vérité.

Si l'on attache un sens trop absolu au mot de *repos*, au lieu de conserver sa douceur, il devient un ennui ; car il est vrai, comme le dit La Bruyère, que *l'ennui est entré dans le monde par la paresse.*

Le véritable *repos*, tel qu'on peut le désirer, n'est qu'un mouvement ralenti qui tient le milieu entre l'agitation et la langueur. L'Écriture nous dit *que Dieu se reposa le septième jour de la création;* certes ce *repos* ne pouvait être une inaction totale, un *far niente* pour l'être qui anime et conserve tout quand il ne crée pas, pour ce principe éternel de tout mouvement et de toute activité.

C'est parce qu'on ne veut pas s'arrêter à une juste idée, que les hommes les plus spirituels se contredisent si souvent dans les éloges ou la satire qu'ils font du *repos*. La Bruyère dit dans un endroit *que la vie est courte et ennuyeuse, qu'on la passe toute à désirer, et qu'on remet à l'avenir son repos.* Ce repos, qu'il condamnait sous le nom de *paresse*, lui paraît à présent le but auquel on devrait tendre sans délai ; sous le nom de *mollesse*, il en fait encore un plus ingénieux éloge : *La mollesse*, dit-il, *est un fruit de la bonne fortune, ou un dédommagement de la mauvaise.* Par-là ce critique mordant des folies humaines prouve plutôt son esprit que sa raison. Variable dans ses jugemens, il confirme bien à son propre égard ce qu'il a dit en parlant des autres : *Un homme inégal n'est pas un seul homme, ce sont plusieurs : il est à chaque moment ce qu'il n'était pas, et il va bientôt être ce qu'il n'a jamais été ; il se succède à lui-même.*

On se trompe presque toujours en voulant rendre une définition trop précise. Toute langue est trop pauvre pour servir la richesse de notre imagination. Aussi nous n'avons souvent qu'un mot pour exprimer une foule d'idées diverses.

Voyez, par exemple, combien le mot de *repos* présente à l'esprit de nuances et de situations différentes. Le *repos* de l'homme qui dort est la privation du mouvement ; et celui qui veut se livrer sans distraction à l'occupation la plus active, au travail le plus fatigant, se sert du même terme, et conjure les importuns de le laisser en *repos*.

Le *repos* d'Achille, si funeste aux Grecs, ne venait que de l'extrême agitation de son ame ; son glaive était oisif ; mais l'amour de la gloire et la vengeance se livraient dans son cœur des combats plus cruels que ceux qu'il fuyait : ce *repos* était une colère violente.

Des *repos* plus apparens encore ne laissent pas d'être très-actifs. Vous demandez à voir une jolie femme : on vous dit qu'elle repose ; vous entrez chez elle, et vous la trouvez en effet assise nonchalamment sur un sopha ; mais à ses côtés est une femme de chambre adroite et active, qui l'aide, avec le plus grand soin, à compléter sa parure, à ceindre sa tête d'une élégante couronne, à relever l'éclat et la blancheur de son teint : ce travail est interrompu par un grand nombre de billets qu'elle reçoit et qu'elle écrit. Vous avez cru pénétrer dans le sanctuaire de la mollesse, et vous êtes dans la tente d'un jeune conquérant qui remplit son carquois et qui aiguise ses flèches.

Combien d'ailleurs n'existe-t-il pas de genres de *repos*, tous différens entre eux ? Le *repos* d'un gourmand rassasié est une végétation à peine semblable à la vie. Le *repos* d'un ambitieux chassé de sa place n'est qu'une triste maladie, dont quelques-uns ont même la bêtise de mourir.

Le *repos*, acheté par de longs et honorables travaux,

est une existence douce qu'animent de satisfaisans souvenirs. La volupté la plus vive de l'ame est peut-être celle du *repos* que goûte un homme vertueux qui vient de faire les plus grands efforts pour en sauver un autre.

Les pauvres sont, malgré ce qu'en disent certaines gens, les hommes qui ont le plus besoin d'être éclairés. Obligés de fuir le *repos*, ils n'ont que deux portes pour en sortir, celle du vice ou celle de la vertu; et La Bruyère nous rappelle très-justement que, *si la pauvreté est la mère des crimes, le défaut d'esprit en est le père :* d'où l'on peut conclure que ce philosophe de l'ancien régime n'aurait point condamné l'enseignement mutuel, dans le triste espoir de laisser jouir les pauvres du *repos* de l'ignorance.

J'écoute certainement avec un grand respect la haute et sévère doctrine des sages de l'antiquité; mais, malgré moi, ma faiblesse regimbe contre leur frein trop rude, et je me laisserais plus facilement mener par ces philosophes aimables et modérés qui me donnent des leçons plus douces, et dont la devise est *rien de trop*.

Épicure, avec ses dieux fainéans et le hasard pour maître, m'éloigne autant que Zénon m'effraie par sa dure insensibilité. J'aime mieux descendre doucement le fleuve de la vie sous la conduite du naïf Montaigne, du bon La Fontaine, du joyeux Horace; eux seuls me présentent, orné de fleurs, le *repos* que je comprends, que je souhaite et qui est à ma portée; repos charmant, également loin des tourmens et de l'ennui; repos animé par de légers désirs, satisfait par des plaisirs faciles; repos actif puisqu'il a produit sans fatigue des vers délicieux qui nous plaisent toujours et ne nous lassent jamais. Aussi je répète souvent avec le poëte romain :

>   Ami, que crois-tu que je pense,
>   Et que mon cœur demande aux dieux ?
>   De me conserver mon aisance,
>   D'en ôter même à volonté,
>   Pourvu que je puisse, en silence,
>   Des jours que le ciel me dispense,
>   Jouir en pleine liberté.
>   Livres et fruits en abondance,
>   Tranquillité sur l'avenir,
>   Voilà mon unique désir;
>   Voilà mon unique prière
>   Au maître des biens et des maux;
>   Santé ferme, aisance et repos ;
>   Quant au bonheur c'est mon affaire.

Tout le monde conviendra que cette philosophie est douce, raisonnable; elle nous montre un but à notre hauteur, un chemin fleuri pour y arriver, un guide aimable pour nous y conduire, et cependant combien de gens s'égarent encore en croyant suivre une pente si douce.

On ne se borne pas à éviter les fatigues, les agitations, les chagrins; l'ame devient souvent si molle, si efféminée, et l'imagination la rend si irritable, qu'un rien l'effraie ou la tourmente : la volupté craint une épine presque autant que la lâcheté craint un glaive.

Telle est, dit Sénèque, *la conséquence des raffinemens du luxe : les sens accoutumés aux émotions délicieuses s'irritent au moindre choc; l'ame et le corps sont, pour ainsi dire, désorganisés et gâtés par la volupté; on ne trouve plus rien de supportable, non par l'incommodité réelle des choses, mais par la faiblesse de celui qu'elles touchent. De là ces transports ridicules de colère pour une toux qui vous réveille, pour un éternuement qui vous distrait, pour une mouche qu'on ne peut chasser, pour l'aboiement d'un chien, pour le bruit d'une clef tombant par mégarde de la main d'un esclave. Enfin l'homme, ainsi amolli, ressemble à ces femmelettes qu'on voit tressaillir et s'emporter parce qu'une porte est fermée brusquement; tomber en défaillance pour avoir senti l'odeur d'une rose, et s'évanouir à la vue d'une souris.*

Il est certain qu'une délicatesse trop exquise ou trop recherchée donne à tout ce qui existe le droit et le moyen de troubler votre *repos*.

Ce qui d'ailleurs rend encore ce *repos* si difficile à saisir et à conserver, c'est qu'en le cherchant, même avec la modération convenable, avec ce jugement droit que Montaigne appelle avec raison *un outil propre à tout*, vous pouvez encore perdre votre peine et vos pas: car, en cette matière, rien ne dépend exclusivement de vous; de plus il vous faut l'aide de la fortune et le consentement d'autrui. Souvent le hasard et le prochain semblent conspirer pour vous ravir ce doux *repos* au moment où vous êtes prêt à vous y livrer.

Peu vous sert d'être sage si vous l'êtes seul; et, pour qu'un individu jouisse d'un tranquille loisir, il faut encore, ce qui est très-rare, que le vouloir de l'autorité et l'agitation de la cité n'y mettent point trop d'obstacles. Or, le *repos* est encore une chose bien autrement difficile pour les peuples et pour ceux qui les gouvernent, que pour les particuliers. Tous disent bien que ce *repos* est le but où tendent leurs efforts, mais, à vrai dire, c'est en lui tournant le dos que la plupart semblent le chercher.

Un homme, pour vivre en *repos*, a divers besoins qu'il faut satisfaire; si l'impôt absorbe une trop grande part de son revenu, adieu sa tranquillité. Il lui est nécessaire par conséquent de pouvoir se plaindre de ceux qui en font inégalement la répartition, et souvent ses plaintes lui attirent des ennemis qui troublent son *repos*. Si, dans son malheur, frappé de la justice de sa cause, il écrit sa pensée pour propager un meilleur système d'administration, et si, à la faveur de l'interprétation, la liberté dont il use est regardée comme licence et sa doctrine comme pernicieuse, que devient sa tranquillité?

L'homme industrieux n'est-il pas sans cesse exposé à voir sa féconde activité, mère de ses doux loisirs, entravée subitement par des réglemens improvisés et par les cent mille barrières que par-tout le fisc élève? Si la paisible croyance du vertueux Penn le séduit, et s'il veut y élever ses enfans, d'autres croyances ne viendront-elles pas le tourmenter dans sa retraite? Un artiste, enthousiasmé par l'élévation d'un grand caractère, ou indigné de la basse hypocrisie d'un grand personnage, ne se verra-t-il pas à tout moment en danger de perdre sa liberté ainsi que son *repos*, parce qu'il aura fait l'apothéose de la gloire, de la vertu, ou la caricature du vice? Et si, dans leur conscience, cet agriculteur, ce négociant, cet écrivain, ce poëte, cet artiste, ont donné leur voix à l'homme qu'ils regardent comme le plus éloquent, comme le plus capable de défendre leurs intérêts et de veiller au maintien de leur *repos*, n'est-il pas probable qu'ils seront regardés, par d'autres hommes intéressés aux abus, comme des adversaires du *repos* du gouvernement ?

Il ne faut point s'y tromper, l'intérêt personnel ne voit les objets qu'à travers un verre ardent qui les colore fortement et qui les grossit. La plupart des gouvernés voudraient pour leur *repos* diminuer le plus possible et même trop entraver l'action du pouvoir, tandis que les gouvernans regardent toute résistance qui ralentit ou qui arrête leur marche, et tout reproche contre leurs fautes, comme une atteinte dangereuse que l'on porte à leur liberté et à leur *repos*. C'est ce qui fait que les tribunes publiques trouvent si peu de partisans dans les cours; aussi, naguère un homme, revêtu d'une grande autorité, disait naïvement *que le gouvernement représentatif n'avait pas été inventé pour le repos des ministres.*

Ce mot de *repos* est presque toujours l'étendard sous lequel deux partis opposés disputent et combattent. L'un demande, pour assurer le *repos* individuel, qu'on le délivre des entraves qui le gênent, des surveillans qui l'épient, de la contrainte qui l'arrête, de l'arbitraire qui le punit. Quelquefois, passionné dans sa marche, il s'efforce de secouer non-seulement les chaînes qui pèsent sur lui, mais les liens qui lui sont nécessaires pour l'unir au corps social. D'un autre côté, c'est pour assurer le *repos* public, que le parti opposé, craignant l'agitation au moindre mouvement, et regardant toute liberté comme une avant-garde de la licence, se tourmente, et ne croit jamais trouver assez de réglemens, de surveillance et de force pour se tranquilliser.

C'est pour conquérir le *repos*, disent dans tous les siècles les révoltés, que nous nous armons contre le pouvoir, que nous proscrivons, que nous pillons, que nous exterminons nos adversaires.

C'est pour le *repos* de l'état et de l'église, disait l'Inquisition, que nous emprisonnons et brûlons les hérétiques, les Juifs et les Musulmans.

C'est en tout temps et par-tout, le désir du *repos* général qui a fait inventer les prisons, les geoliers, l'espionnage et les supplices.

Enfin, c'est sous le prétexte de conserver le *repos* du monde entier, que toutes les nations se font la guerre, et ont élevé au rang des arts les plus savans et les plus nobles, celui de percer, de sabrer, de fusiller et de canonner son prochain.

Ne voyez-vous pas en présence l'une de l'autre deux formidables artilleries, tantôt utiles et tantôt funestes, l'artillerie de la force et l'artillerie de la pensée, c'est-à-dire, les canons et les presses, se faire la guerre la plus acharnée ? Eh bien ! l'une prétend n'avoir d'autre destination que celle de défendre l'indépendance et le *repos* des gouvernemens; l'autre ne lance, dit-elle, ses flèches, que pour donner et conserver à l'homme ses droits, sa liberté et son *repos*.

Des deux côtés, il y a bien quelque chose de raisonnable dans ces prétentions; ce qui seulement y manque par malheur trop fréquemment, c'est la modération et la bonne foi ; c'est leur absence trop commune qui gâte tout, et c'est parce qu'on les consulte trop rarement, que les gouvernemens et les peuples s'agitent tant pour courir après un *repos* qui leur échappe toujours.

Au milieu de toutes ces contradictions, de tous ces obstacles, de toutes ces exagérations, ce qui est certain, c'est que les rois, qu'on encense ou qu'on offense tour-à-tour avec une égale injustice, sont de tous les mortels ceux qui doivent jouir le plus rarement et le plus difficilement du *repos*, précisément parce qu'il y a trop de gens qui se disputent l'honneur de leur assurer.

Leur position est étrange dans le monde : c'est la chose la plus rare pour eux que de voir s'approcher de leurs trônes un esprit sans déguisement, une langue sans artifice et un visage sans masque.

Chacun n'aspire qu'à faire de leur sceptre une arme pour ses propres intérêts; et tandis que, d'une part et loin de leur palais, des amis trop ardens de la liberté et du *repos* privé semblent vouloir que les princes soient, comme les dieux d'Épicure, sans mouvement et sans action, de l'autre, ceux qui les entourent demandent qu'ils aient toujours à la main le glaive comme Mars, et la foudre comme Jupiter.

Loin d'envier le sort du chef d'un peuple, je me sens toujours porté à le plaindre, convaincu de la vérité du dire de cet ancien, que *celui qui connaîtrait bien le fardeau d'un sceptre, ne se baisserait pas pour le ramasser.*

Je ne comprends pas comment leur raison peut résister à la contradiction perpétuelle des divers langages qu'on leur tient : quelques-uns, pour leur plaire, risquent, par leur flatterie, de les faire tomber dans l'ivresse et l'incurie les plus dangereuses. Ils les exaltent, les élèvent au-dessus des plus grands hommes de tous les temps, et cherchent à leur persuader qu'ils sont l'objet de l'admiration et de l'affection universelle. En vérité, il y aurait de quoi faire tourner la tête au plus sage, et il est bien nécessaire à tous les hommes puissans de se rappeler ces paroles très-raisonnables écrites par le panégyriste de la folie : *Qui peut se vanter*, dit-il, *des éloges qu'il reçoit, quand Homère a chanté les grenouilles et les rats; Virgile, le moucheron; Glaucus, l'injustice; le philosophe Favorin, la fièvre quarte; Sénèque, l'empereur Claude; et Lucien, l'âne.*

Un autre moyen, bien plus funeste, que prennent les courtisans pour plaire aux princes, c'est, en affectant un zèle inquiet et ardent pour leur *repos*, de leur persuader qu'ils courent de grands périls, que de toutes parts il se forme des trames contre eux, et qu'une grande rigueur peut seule affermir leur pouvoir. Par-là ils les précipitent dans de fausses mesures, changent l'affection des peuples en crainte, et font naître, par la multiplicité des mécontentemens, des dangers réels à la place de périls apparens.

Ils se gardent bien de leur dire qu'un monarque devrait toujours penser qu'il n'est pas une de ses journées qui ne devienne une page d'histoire, que chacun de ses sujets est un témoin inévitable de sa conduite, et que, sur leur témoignage, la postérité rendra son arrêt inexorable. Par de telles vérités ils craindraient de troubler le *repos* du prince, quoique ce fût le vrai moyen d'assurer ce *repos* pour le présent comme pour l'avenir.

Ces mêmes flatteurs ne songent pas plus à donner aux rois des nuits tranquilles que des jours heureux. Chacun sait qu'il n'y a point de nuit plus tourmentante que celle qui suit le jour où l'on s'est vengé, et qu'il n'en est pas de plus douce que celle qui succède au jour où l'on a pardonné. Mais ces flatteurs trouvent bien plus leur intérêt à pousser qu'à retenir la colère : aussi les voit-on s'irriter contre tout homme généreux qui ose parler de clémence aux rois.

Ils sont bien loin de voir cette vertu du même œil que *l'aigle de Meaux*. *La clémence*, dit Bossuet, *est la gloire d'un règne. La vie est si malheureuse d'elle-même, qu'il ne faut pas, s'il se peut, laisser passer dans l'accablement des jours si briefs. La mortalité nous rend faibles, et, dans cette fragilité, on fait aisément des fautes ; il faut donc se porter à l'indulgence, et excuser les faiblesses du genre humain.*

Si ces conseillers funestes qui excitent l'autorité à la rigueur sont de bonne foi, c'est une bien fausse idée du *repos* qui les trompe. La plupart raisonnent ainsi : « Faites-vous craindre, les peuples seront en *repos*, et le vôtre ne sera point troublé. » Machiavel, trop souvent leur oracle, ne s'égarait pas à ce point ; il dit quelque part : *Là où les peuples sont contens, les conspirations sont impossibles.*

Rien n'est durable comme le *repos* dont l'affection est la base ; rien n'est précaire comme le *repos* commandé par la crainte. Quand un pouvoir trop rigoureux croit avoir éteint le feu, il n'a fait que le couvrir ; que d'hommes, dans tous les siècles, ont pris le *repos* forcé de la liberté pour sa mort ! Plus le sommeil des peuples paraît profond, plus on doit craindre l'agitation de leur réveil. Si ce *repos* trop absolu se prolongeait, activité, industrie, prospérité, force nationale, tout s'engourdirait, et le chef de l'état, sans force contre les dangers extérieurs, perdrait bientôt lui-même son *repos* comme sa sûreté.

La Bruyère l'a dit, *quand le peuple est en agitation, on ne comprend pas par où le calme peut rentrer; et quand il est paisible, on ne voit pas par où le calme peut en sortir.* Aussi ce que la modération doit conseiller pour le *repos* général, c'est de maintenir les peuples dans un doux mais vif mouvement, mitoyen entre la violence et la langueur; il ne se trouve que dans la vraie liberté : c'est ce mouvement dont voulait parler Platon, en disant que *les essaims d'abeilles qui résonnent le plus et qui font le plus de bruit, sont les plus fructueux et les plus sains.*

Ce qui éloigne le plus, dans l'intérieur comme à l'extérieur, l'espoir du *repos* pour les gouvernemens et pour les peuples, ce n'est pas tant l'humeur trop remuante des uns, et la sévérité trop active des autres, que le manque de bonne foi; car il est évident que cette bonne foi est la seule planche solide sur laquelle, dans toutes les conditions, on puisse se reposer. Dès qu'elle disparaît, les hommes sans appui craignent tout et s'accrochent à tout; ce qui est corrompu ne tarde pas à tomber, et *le premier trait de la corruption des mœurs*, suivant Montaigne, *est le bannissement de la vérité.* Pindare dit que *la franchise est le commencement d'une grande vertu.* C'était la première qualité que Platon demandait au gouvernement d'une république. *Mentir*, dit un ancien, *c'est montrer qu'on méprise Dieu et qu'on craint les hommes.*

Je sais bien qu'en politique on décore souvent la tromperie du nom de finesse; mais, au vrai, la finesse n'est autre chose que la petite monnaie de la fausseté. Pour ma part, j'ai toujours cru marcher plus directement à mon *repos* en profitant des discours de l'inimitié qui me montrait mes fautes, qu'en me laissant égarer par les louanges flatteuses qui me les cachaient : la flatterie nous laisse surprendre, la malveillance nous avertit.

La plus utile vérité qu'on puisse dire aux hommes puissans pour assurer leur *repos*, se trouve dans ces paroles de Plutarque : *Le principal avantage de la justice et de la bonne foi, c'est de rendre la force inutile.*

L'erreur la plus commune, celle qui nuit le plus à notre *repos*, est une erreur qui m'étonne toujours à tel point, que j'ai peine à la distinguer de la folie. On conçoit qu'un homme embarqué sur un vaisseau, cherche, malgré la fureur des vents, l'agitation des flots et la secousse du *roulis* et du *tangage*, à s'asseoir, à se coucher, à se tenir le plus commodément possible, et à jouir ainsi de la seule espèce de *repos* et de bien-être que lui permettent les événemens de la navigation et les caprices des élémens. Mais pourrait-on comprendre celui qui, dans une telle position, voudrait absolument jouir sur un navire d'un *repos* aussi stable, d'une immobilité aussi parfaite que dans un logement bâti sur la terre ferme? Et ne serait-il pas insensé, s'il se plaignait sans cesse de voir dans sa marche les vents et la température changer continuellement?

La vie humaine n'est qu'un point imperceptible dans l'espace et dans le temps. Le temps, *cette image mobile de l'immobile éternité*, crée, renouvelle et détruit tout. C'est un tableau mouvant dont les scènes variées se déroulent à nos yeux et changent sans cesse. La vie de l'homme le mieux traité par la nature dure à peine un siècle; et l'on sait avec quelle rapidité ce siècle s'écoule. Supposez, dans la même famille, quarante centenaires seulement qui se soient succédés, et voyez, depuis les querelles de Marius et de Sylla jusqu'à l'époque moderne de la république, de l'empire et de la restauration, combien ce peu d'hommes auront vu briller, disparaître et s'élever de royaumes, de républiques, d'institutions et de cultes différens, combien de fois, en naviguant sur cet océan des âges, ils auront vu de révolutions dans les mœurs, de tempêtes, de naufrages, de destructions, de mondes nouveaux; et ensuite abstenez-vous de rire, si vous le pouvez, en écoutant ces pygmées orgueilleux qui croient la nature bouleversée parce que le temps, dans son vol rapide, froisse de son aile de précaires grandeurs et des biens fragiles; parce que son flambeau éclaire ce qui était dans l'ombre; et parce qu'enfin la roue de la fortune, qui ne s'arrête jamais, élève ce qui était en bas et abaisse ce qui était élevé.

Au lieu de se soumettre à la nécessité de vivre selon le temps, de chercher, ainsi que la sagesse le veut, à maintenir leur ame dans un état de calme, et de voguer doucement au gré du courant, de manière à arriver au port et non sur l'écueil, ils aiment mieux fermer les yeux pour ne pas voir d'autres rivages que ceux qui leur plaisent; ils s'efforcent de remonter le courant au risque d'y périr, et s'aveuglent au point de croire que le vaisseau qui les entraîne cesse de marcher, parce que leur volonté s'oppose à ce mouvement, et que leur imagination le nie.

D'où vient ce phénomène? C'est que, de même qu'on voit le soleil immobile au milieu des planettes qui tournent autour de lui, et n'ayant qu'un mouvement de rotation sur lui-même, de même il existe aussi dans notre ame non pas une vraie, mais une fausse lumière, un astre bizarre, *l'orgueil humain*, qui veut garder son immobilité au milieu du mouvement universel, et ce point imperceptible d'une vaste circonférence se croit un centre autour duquel tout doit tourner sans jamais lui porter atteinte.

Vainement un poëte, M. Chénédollé, s'efforcera de rappeler à ces esprits superbes, dans un tableau tracé avec autant de feu que de vérité, les rapides révolutions du monde; ses vers sublimes ne frapperont que leur oreille et glisseront sur leur cœur. C'est inutilement qu'il leur dit:

> Il faut ici des temps interroger l'oracle,
> Et du monde changeant étaler le spectacle.
> Entendez-vous le bruit de ces puissans états,
> S'écroulant l'un sur l'autre avec un long fracas?
> C'est Sidon qui périt, c'est Ninive qui tombe:
> Tous les dieux de Bélus descendent dans la tombe.
> Nil! quels sont ces débris sur tes bords dévastés?
> C'est Thèbe aux cent palais, l'aïeule des cités.
> Cherchons dans le désert les lieux où fut Palmyre.
> Restes majestueux qu'avec effroi j'admire,
> O temple du soleil! palais resplendissans!
> Voilà de vos grandeurs ce qu'ont laissé les ans!
> Quelques marbres rompus, des colonnes brisées
> Des descendans d'Omar aujourd'hui méprisées,
> Et les pompeux débris de ces vieux chapiteaux,
> Où vient la caravane attacher ses chameaux;
> Où, lorsqu'un ciel d'airain s'allume sur sa tête,
> L'Arabe voyageur nonchalamment s'arrête,
> Et, las des feux du jour, s'endort quelques instans
> Sur les restes d'un dieu mutilé par le temps.

Les orgueilleux frémiront, ne le croiront pas, et ne pourront cependant lui répondre!

En effet, tout change, tout passe, tout finit, tout se renouvelle éternellement dans l'univers; les globes se forment et disparaissent; de vastes continens sont engloutis dans les abîmes de l'Océan; il abandonne ensuite d'immenses régions qui s'élèvent, se sèchent, s'affermissent et se peuplent. On voit des républiques guerrières, des royaumes florissans, des empires dominateurs naître, s'accroître, briller, se dissoudre et s'anéantir. Cependant au milieu de ce mouvement continuel, de ces révolutions successives, de ce fracas d'élémens troublés, de globes créés ou anéantis, de trônes et de temples fondés et détruits, il reste quelque chose de fixe : c'est *l'orgueil humain*; c'est lui seul, au dire des chrétiens comme des philosophes, qui cause tous nos malheurs et trouble notre *repos*. Cet orgueil, entraîné sans s'en douter par les passions les plus funestes, l'envie, la colère, la vengeance et l'injustice, se flatte de rester inattaquable aux traits de la vérité, et de braver même la faux du temps.

Ce *repos* chimérique, cette prétendue immobilité dont ils se glorifient, mérite d'être nommé autrement; car ce n'est, à vrai dire, qu'une éclipse de la raison.

Si quelques hommes ne se trompaient ainsi que pour eux-mêmes, ce serait un léger malheur; mais, hélas! cette fausse idée du *repos* que se forgent les orgueilleux, trouble le *repos* universel, gêne les mouvemens de chacun, et voudrait nous forcer tous à respecter leurs rêves et à marcher, comme eux, les yeux fermés. Ah! que ne puis-je au moins, pour leur *repos* comme pour le nôtre, convertir tous ces orgueilleux au doux culte de la paresse. La paresse des ambitieux assurerait le *repos* du monde. Ils ne me croiraient probablement pas; mais ils écouteront peut-être avec plus de bienveillance ces vers d'un homme de la cour de Louis XIV, du marquis de La Fare.

> Je chante tes bienfaits, adorable paresse,
> Toi seule dans mon cœur as rétabli la paix;
> C'est par toi que j'espère une douce vieillesse,
> Qui va me devenir plus chère que jamais.

Ah! de combien d'erreurs et de fausses idées
Tu détrompes celui qui s'abandonne à toi!
De l'amour du *repos* les ames possédées
Ne peuvent reconnaître et suivre d'autre loi.
Tu fais régner le calme au milieu de l'orage ;
Tu mets un juste frein aux plus folles ardeurs;
Tu peux même élever le plus ferme courage
A ce digne mépris que tu fais des grandeurs.
De la tranquillité compagne inséparable ,
Paresse, nécessaire au bonheur des mortels,
Le besoin que l'Europe a d'un *repos* durable
Te devrait attirer un temple et des autels.

LE PALAIS-ROYAL,

OU

HISTOIRE DE M. DU PERRON.

CONTE.

La plus importante étude pour l'homme est celle de l'homme; et, quand il y consacrerait tout son temps, sa vie entière, durât-elle un siècle, ne lui suffirait pas pour approfondir cet inépuisable sujet.

Malgré tous les paradoxes des sophistes, ce que chacun sent avec le plus d'évidence, lorsqu'il médite sur lui-même, c'est que l'homme est un être double, ame et corps, intelligence et matière, demi-dieu et animal : c'est un esclave soumis à deux maîtres, *la volonté des sens et celle de l'esprit.*

Par malheur ces deux maîtres s'entendent fort peu : l'un d'eux veut le porter au ciel, l'autre s'efforce de l'abaisser et de l'attacher à la terre; l'un cherche à le renfermer dans le cercle du présent, l'autre à l'élancer dans l'avenir.

Oui, tout est double en nous; et l'homme, qui à lui seul est vraiment un petit monde, se voit, ainsi que le monde dont il est l'image, livré continuellement aux combats de la lumière et de l'ombre, du mal et du bien, de la création et de la destruction, du chaud et du froid, de l'attraction et de la répulsion, du mouvement et du repos.

Comme mon intention, dans ce moment, n'est pas d'approfondir un sujet si grave, étant plus porté pour l'instant à jeter sur l'espèce humaine le regard moqueur de Démocrite, que l'œil larmoyant d'Héraclite, je me bornerai à examiner les deux penchans contradictoires qui nous poussent alternativement au repos et au mouvement.

Comme je ne crois pas les autres hommes faits autrement que moi, il faut bien que je les juge à peu près tels que je suis : j'avoue que toute ma vie je me suis vu ballotté entre la curiosité et la paresse, entre le désir de savoir et une sorte de répugnance pour étudier. Le *far niente* est si doux, le travail est si rude ; on a besoin d'efforts pour l'un, pour l'autre il suffit de se laisser aller. Sans l'aiguillon des besoins, le pauvre passerait ses jours à ne rien faire ; et, sans le mal que cause l'ennui, la vie du riche ne serait qu'un long sommeil.

Il paraît que dans cette lutte, la paresse l'emporte le plus souvent ; et, malgré quelques exceptions rares, je suis persuadé que, si l'homme le plus actif et le plus laborieux, Voltaire, par exemple, recommençait sa vie, et qu'il voulût, dans cette seconde existence, reprenant à rebours la première, employer activement tout le temps qu'il a perdu, et perdre tout celui qu'il a employé, la somme de ses travaux serait presque centuplée.

En nous voyant à tous les mêmes germes de défauts et de qualités, nous devons bien rendre hommage à la croyance qui nous fait tous descendre du même père, car nous avons tous des traits de famille plus ou moins prononcés ; nous partageons tous le lourd héritage des sept péchés, et le mince legs des quatre vertus nommées, je ne sais pourquoi, *cardinales*.

Au reste, à cet égard, nous avons tous réciproquement très-peu à nous vanter ou à nous plaindre comme légataires ; le partage n'est pas si inégal que notre vanité semble parfois le croire ; et nous deviendrons bien plus indulgens, si, nous mesurant avec justice, nous venions à reconnaître combien il y a peu de différence entre nous relativement à cette richesse et à cette pauvreté morale.

Ces différences nous paraissent grandes, parce que nous sommes petits. L'habitant des plaines nomme montagne tout ce qui ne paraîtrait aux montagnards qu'une petite colline ; une paille est une poutre pour la fourmi. Aux yeux de la sagesse éternelle, nos fous et nos sages diffèrent peu. Ce que nous appelons *un original* n'est qu'un être fait comme nous, et dont les traits seulement sont un peu plus prononcés.

Cependant cette originalité, quand nous la rencontrons, nous étonne, nous choque, nous irrite ou nous fait rire ; nous croyons n'avoir rien de commun avec elle ; il nous semble même qu'on nous montre un être idéal, tandis que c'est peut-être notre propre image que nous voyons seulement dans un miroir qui la grossit.

Ces réflexions me venaient l'autre jour dans un moment où, me sentant pressé par une vive curiosité qui m'excitait à sortir, et retenu par une langoureuse paresse au coin de mon feu, je ne pouvais me décider ni au mouvement ni au repos.

Un de mes amis, entrant alors chez moi, fut témoin

de cette incertitude, en rit, et, pour me montrer à quel point d'originalité quelques individus pouvaient porter ce contraste d'activité curieuse et de paresse insurmontable, me raconta l'histoire suivante :

« J'ai connu, me dit-il, un jeune Anglais beaucoup plus tourmenté que vous par la curiosité et par la paresse. Vous avez le désir de vous instruire et de connaître ; ce désir était chez lui une véritable passion ; vous vous sentez un peu de répugnance pour le travail ; cette répugnance était chez lui une aversion ; enfin, vous lisez, vous étudiez quelquefois, vous écrivez même souvent, et, tandis que vous vous plaignez de votre indolence, la critique pourrait fort bien se plaindre de votre trop féconde activité ; mon Anglais, au contraire, ne lisait rien depuis que la férule ne l'y contraignait plus ; loin d'écrire pour son plaisir, il ne pouvait se résoudre à répondre aux lettres urgentes, et ses affaires en souffraient même tellement que, jouissant d'une fortune considérable, il s'était trouvé quelquefois dans l'embarras de la pauvreté, semblable à notre vieux prince de Conti auquel, après une longue patience, les fournisseurs cessèrent une fois, dit-on, d'envoyer les denrées les plus nécessaires à sa maison, parce que bien qu'il fût très-riche et très-généreux, depuis plusieurs années il avait refusé de rien signer, même pour toucher ses revenus.

Le jeune Anglais dont je vous parle, se nommait lord Littlehead : il était jeune, beau, spirituel, comblé par la nature et par la fortune de tous les dons qu'elle distribue pour l'ordinaire si sobrement. Comme elles, ses parens l'avaient gâté ; et, lui ayant, par système, laissé constamment la liberté de satisfaire, dans son enfance, toutes ses petites volontés et tous ses jeunes caprices, il en résulta, lorsqu'il fut homme, l'impossibilité de se contraindre en rien et d'assujettir ses penchans à aucune règle déterminée.

Heureusement ces penchans, qui auraient pu être vicieux ou méchans, ne furent qu'incertains et contradictoires. Ce jeune lord, bon et humain, n'éprouvait que deux vifs sentimens, le désir de tout savoir et le plaisir de ne rien faire: Vous en devinez la conséquence: devenu totalement libre par la mort de ses parens, il ne sut à quoi se déterminer, ne prit aucun parti entre le célibat et le mariage, passa plusieurs années à rouler dans sa tête une foule de projets qu'il n'exécuta pas, et ne sut jamais se décider à rester dans l'ignorance, ni à étudier pour en sortir.

Enfin, un vieux parent, auquel il avait confié son embarras, le tira momentanément de cette perplexité: vous brûlez de savoir, lui dit-il, et vous ne voulez pas lire; je ne vois qu'un moyen pour satisfaire la curiosité de votre esprit, sans contrarier sa paresse: vous ne pouvez consulter les livres, étudiez les hommes et voyagez.

Ce trait de lumière le frappa; il partit: mais son incurable paresse, voyageant avec lui, trouvait encore moyen de combattre sa curiosité; elle l'arrêtait à chaque pas et le retenait souvent des semaines entières dans le lieu le moins propre à fixer son attention, de sorte qu'il employa une année pour se rendre de Londres à Bruxelles, et de Bruxelles à Paris.

Cet essai infructueux lui fit facilement comprendre qu'il ne pouvait tirer aucun profit du sage conseil de son parent. Or, voici le nouveau raisonnement qu'il fit : il est bien évident que je ne puis étudier ni voyager ; je ne veux pourtant pas renoncer à m'instruire, et je n'en vois qu'un seul moyen ; j'aime la conversation ; Paris est le centre où se réunissent les hommes d'esprit, les savans, les voyageurs de toutes les parties du monde ; causons avec eux, sur-tout avec les voyageurs ; butinons comme l'abeille, approprions-nous le savoir d'autrui : ceux qui ont beaucoup vu se plaisent à beaucoup raconter ; écouter ne fatigue pas : celui qui écoute plaît aux autres, et s'enrichit sans appauvrir personne. Voilà mon parti pris : je ne travaillerai pas, mais je vais pomper a science des autres.

S'étant ainsi décidé, l fit appeler le perruquier de l'hôtel où il logeait, jugeant avec raison que, les hommes de cette profession étant ceux qui, par nécessité, couraient le plus, voyaient le plus de monde, et savaient le mieux ce qui se faisait et se disait dans Paris, il saurait tout de suite par lui dans quel lieu il pourrait le plus facilement trouver réunis les hommes et les choses qui excitaient sa curiosité.

Le perruquier n'hésita pas. Milord, lui dit-il, il est un lieu où vous trouverez tout à la fois ce qu'il y a dans Paris et dans le monde, de meilleur et de pire, de rare et de commun, de sérieux et de comique, de national et d'étranger ; c'est le panorama de l'univers. Logez-y, milord, dînez-y, soupez-y, achetez-y beaucoup ; mais, si vous y jouez, munissez-vous de sang-froid et de prudence. Si vous êtes curieux, vous y trouverez des gens bien plus curieux que vous. C'est le lieu où il est le plus agréable d'ouvrir ses yeux et ses oreilles, et le plus nécessaire de fermer prudemment sa bouche ainsi que ses poches.

Et comment s'appelle ce lieu singulier, dit le lord?
— C'est le Palais-Royal, répondit le joyeux perruquier:
en voici, pour vous le faire connaître, une petite esquisse en chanson.

Air : *A pied comme à cheval.*

Tout autour d'un jardin
C'est un grand magasin
Où sont restaurateurs,
Agioteurs;
Fracs, pantalons, gilets, spencers,
Polichinelle, ombres, concerts,
Meubles, bonbons, bonnets, cheveux,
Bourse à coulans, bourses à nœuds,
Et fripons tout prêts à s'y glisser
Pour vous en débarrasser.
Grands cafés
Bien chauffés;
Bals très-bien étoffés;
Animaux différens et vivans,
Les uns laids, furieux,
Les autres gracieux,
Et d'autant plus à mon goût
Qu'ils ne sont pas cruels du tout.
On y trafique pour sa part
Des effets du tiers et du quart;
On y sait quand les *bons*
Ne sont pas bons..
Enfin, sans s'en apercevoir,
On y perd plus que son avoir;
On y parle sans rien savoir,
On y regarde sans rien voir:
Rien au monde enfin n'est égal
A ce fameux Palais-Royal.

Le lord, enchanté du perruquier et de sa chanson,
suivit son docte conseil et s'établit au Palais-Royal dans
un appartement vaste et commode.

La variété infinie d'hommes et d'objets qui se présentaient sans cesse à ses regards, sans qu'il se donnât la peine de les chercher, l'occupa doucement et si agréablement que, pendant trois mois, il oublia tout-à-fait qu'il voulait tout savoir et ne savait rien.

Enfin, lorsqu'il se fut blasé sur le plaisir de parcourir les magasins de toute espèce, de jeter les yeux sur les journaux de toutes couleurs, d'essayer des restaurateurs de tout étage et de tout prix, d'admirer, sous toutes les formes possibles, les beautés tantôt paysannes, tantôt bourgeoises, et tantôt nymphes, de ce harem européen, de passer ses après-dînées à pleurer avec Mlle Duchesnois, à frémir avec Talma, à éprouver avec Mlle Mars les émotions les plus vives et les plus variées, à rire avec polichinelle, à prendre ensuite son thé dans de riches salons, et des glaces dans un beau jardin, il se trouva qu'il avait bien reçu quelques leçons de géographie au Cosmorama, de religion dans la gazette, d'histoire ancienne au théâtre, d'histoire moderne dans les journaux, de littérature dans les feuilletons, et de politique dans les cafés; mais ce fut avec tant de confusion, de contradictions, qu'il n'en restait dans sa tête, pour résultat, qu'un informe chaos. Son but principal était manqué; il n'avait rencontré que rarement quelques voyageurs; ils avaient paru et disparu à ses regards, à peu près comme les ombres chinoises, de sorte qu'il n'avait pu suivre aucun entretien ni former aucune liaison avec eux.

Déjà l'ennui et le découragement commençaient à le gagner, lorsqu'en déjeûnant à la Rotonde, il revit son perruquier qui, sans l'apercevoir, courait vers le café des Aveugles. Il l'appela et lui demanda s'il connaissait quelque endroit où il fût assuré de trouver réunis des voyageurs étrangers de quelque distinction.

Je pourrais vous répondre, milord, dit le perruquier, par les paroles d'un écrivain dont le nom fait beaucoup de bruit dans les galeries du Palais-Royal, et vous dire *par-tout et nulle part*, car en tous lieux on rencontre ces voyageurs, et ils ne se fixent en aucun endroit.

Cependant je puis vous indiquer une très-bonne pension où les plus gourmets dînent ensemble, une maison de jeu où les plus riches se ruinent, et un pacifique *club* dit *des échecs*, où les plus sages, après avoir parcouru dans la journée tous les musées et toutes les bibliothèques de Paris, s'amusent le soir à faire combattre ensemble, en silence, les rois, les dames, les fous et les chevaliers, sans répandre le sang ni l'argent du peuple.

Lord Littlehead écrivit sur ses tablettes les numéros des maisons que lui indiqua le perruquier. Dès le jour même, il s'abonna à la pension, au club, visita la maison de jeu, et, à sa grande satisfaction, il trouva enfin tout ce qu'il avait si long-temps désiré.

Cependant, si les voyageurs, avec lesquels il y fit connaissance, le tirèrent de sa langueur et ranimèrent ses espérances, ils ne satisfirent point pleinement son insatiable curiosité. Les uns étaient trop lourds, trop pédans; les autres trop légers; tous trop occupés à parler de ce qu'ils ne savaient pas pour s'amuser à raconter ce qu'ils savaient le mieux.

La conversation ne se faisait qu'à *bâton rompu*, ou effleurait tout sans rien approfondir, et là, comme ailleurs, le poison de la société, la politique, se mêlant à tous propos aux entretiens les plus instructifs, en chassait bientôt la concorde et la raison.

Le jeune lord se serait encore, pour la centième fois, découragé, s'il n'eût été heureusement soutenu par la rencontre qu'il fit d'un petit vieillard, vif, savant, curieux, complaisant, attentif, citant à propos, parlant avec justesse, écoutant avec obligeance, racontant avec facilité, raillant avec mesure, et redressant ses interlocuteurs avec la douceur d'un homme instruit qui semblait mieux connaître qu'eux toutes les choses, les événemens et les hommes dont ils parlaient. Ce petit vieillard fréquentait habituellement les trois maisons où l'Anglais passait ses journées ; et un attrait réciproque les rapprocha de plus en plus.

Bientôt le jeune lord, encouragé par la confiance que lui montrait et que lui inspirait son nouvel ami, lui fit l'aveu de ses faiblesses, de ses penchans contradictoires, de ses perplexités, et particulièrement du désir qu'il avait eu et qu'il sentait encore quelquefois, celui de voyager pour s'instruire.

Vous feriez bien, dit le vieillard ; *quiconque*, dit La Fontaine, *a beaucoup vu doit avoir beaucoup retenu*. Je suis vraiment fâché que mon âge et mes goûts m'empêchent de vous accompagner ; mais nous pouvons essayer, au moins en idée, ce tour du monde que je ne puis plus faire en réalité. Il y a bien peu de parties de ce monde qui ne me soient connues ; toutes sont gravées profondément dans ma vieille mémoire, et je puis, peut-être mieux que personne, dans ce plan de vos voyages, vous servir de guide. Voyons, par où commencerons-nous, et dans quel hémisphère ? Sera-ce par le Nord, par l'Orient, par le Midi, ou bien nous transporterons-nous d'abord en Amérique ?

Commençons, dit le jeune Anglais, par les états du Nord.

Par la Scandinavie, dit le vieillard; vous avez raison, c'est la contrée que le Goth Jornandès appelait *la fabrique du genre humain*. Ce sont les forges où se sont fabriquées les foudres qui ont renversé l'empire des Césars; enfin c'est des glaces du Septentrion que sont partis tous les conquérans de l'Occident, et les fondateurs de tous les gouvernemens de la nouvelle Europe.

Comme nous ne faisons ici ni un livre d'histoire, ni un livre de voyage, je ne vous raconterai point en détail toutes les longues, curieuses et instructives conversations du vieillard que lord Littlehead avait pris pour guide dans ses courses imaginaires. Il suffira, pour en donner une idée, de dire que le vénérable conducteur parlait de tout, des événemens, des lieux, des hommes, avec une aussi parfaite connaissance que si tous ces objets étaient présens à ses yeux; ses récits étaient des tableaux, et, en l'écoutant, il était impossible de savoir s'il avait vu ce qu'il racontait, ou si c'était seulement le fruit de ses lectures et de ses conversations.

Les malheurs de la reine Mathilde furent le premier drame de sa narration ; il avait parlé plusieurs fois au feu roi de Danemarck, et même, en examinant son maintien dans un bal, il avait prédit que ce prince perdrait un jour la raison.

La révolution de Suède eut son tour ; il en avait entendu conter tous les détails à Gustave III. Passant ensuite à d'autres événemens, comme il avait été lié avec le trop fameux Ribing, l'un des conjurés qui tranchèrent les jours de ce même roi, il fit connaître à l'Anglais, son pupille, toutes les anecdotes recueillies sur cette horrible catastrophe, et particulièrement l'aventure de cette sorcière qui, plusieurs années auparavant, avertit Gustave de se méfier de la première personne, vêtue d'un habit rouge, qu'il rencontrerait en retournant à Stockholm. On se souvient qu'alors le roi rencontra effectivement ce même Ribing, jeune courtisan, léger, insouciant; il était en uniforme rouge, et le roi rit beaucoup d'une prédiction qui cependant depuis se vérifia.

La Russie n'était pas moins bien connue par le vieillard : on eût dit qu'il avait été témoin de tous les prodiges opérés par Catherine, et qu'il l'avait même suivie dans son romanesque voyage de Crimée. La princesse d'Arschkow lui avait raconté ses intrigues politiques; André Schwalow lui avait montré ses vers, et Strogonoff ses bijoux. Paul Ier l'avait étonné par la petitesse de sa stature, l'impératrice sa femme par l'éclat de sa beauté.

Le lord ne se lassait point, en suivant son guide, de parcourir avec lui le Kamtschatka et la Sibérie; il lui semblait voir le jeune Lesseps monté sur un traîneau et emporté sur les glaces par les chiens qui tiraient sa voiture légère, et qui, malgré ses efforts, s'étaient élancés avec fureur, loin de toute route, à la poursuite d'un cerf.

La Chine inhospitalière n'avaient pas pu se soustraire à la curiosité du vieillard : Pékin lui était connu comme Paris; et il en conservait un fort beau plan qui lui avait été donné par le comte Boutourlin.

Les deux voyageurs ne tardèrent pas à se transporter dans la presqu'île de l'Inde. L'Anglais apprit par son conducteur tous les progrès de l'asservissement du peuple le plus ancien et le plus pacifique du monde.

Le vieillard, qui s'était lié quelque temps avec deux nababs de la cour de Tipoo-Saïb, enchanta son élève en l'instruisant de la religion des brames, de la division des castes; il lui fit voir, comme dans un tableau, la grande pagode de Jagrenat, les pompeux sacrifices où les Indiens en foule se jettent et périssent sous les roues du char qui porte leurs dieux, et ces funèbres cérémonies où les veuves les moins fidèles se brûlent par vanité sur le bûcher de l'époux qui pour l'ordinaire leur était indifférent.

Vous croyez bien que l'Égypte ne fût pas oubliée. Le vieillard se plaisait à redire nos exploits, la mort tragique de Kléber; sa narration était si vive que l'Anglais applaudit involontairement avec transport, au moment où il lui montrait toute une armée, l'armée française, s'arrêtant, poussant un cri d'admiration à la vue de l'antique Thèbes, et les soldats élevant sur leurs armes, comme sur un pavois, le savant Denon, pour qu'il pût à l'instant crayonner cette vue magnifique.

Comme le vieillard s'était lié avec quelques Mamelucks, et avait même connu la fille du baigneur de Rosette, mariée à un de nos généraux, il ne laissa rien ignorer à son disciple de ce qui concernait les mœurs égyptiennes.

La Perse attira ensuite leurs regards. L'Anglais y retrouva le système féodal presqu'oublié dans l'Occident. Le vieillard connaissait beaucoup l'un des favoris du roi de Perse, Asterkan, dont les entretiens lui avaient fait prévoir que la Perse, qui se civilisait et qui disciplinait ses troupes, ne tarderait pas à remporter d'éclatans triomphes sur les Ottomans.

Infatigables dans leurs courses idéales, les deux amis

entrant en Turquie, y virent tous les symptômes qui annoncent la dissolution et la chute d'un empire. Le vieillard s'était lié d'amitié avec l'un des grands officiers du sultan, honoré par lui de plusieurs missions de confiance. C'était un homme sage, pour son temps et pour son pays : contre l'usage des Musulmans, il n'avait qu'une femme, qu'il aimait avec passion ainsi que sa fille. Ce fut par lui qu'il apprit avec surprise que l'empire turc, loin d'être, comme on le croyait vulgairement, une monarchie despotique, était devenu une république anarchique, gouvernée par les ulémas, assemblée bizarre composée d'imans ou prêtres, de juges ou cadis, de gouverneurs ou cadis leskiers, et de militaires ou chefs des janissaires, qui étranglaient les sultans toutes les fois qu'ils paraissaient vouloir reprendre le sceptre, c'est-à-dire, le sabre, ou bien faire un peu reculer l'ignorance et le fanatisme devant la science et la raison.

Après avoir fait une course rapide dans la Palestine, et suivi le Génie du Christianisme sur cette terre désolée qui n'offre plus de monumens historiques qu'un tombeau, le vieillard, sans laisser reposer son disciple, sans lui permettre même de se rafraîchir avec *un petit flacon d'eau bourbeuse du Jourdain*, le transporta en Grèce.

L'entretien sur cette ancienne patrie de la gloire et des Muses se prolongea plusieurs jours; et le jeune lord, que tant de ruines avaient attristé, apprit enfin avec transport, par son vénérable guide, tous les détails des exploits récens des Grecs de nos jours, qui, malgré l'abandon où les laissent tous les froids héritiers des croisés, ressuscitent la liberté et brisent avec sa lance le joug du croissant.

Pour appuyer son récit, le vieillard appela en témoignage un Grec qui se trouvait près de lui, et le hasard voulut que le lord entendît le récit de ces faits récens dans un riche salon où présidait une femme superbe, habillée en Minerve, le casque en tête, l'égide au bras, la pique à la main, donnant avec fierté ses ordres à de jeunes et élégantes Grecques, qui présentaient aux deux voyageurs du café et des sorbets.

Nous ne suivrons pas nos deux amis en Italie, car on n'y entend plus que le bruit des tambours allemands, interrompu heureusement quelquefois par une musique harmonieuse, seul art qui, dans ces beaux lieux, conserve encore sa liberté.

Le guide du lord avait connu le pape, et il gardait avec respect un chapelet qu'il tenait de ce pontife, aussi courageux dans le malheur, que modeste dans la prospérité.

L'Allemagne fut ensuite le théâtre des promenades du jeune Anglais; en suivant son guide, il retrouva, avec une sorte de dépit, nos guerriers français dans toutes les capitales de l'empire. Là le vieillard était sur son terrain : il avait beaucoup causé avec l'empereur Joseph; il s'était trouvé en présence du prince Henri, frère du grand Frédéric, de l'empereur François II, des rois de Saxe, de Prusse, de Bavière, de Wurtemberg; et d'un autre monarque, le roi des Pays-Bas, gouvernant deux peuples, réunis par les bizarreries de la fortune, quoique séparés par le culte et par les mœurs.

Le guide du jeune lord avait été l'ami de plusieurs généraux fameux, étrangers ou français, de sorte qu'il pu raconter à son élève beaucoup de faits que l'histoire ne publie pas encore.

Vous croyez bien qu'après le voyage des deux amis en Saxe, la Pologne ne fut pas négligée. Ils en parcoururent les forêts, sombre asyle où la liberté s'efforça vainement d'échapper à une triple domination ; le vieillard était curieux à entendre sur les révolutions de ce pays, car il avait connu le roi Stanislas-Auguste Poniatowski dans sa jeunesse, et le brave Kosciusko dans sa vieillesse.

L'Anglais vit ensuite avec surprise que son guide connaissait les différens sites et vallées de la Suisse avec tant de détails, qu'il releva plusieurs fois devant lui, à cet égard, les erreurs commises, dans leurs relations, par quelques Helvétiens qui causaient avec eux.

Mais ce qui mit le comble à son étonnement, c'est qu'il semblait connaître l'Angleterre mieux que lui-même ; il avait vu plusieurs fois les célèbres antagonistes Pitt et Fox, et même il s'était plu à questionner plusieurs montagnards écossais sur leurs mœurs actuelles, sur leurs vieux bardes et sur leurs anciens clans.

L'Océan n'arrêta pas les deux amis ; le vieillard connaissait à fond la révolution de l'Amérique du Nord et les révolutions récentes du Midi. Il s'était instruit avec Francklin ; il avait connu Monroë, président des États-Unis, ainsi que Jefferson ; La Fayette avait été son général ; le savant La Condamine lui avait fait connaître les rives romantiques de l'Amazone ; Bougainville et Nassau, les îles de l'océan Pacifique ; enfin ce qu'aucun voyageur n'avait encore écrit, le vieillard l'avait vu de ses propres yeux ; c'était des sauvages couverts d'écailles naturelles.

De-là les deux amis, revenant vers l'Afrique, passèrent près du triste rocher où la fortune fit subir à la gloire le sort de Prométhée, et le vieillard fit en soupirant une description aussi détaillée de cette île que s'il y eût été lui-même exilé.

Ils arrivèrent ensuite en Afrique sur les ruines de l'ancienne Carthage. Le conducteur du lord avait vu souvent un grand de la cour de l'empereur de Maroc ; et il put apprendre au jeune Anglais le peu de choses qu'on sait d'un pays où les hommes diffèrent si peu des lions du désert.

Ensuite ils se rendirent en Portugal et en Espagne. Le vieillard avait connu les hommes les plus marquans de ces deux pays, les d'Aranda, les Souza, les Fernands Nunèz, même ce célèbre duc de Bragance que toutes les cours de l'Europe avaient successivement vu et honoré.

Lord Littlehead brûlait de connaître les redoutables mystères de ce fameux tribunal du Saint-Office, de cet antre mystérieux dont il était si difficile de s'approcher sans péril. Le vieillard satisfit pleinement sa curiosité, et, comme il s'était lié particulièrement avec un secrétaire de l'inquisition, il déroula devant lui toutes les archives de ce vieux monument d'un fanatisme sanguinaire.

Enfin, leurs courses imaginaires s'étant terminées en traversant la France, ils se retrouvèrent paisiblement dans le café des Mille-Colonnes, très-semblable au salon d'un palais des Mille et une nuit, et le jeune lord ravi embrassa son guide en le remerciant de lui avoir fait faire en si peu de temps un voyage si instructif et si peu fatigant.

Cependant tous ces entretiens avaient laissé, dans l'esprit curieux de l'Anglais, un certain vide qu'il s'efforça promptement de remplir. Mon cher mentor, dit-il à son vieux compagnon de voyage, parmi tant de choses que vous m'avez fait connaître, il en est une sur laquelle vous m'avez laissé dans une complète ignorance. Nous venons de faire ensemble le tour du monde; mais j'ignore avec qui j'ai voyagé. Vous m'avez appris l'histoire d'une infinité d'hommes et de contrées; mais je ne sais ni votre propre histoire, ni même votre nom : mettez-moi, de grace, un peu au fait de ce qui vous regarde personnellement. Pendant votre récit, j'ai été plusieurs fois tenté de vous prendre non pas pour Minerve, car votre Télémaque ne mériterait pas un tel honneur; mais pour le Juif errant ou pour quelqu'un de sa famille.

Pour le Juif errant, dit en riant le vieillard, vous verrez bientôt que je n'ai pas un seul trait de commun avec lui. Au reste, quoique ma vie ait été extrêmement variée, agitée et remplie d'aventures de tous genres, comme mon histoire n'a rien de mystérieux, je vais, puisque vous le voulez, vous la raconter brièvement; elle vous apprendra seulement que, dans le cercle borné de mon existence, j'ai éprouvé à peu près toutes les vicissitudes de la fortune, et que, sans cesse ballotté par le sort, je me suis vu, peut-être plus que personne, successivement jouet, dupe et victime de mes passions et de celles des autres.

Ma famille, milord, a toujours vécu à Paris dans une douce obscurité, dont je ne la tirerai certainement pas pour vous ennuyer sans nécessité. Mon père fut peut-être le premier qui fit parler d'elle; la capricieuse fortune jeta sur lui un coup-d'œil favorable, et, dans le temps où un étranger, l'Écossais Law, vint en France, avec sa baguette magique, changer rapidement les riches en pauvres et les pauvres en riches, mon père, petit marchand de la Cité, et qui se nommait M. de l'Aune, se trouvant possesseur de quelques billets de banque, avec lesquels, négociant adroitement et jouant à propos tantôt à la hausse, tantôt à la baisse, il devint en peu de temps un assez riche personnage.

Il changea de mœurs et d'état; de plus, par reconnaissance pour le lieu où le hasard l'avait le mieux servi, il en prit le nom. Sa première métamorphose, effet de ses premières négociations, avait eu pour théâtre une maison voisine du trésor royal et située sur le haut de cette petite pente qui descend de la rue Neuve-des-Petits-Champs dans ce jardin, pente devenue depuis, pendant notre révolution, beaucoup trop fameuse par l'agiotage et par les glissades et chutes de beaucoup d'effets publics, de fortunes et de réputations.

Ce fut ainsi que mon père prit et me transmit le nom de *Du Perron*. Il acheta une maison qui donnait sur le jardin du Palais-Royal : ma naissance mit le comble à tous ses vœux.

Je vous parlerai très-peu de mon enfance : elle n'eut rien de bien remarquable; seulement ce qui vous intéressera peut-être, c'est de savoir que, parmi tous les enfans de mon âge, il n'en existait pas un qui se montrât tout à la fois plus vif, plus curieux et plus paresseux que moi.

La seule différence entre nous deux, c'est que votre père, trop indulgent, favorisa votre paresse, tandis qu'au contraire le mien, qui était très-sévère, me força violemment à faire régulièrement et complètement mes études.

Latin, grec, géographie, histoire, philosophie,

théologie, littérature ancienne et moderne, mathématiques, physique, il me fallut malgré moi tout dévorer; et je rencontrai, par un hasard singulier, des maîtres qui ne se contentaient pas du cachet, et qui voulaient le gagner en conscience.

Après m'avoir donné toutes les leçons nécessaires de danse, de musique et d'escrime, talens agréables et utiles, mais qui trop souvent dérangent tout ce que de graves études ont arrangé, on me contraignit à suivre un cour de chimie chez l'apothicaire Cluzel, d'anatomie dans le cabinet de Bertrand ; enfin je fus obligé de passer une année entière à étudier, comme un antiquaire, les pierres gravées et les médailles du cabinet d'un grand prince, et à copier quelques tableaux de sa superbe galerie.

Vous voyez comme ma pauvre paresse fut tourmentée : on ne lui épargnait, à mon grand chagrin, qu'une seule chose, c'était la promenade ; le temps me manquait pour en jouir, et les miennes se bornaient à traverser un grand jardin pour parcourir des bibliothèques et pour suivre les différens cours auxquels la tendresse paternelle me condamnait assidûment.

J'avais dix-sept ans lorsque je perdis ma mère; mon père ne tarda pas à la suivre au tombeau ; et je restai ainsi, à l'âge le plus dangereux pour la sagesse, maître absolu de mon temps et de ma fortune.

Vous concevez facilement que le commencement de ma liberté fut la fin de mes études. Je suivis encore des cours ; mais je vous avouerai, à ma honte, que ce furent des cours de plaisirs, d'amour, de jeu, de dissipation et de débauche. L'antique métamorphose de mon père n'avait pas été plus prompte. Dans un instant mes professeurs furent remplacés par des restaurateurs, par des banquiers de Pharaon, par des maîtres dans la science d'Épicure, et par des nymphes dont il était plus facile d'obtenir les faveurs que celles des Muses.

Tous ces nouveaux exercices ne coûtaient rien à ma paresse; quand on est jeune et riche, tous les plaisirs viennent en foule à votre rencontre, sans vous donner la peine de les chercher. Malheureusement, en commençant cette nouvelle vie, je pris pour guide un homme fameux par ses aventures autant que par son esprit, le célèbre Sainte-Foix. Grace à ses exemples, comme à ses conseils, j'ajoutai bientôt à mes défauts naturels celui de querelleur, de bretailleur, et je devins le héros des coulisses et du quartier. Il nous arriva dans ce genre les aventures les plus ridicules; deux suffiront pour vous faire juger des autres.

Un jour, étant assis tous deux dans un café, mon ami me fit remarquer, à peu de distance, un grand homme froid, sec, roide, et s'occupant très-peu de la tasse de café qui était sur sa table, mais promenant sur toutes les personnes qui remplissaient la salle un œil interrogateur qui annonçait assez que son oreille n'était pas moins attentive et curieuse que ses regards. Je ne pus m'empêcher de rire en le voyant; mais bientôt, distrait par un article du journal qui était sous mes yeux, je le lus tout haut à mon ami; cet article disait *qu'un géant et un nain très-extraordinaire venaient d'arriver à Paris.*

A peine eus-je prononcé ces mots, que l'original qu'on venait de me faire remarquer, dit gravement avec un accent guttural : *J'arrive, tu arrives, il arrive, nous arrivons, vous arrivez, ils arrivent.*

Surpris de cette interruption, je m'approche de sa table et je lui demande si c'est à moi qu'il parle. Il me répond froidement : *Je parle, tu parles, il parle, nous parlons, vous parlez, ils parlent.*

Prétendez-vous, lui dis-je alors vivement, vous moquer de moi? *Je me moque*, répliqua-t-il sans s'émouvoir, *tu te moques, il se moque, nous nous moquons, vous vous moquez, ils se moquent.*

Parbleu, c'est trop fort, repris-je; sortons. Mon homme se lève avec le même sang-froid, en disant : *Je sors, tu sors, il sort, nous sortons, vous sortez, ils sortent.*

Nous sortons en effet, Sainte-Foix me suit en riant. J'étais si impatient que, sans aller plus loin, me trouvant avec mon singulier antagoniste dans une allée sombre qui conduisait du jardin à la rue de Richelieu, je lui dis, n'y voyant personne : Allons, monsieur l'insolent, battons-nous. *Je me bats*, dit-il en tirant son épée, *tu te bats, il se bat, nous nous battons, vous vous battez, ils se battent.*

A peine en garde, mon homme s'élance et me perce le bras. Sainte-Foix s'empresse de nous séparer; je ne m'y oppose point, et je dis seulement à mon adversaire : Monsieur, êtes-vous content? *Je suis content*, dit-il en rengaînant son glaive, *tu es content, il est content, nous sommes contens, vous êtes contens, ils sont contens.* Et alors il veut absolument, mais avec une froide politesse, me reconduire jusque chez moi.

Monsieur, lui dis-je avec humeur, j'y consentirai si, de votre côté, vous cessez votre ennuyeuse plaisanterie, et si vous voulez bien m'expliquer les motifs qui vous ont porté à me persiffler si bizarrement.

« Volontiers, répondit l'étranger en mauvais français : je suis Hollandais ; j'ai beaucoup de peine à apprendre votre langue ; la grammaire m'ennuie horriblement, et, pour en graver les règles dans ma dure mémoire, le maître que j'ai pris m'a conseillé de m'exercer sans cesse à décliner et à conjuguer les mots qui me frapperaient dans la conversation. »

Vous croyez bien que mon courroux s'apaisa par cette explication, et fit place à la honte de m'être attiré avec cet original une affaire ridicule et un coup d'épée.

Un autre jour, comme je me promenais dans une grande allée, je vis passer auprès de moi un jeune homme élégant, sémillant, et paraissant tout fier des avantages qu'il avait reçus de la nature. A quelques pas de là, un homme plus âgé le rencontre, le fixe avec des regards courroucés, et lui applique un bruyant soufflet. Le jeune fat, sans se fâcher de cet affront, porte tristement sa main à sa joue et continue tranquillement sa promenade.

Cette lâcheté me choque, et, lorsqu'il revient de mon côté, je dis tout haut près de lui : *Voilà un jeune homme étrangement pacifique.* Il me regarde avec un air de dédain, et ne me répond pas. Une seconde fois, le rencontrant encore, opiniâtre dans mes provocations, je m'écrie : *Il faut qu'un pareil homme ait de la neige au lieu de sang dans les veines.*

Pour le coup, mon étourdi prend un air posé, s'arrête, me fait signe de le suivre et sort du jardin. Le hasard veut que ce soit encore par la même allée où j'avais naguère reçu une leçon de l'étranger. Mon jeune antagoniste ne perd point de temps en paroles : il tire son épée, je l'imite, et bientôt je reçois dans la cuisse une blessure.

Mon ennemi, voyant mon sang couler, me demande généreusement de cesser le combat. Je le veux bien, lui dis-je; mais de grace, expliquez-moi par quel étrange contraste je vous vois si vif pour vous venger d'une mauvaise plaisanterie, après vous être montré si patient pour un sanglant affront.

Monsieur, me dit-il en se séparant de moi, *celui qui m'a donné un soufflet devant vous est mon père.* Je restai confus et je revins chez moi, jurant de ne plus me mêler si étourdiment des affaires qui ne me regardaient pas.

Ainsi corrigé et dégoûté des querelles par quelques coups d'épée, je me livrai à d'autres sociétés et à d'autres penchans. La dame d'honneur d'une princesse avait connu autrefois mon père; elle me fit venir chez elle, me montra un intérêt obligeant, et ses bontés firent naître dans mon ame les deux passions les plus capables de tourner la tête d'un jeune homme, l'amour et l'ambition.

Le nouveau guide qui m'honorait de sa bienveillance était une femme de qualité, parvenue à cet âge mitoyen, entre la jeunesse et la maturité, âge heureux où les femmes, et particulièrement les Françaises, sont les plus aimables, parce qu'elles conservent encore tous les moyens de plaire et qu'elles joignent aux graces du jeune âge les charmes d'une raison éclairée.

Admis chez elle, je me trouvai dans un monde qui m'était tout-à-fait inconnu. Elle recevait la plus brillante compagnie de la cour, la jeunesse la plus élégante, les hommes les plus instruits. J'acquis ainsi l'usage, le ton et l'urbanité de cette élite de la société qui, peut-être avec trop de vanité, mais non pas tout-à-fait sans raison, s'arrogeait alors exclusivement le nom de *bonne compagnie.*

Là, comme dans un tableau magique, se présentèrent successivement sous mes yeux la plupart des personnages les plus marquans de Paris, de la France et même de l'Europe. Les bontés de ma protectrice me firent accueillir par le prince, et j'obtins un emploi dans sa chancellerie.

Il est peu d'hommes qui ne s'étourdissent lorsque la fortune les a trop subitement élevés. Moins sage que les autres, je n'attendis pas si long-temps pour m'égarer, et ma tête tourna dès les premiers pas que je fis sur la route glissante de l'ambition.

Attribuant à mon mérite ce que je devais au hasard, j'eus la présomption de croire que j'avais inspiré un tendre sentiment à la dame qui m'ouvrait le chemin de la fortune ; et j'osai lui faire une déclaration qui lui parut, sans doute, très-ridicule. Un froid dédain me fit désagréablement sentir que le rôle déplacé *d'amant* pourrait bien me faire perdre celui de *protégé* ; mais, comme de toutes les justices la plus rare est celle qu'on se rend à soi-même, je m'éloignai avec dépit, et ma reconnaissance se changea en ingratitude.

Une jeune femme, d'un caractère tout opposé à celui de ma bienfaitrice, et jalouse d'un mérite auquel elle était forcée de rendre un hommage apparent, devina mon dépit, m'attira dans ses liens et m'entraîna dans ses intrigues. Elle était jolie, capricieuse, galante, ambitieuse, et déplaisait avec raison à la princesse, parce qu'elle plaisait un peu trop au prince.

Enchaîné par des liens de fleurs, je me laissai docilement conduire comme elle le voulut. L'emploi dont elle me chargea était plus actif qu'honorable : elle m'ordonnait de tout voir, de tout écouter, de lui rapporter tout, et de lui donner ainsi le moyen d'amuser le prince aux dépens de ses rivales, par mille anecdotes plus ou moins piquantes et scandaleuses.

Mes services, en ce genre, eurent trop promptement la récompense qu'ils méritaient : quelques personnes graves, justement blessées, se plaignirent vivement au prince; il fit une scène à la jeune intrigante, et, comme elle eut la bonté de jeter sur moi le tort de ses méchancetés, je perdis ma place, et le prince me défendit de reparaître dans sa cour.

Me voilà donc, dès mon début, courtisan disgracié, furieux comme un vieux ministre, et devenant par dépit philosophe, comme certaines femmes coquettes se font dévotes quand elles sont délaissées.

Je ne vous dirais que des choses rebattues, si je vous parlais du grand nombre d'amis que mon crédit naissant m'avait donnés et que ma disgrace m'enleva. Je formai de nouvelles liaisons, et me jetai à corps perdu dans la société des jeunes écrivains de cette époque, et des mécontens qui, enhardis par les triomphes de la liberté en Amérique, l'appelaient de tous leurs vœux en Europe.

J'entrai avec ardeur dans cette guerre des principes contre les préjugés, des titres réels contre les priviléges; et, comme les escarmouches qui précédèrent tant de combats sanglans, se faisaient alors par des écrits, ma plume, jeune, vive et animée, obtint promptement de légers succès. J'eus l'honneur de voir applaudir mes couplets et mes pamphlets dans plus d'un club, au théâtre de Montansier, dans les cafés, et même dans le foyer de la Comédie française.

Enfin la révolution éclata : je haranguai les groupes, je composai des chants populaires, je me revêtis d'un uniforme, je m'armai d'un fusil, et je montai la garde à la porte de ce même palais, dans l'intérieur duquel mes rêves de faveur et de fortune s'étaient si promptement évanouis.

Mon projet était bien de marcher plus sagement dans le champ de la liberté, que je ne l'avais fait dans les détours sinueux de la cour, et le général sous lequel je servais ne tarda pas à récompenser mon zèle pour l'ordre public en me nommant officier.

Mais le sort, qui m'avait sans doute prédestiné *aux liaisons dangereuses,* après m'avoir fait écouter les conseils un peu scabreux de l'auteur du roman qui porte ce titre, me fit tomber sur un écueil plus pernicieux encore, en me donnant pour guide le médecin qui s'occupait du salut de mon corps, et un ecclésiastique qui prétendait, de son côté, pourvoir au salut de mon ame.

Le premier, devenu depuis trop fameux par son délire révolutionnaire, me fit travailler à son journal de *l'Ami du peuple;* l'autre, qu'un enthousiasme non moins insensé rendait passionné pour une *égalité absolue,* m'entraîna dans un club ou cirque, théâtre des discours véhémens qu'il prononçait en démagogue forcené, croyant prêcher en apôtre.

Marchant sur leurs traces, je me chargeai d'un journal qui devint quelque temps moins célèbre qu'effrayant par son titre de *la Bouche de fer,* et j'y débitai tant de maximes séditieuses, que cette feuille aurait plutôt mérité le nom de *Bouche d'enfer.*

Que vous dirai-je? nous fîmes de telles extravagances, mes deux guides et moi, qu'enfin l'autorité résolut d'y mettre ordre, pensant avec raison que la licence est la plus mortelle ennemie de la liberté. Le cirque de l'abbé fut fermé, et le médecin se vit poursuivi par le général. Pour échapper à l'arrestation, nous nous emprisonnâmes tous deux, pendant plusieurs mois, dans un obcur souterrain d'où *l'Ami du peuple* faisait encore entendre, de loin en loin, ses démagogiques accens.

Un grand bouleversement nous rendit la liberté. La république remplaça la monarchie : mon sanguinaire médecin siégea parmi les législateurs, mais mon long *tête-à-tête* avec lui m'avait dégoûté de ses systèmes, et sur-tout des fréquentes saignées qu'il conseillait. Je donnai dans un excès contraire, et je m'enrôlai parmi ceux qui voulaient tout renverser pour tout rétablir.

Notre début fut brillant : nous chassâmes les tyrans ; mais ensuite, ayant voulu pousser trop loin nos représailles, nous fûmes arrêtés dans notre marche rétrograde et envoyés à Cayenne. Je parvins, en regagnant mon souterrain, à me sauver de cette proscription, et je ne reparus au jour qu'à l'époque où un régime militaire et conquérant détrôna l'anarchie.

J'aurais pu sans doute alors prendre une nouvelle direction et suivre la gloire qui appelait tous les Français aux armes. D'autres chances me séduisirent : encouragé par quelques patriotes qui croyaient que mes talens leur seraient utiles, je sollicitai une place de député dans une assemblée représentative ; je fus élu. Mais à peine avais-je paru avec quelques succès à la tribune, que le sort, qui s'obstinait à me contrarier, fit dissoudre mon assemblée, parce qu'on y parlait trop. Une autre, où je n'avais pas cherché à siéger, parce qu'on n'y parlait jamais, fut seule conservée.

Tant de mauvais succès, dans mes diverses entreprises, me dégoûtèrent de l'ambition. Les palmes littéraires furent les seules qui me tentèrent encore. Hélas! j'essayai vainement de les atteindre : deux chutes à deux théâtres me découragèrent totalement, malgré les efforts consolans de ma vanité qui attribuait ces catastrophes à l'activité maligne des cabaleurs plutôt qu'à la sévère équité des juges.

J'ai oublié de vous dire qu'au milieu des orages de la république j'avais voulu me marier, comme on se mariait alors, sans prêtre et sans notaire, avec une jeune beauté soi-disant *polonaise*. Elle m'avait séduit par le récit touchant de ses romanesques aventures, et par l'espoir d'un riche héritage que ses illustres parens devaient un jour lui laisser.

En attendant la succession et la cérémonie, je partageai loyalement avec elle les bijoux et l'argent comptant que mon père m'avait laissés. Mais la veille du jour où je voulais m'attacher à mon héroïne par des nœuds solennels, elle disparut avec la plus grande partie de mon or et de mon mobilier; j'appris que sa noble famille n'était composée que des deux personnes qui lui avaient donné le jour, un cocher du faubourg Saint-Germain et une fruitière de la place Maubert.

Je ne revis plus cette tendre épouse qu'une seule fois : c'était un jour de fête publique où j'eus le triste plaisir de la contempler encore dans toute sa beauté, portée sur un char de triomphe et représentant majestueusement *la déesse de la raison*. Vous croyez bien que je n'eus pas la folie de courir après elle et de grossir encore la foule de ses adorateurs.

Trompé par les hommes, joué par les femmes, dupe

de tous mes calculs, victime de tous les partis, je me flattai encore d'être plus heureux au jeu qu'en amour et en politique, et je ne manquai pas de guides complaisans pour m'entraîner dans ce dernier abîme où j'allais me précipiter follement.

Les contrats que m'avait laissés mon père, la maison même que son heureux trafic au *Perron* lui avait fait acquérir, tout se fondit et disparut sur un de ces *tapis verts* qui font verser tant de larmes et commettre tant de crimes.

Plus heureux pourtant que bien d'autres, je n'y perdis que mon bien, j'en sauvai mon honneur; et je retrouvai même heureusement, à la porte de cette fatale maison, mon bon sens, depuis long-temps égaré, je redevins sage, c'était mieux que de redevenir riche.

Une sœur de mon père mourut dans ce même temps, et me laissa mille écus de rente. Parvenu à cette *médiocrité dorée*, comme le disent les anciens, j'en sentis le prix. Décidé à ne plus affronter les orages en sortant du port, je me fixai dans le modeste logement où vous avez bien voulu monter; et depuis cette époque, coulant doucement mes jours, je borne sagement mes plaisirs, peu variés, à la promenade dans un beau jardin, à la revue des journaux et des livres nouveaux que je trouve dans les cabinets de lecture, aux douceurs d'un entretien instructif à la table d'hôte que vous fréquentez, et je finis mes soirées en assistant aux combats innocens de ce *club des échecs* où l'on ne met au jeu que son amour-propre. Voilà, mon cher lord, la fin raisonnable d'une vie qui, vous le voyez, n'a jusque-là que trop ressemblé à un rêve extravagant.

Ouf! mon ami, s'écria le lord, cette histoire ou plutôt ce long cauchemard m'a fatigué, effrayé, comme si j'en avais éprouvé tous les accidens; ma paresse en est épouvantée. Quant aux dangers, je les braverais. Mais juste ciel! que de courses, que de voyages il vous a fallu faire! Votre ame, toujours agitée, n'a pas accordé un moment de repos à votre pauvre corps, et je suis accablé de lassitude pour vous avoir seulement suivi en idée.

Que parlez-vous de courses et de voyages? répondit le vieillard; songez-vous bien que vous parlez à un homme qui a poussé le vice ou la manie de la paresse bien plus loin que vous?

Il serait difficile de le prouver, reprit l'Anglais.

Nullement, dit son mentor; et c'est un fait évident puisque, malgré votre répugnance à changer de place, vous êtes enfin venu de Londres jusqu'ici, tandis que moi, depuis que je suis né, je ne suis pas sorti un seul jour de l'enceinte du *Palais-Royal*.

Morbleu! s'écrie alors le jeune Anglais d'un ton piqué, Monsieur Du Perron, prétendez-vous vous moquer de moi, et oubliez-vous si vite le savant tour du monde que vous venez de me faire faire?

Je croyais vous avoir appris, milord, répliqua Du Perron, que mon père avait triomphé de ma répugnance pour l'étude; et, sans sortir d'ici, nous avons, je crois, assez de libraires et de cabinets littéraires pour apprendre à fond tout ce qui s'est passé depuis la création dans toutes les parties du monde.

Je n'en disconviens pas, dit l'Anglais, mais ce que vous prétendiez tout à l'heure avoir vu de vos propres yeux, *ces belles vallées de la Suisse, cette pagode de Jagrenat et cette île de Sainte-Hélène*, est-ce en rêvant que vous les avez vues!

— Non, milord, mais au Cosmorama, et, pour l'Helvétie, dans un beau plan en relief. Vous pouvez, tout comme moi, sans vous déranger, jouir de ces différens points de vue.

— Voilà qui va le mieux du monde, mon cher Du Perron ; mais tous ces personnages, plus au moins célèbres de toutes les parties du globe, qui ont paru devant vous et avec plusieurs desquels vous vous êtes entretenu, me persuaderez-vous encore que c'est dans votre chambre qu'ils sont venus vous visiter ?

— Non, milord ; mais une courte et simple explication fera cesser votre surprise. Écoutez-moi, je vais vous satisfaire en peu de mots : J'ai vu chez le duc d'Orléans le roi de Danemarck qui voyageait ; c'est chez ma bienfaitrice, la dame d'honneur de la princesse, que j'ai entendu Gustave III raconter sa révolution de Suède ; j'ai vu, dans le même palais, la princesse d'Arschkow, les comtes de Schwalow et de Strogonoff ; j'ai suivi, dans la galerie du prince, Paul Ier et l'impératrice sa femme qui venaient admirer ses tableaux.

Lesseps m'a raconté, dans le même lieu, son voyage en Sibérie. A présent vous me comprenez, et je crois inutile de vous démontrer combien il m'a été facile de voir en divers temps, mais dans la même enceinte, les envoyés de *Tipoo-Saib*, le savant Denon, l'Égyptienne qui a épousé le général Menou, les ambassadeurs de Perse, de Turquie, de Maroc, le pape et tous ces souverains qu'à différentes époques la France a reçus, tantôt avec satisfaction, tantôt avec autant de surprise que de regrets.

Vous trouverez peut-être plus étonnant que j'aie connu le roi de Pologne ? Mais vous saurez que Poniatowski, dans sa jeunesse, est demeuré à Paris assez long-temps comme voyageur.

Enfin les Américains célèbres, les Espagnols et les Portugais distingués, dont je vous ai parlé, ont tous vécu long-temps parmi nous, et je vous ferai voir, quand il vous plaira, le secrétaire du saint-office, Llorente, qui vous fera pénétrer, comme moi, dans les plus secrets détours de ce terrible tribunal.

Et les sauvages couverts d'écailles? s'écria milord.

Pour ceux-là, répondit Du Perron, il y a peu d'années que, pour un écu, vous auriez vu, dans une de nos galeries, ce phénomène, fruit de la nature ou du charlatanisme.

Voilà bien des difficultés levées, dit lord Littlehead : mais vos aventures, comment comprendre que vous en ayez eu un si grand nombre sur un théâtre si étroit?

Tout aussi naturellement, reprit le vieillard : daignez vous rappeler seulement qu'il a existé ici une cour, des princes, une garde nationale, un Tribunat; que *la bouche de fer* s'ouvrait à une extrémité de ce jardin; que l'abbé Fauchet y avait établi son cirque révolutionnaire, et que le médecin Marat est souvent venu agiter et enflammer nos groupes par ses violentes diatribes. Je ne vous parlerai point des établissemens, sans nombre et de tous genres, qui se trouvent en foule dans cet immense panorama. Vous vous convaincrez de plus en plus que la curiosité la plus active chercherait vainement ailleurs tout ce qu'elle rencontre ici à chaque pas. Au reste, ne vous en étonnez plus, car l'Europe est la capitale du globe, la France est la capitale de l'Europe, Paris la capitale de la France, et le Palais-Royal la capitale de Paris.

Lord Littlehead, convaincu et ravi de pouvoir enfin satisfaire sa curiosité et son désir de tout savoir sans rien lire et sans voyager, jura de se fixer au Palais-Royal, où probablement il existe encore.

LE CARDINAL
DE RICHELIEU.

Armand du Plessis [*], cardinal de Richelieu, qui gouverna la France, ou plutôt qui y régna sous le nom de Louis XIII, fut, de tous les ministres célèbres, le plus admiré et le plus haï. La froide postérité même hésite encore sur le jugement qu'elle doit en porter. Mais, pour être équitable, il faut, en prononçant ses arrêts sur les hommes d'état, faire une part suffisante de leurs actions brillantes à la fortune, et de leurs actions blâmables à leur siècle.

Richelieu naquit dans un temps où les lumières combattaient encore les ténèbres, où la force tenait lieu de droit, et les préjugés de principes. La France était déchirée par l'esprit de faction politique et d'intolérance religieuse. Les calvinistes se montraient républicains, les catholiques persécuteurs; les juges vendaient la justice : aussi le roi Henri IV leur rappelait *que souvent, dans sa jeunesse, il avait été forcé de boursiller pour l'obtenir.* Les seigneurs remplissaient la cour d'intrigues galantes, de mouvemens séditieux,

---

[*] Armand Du Plessis, cardinal de Richelieu, premier ministre de Louis XIII, roi de France, né à Paris le 5 septembre 1585, mort le 4 décembre 1642.

de conspirations criminelles ; les laïcs s'emparaient des bénéfices ; les nobles, les gouverneurs de provinces pillaient le trésor, opprimaient le peuple, souillaient leur honneur par des parjures, par des assassinats, et croyaient s'en laver par des duels.

Les femmes et les guerriers jugeaient les dogmes religieux ; les moines conduisaient les intrigues ; les prêtres endossaient la cuirasse ; les cardinaux commandaient les armées ; la discorde régnait dans la famille royale comme dans l'état. Le frère conjurait contre le frère, la mère combattait le fils, le fils exilait sa mère, et le gouvernement, livré aux favoris, voyait au dedans la misère, la guerre civile, l'anarchie, et au dehors l'Autriche dominante, prête à fonder en Europe une monarchie universelle.

Le bonheur et la gloire de la nation avaient disparu comme un songe, depuis que Henri-le-Grand était mort sous le poignard d'un Français dirigé par le fanatisme, et payé par l'ambition étrangère. Tous les vastes desseins de ce monarque semblaient descendus avec lui dans la tombe : la France se trouvait au bord de sa ruine. Alors parut un homme doué d'un esprit actif, d'un génie profond, d'un caractère inébranlable ; par lui la France se releva glorieuse sur ses débris, la victoire revint sous ses enseignes, l'Europe reconnut sa prééminence ; par lui, la guerre civile cessa, l'ordre se rétablit, les factions furent comprimées, les grands tremblèrent, la couronne reprit son autorité, la tyrannie féodale disparut : cet homme fut Richelieu.

Il triompha de ses rivaux, des ennemis de la France, des hérétiques, du clergé, des favoris et de la cour : le peuple respira. Mais malheureusement ce ministre, si digne d'éloges par la grandeur de son but, n'employa souvent, pour l'atteindre, que la perfidie, la violence et la cruauté.

Il abaissa la tyrannie des grands, mais pour fonder celle du ministère. Incapable de concevoir aucune idée de liberté, il éleva fort haut le trône, mais sans lui donner pour base aucune institution solide; de sorte qu'en renversant le vieux système féodal sans le remplacer par une forme régulière de gouvernement, il laissa le peuple sans garantie, le pouvoir sans frein, sans soutien et menacé, dans l'avenir, d'une effroyable chute par des révolutions qu'il ne prévit pas, et dont il fut la première cause.

Armand du Plessis reçut le jour à Paris, le 5 septembre 1585, au sein d'une famille noble. Son éducation fut soignée. On le destinait à l'état ecclésiastique; il fit ses études en Sorbonne. Dans sa jeunesse, on vantait la finesse et la souplesse de son esprit, dont bientôt on admira la force.

Il porta d'abord le nom d'*abbé du Chillon*. Si, dans la suite, son génie fit sa gloire, il dut le commencement de sa fortune aux femmes. *Galigaï, maréchale d'Ancre*, et la marquise *de Guercheville* le placèrent près de *Marie de Médicis*. Cette reine le nomma surintendant de ses finances, lui donna sa confiance, et obtint pour lui l'évêché de *Luçon*.

Il partit pour Rome, trompa le pape sur son âge, fut sacré, et demanda ensuite l'absolution de ce premier mensonge au souverain pontife, qui dès-lors put facilement prédire que la sincérité ne serait pas la règle de sa politique.

La chute du maréchal d'Ancre; le supplice de sa femme, la rupture de la reine Médicis avec son fils;

firent éprouver à l'ambitieux évêque, dans le commencement de sa carrière, les disgraces qui terminent si souvent celle des hommes d'état.

Marie, éloignée de la cour, leva une armée en Anjou, et le duc d'Épernon commença pour elle la guerre contre son roi.

La mère et le fils se fatiguèrent promptement d'une lutte qui scandalisait le peuple, et compromettait l'autorité du trône. L'adroit évêque de Luçon négocia et conclut facilement entre eux la paix que tous deux désiraient également : le chapeau de cardinal fut sa récompense. Les rebelles obtinrent des graces; le fier d'Épernon seul posa les armes sans rien demander.

Le roi avait un nouveau favori, *le duc de Luynes*: le cardinal trouva le moyen de se concilier son amitié, et de marier sa nièce *Vignerot* au neveu de son nouveau protecteur, appelé alors *Combalet*, et qui depuis se nomma duc d'Aiguillon.

La faveur royale tenait lieu de tout mérite au duc de Luynes. Prodigue, vain, faible, présomptueux, décoré de l'épée de connétable sans avoir jamais fait briller la sienne, il ressuscita les troubles civils, entraîna son maître dans une guerre aussi impolitique qu'injuste contre les protestans, la conduisit avec ineptie, se fit battre à Montauban, rehaussa par ses fautes la renommée des chefs calvinistes, *Rohan*, *Soubise* et *Laforce*, et donna aux *Rochellois* l'espoir de conquérir, comme les Hollandais, leur indépendance, en fondant une nouvelle république; enfin, dénué de soldats, dépourvu d'argent, forcé de négocier au lieu de combattre, il conclut une paix honteuse, que les rebelles vendirent chèrement; car, dans ces temps de faction, la rebellion était un moyen de fortune, et la soumission un trafic.

Heureusement la mort, en frappant ce favori, sauva le roi et la France d'une décadence rapide, et d'une ruine inévitable. La reine-mère crut alors remonter au pouvoir en y élevant Richelieu.

Le roi n'aimait ni le caractère impérieux du cardinal, ni ses mœurs licencieuses : les siennes étaient sévères. Richelieu, mêlant la galanterie à la politique, portant tour-à-tour la pourpre et l'habit laïque, la barrette et le plumet, écrivant des mandemens religieux et des billets d'amour, adressant même ses vœux indiscrets à l'épouse de son roi, s'amusant enfin à soutenir chez sa nièce des *thèses* amoureuses dans des formes théologiques, choquait le caractère grave et austère du monarque.

Long-temps Marie ne put vaincre cette répugnance; mais enfin elle l'emporta par sa persistance et par l'adresse de Richelieu.

Ce cardinal, aussi ambitieux, aussi dissimulé que *Sixte-Quint*, se para, comme lui, d'une fausse modestie, parut reculer devant la grandeur qu'il désirait, feignit d'être malade pour rassurer ses rivaux, et dégoûté du monde pour le gouverner. Enfin, entré au conseil, il s'y montra d'abord rarement, s'avança peu à peu sous la protection du surintendant La Vieuville; mais bientôt, renversant son protecteur, il l'accusa de dilapidation, et le jeta dans les fers peu de temps après lui avoir juré sur l'hostie une amitié éternelle.

Ainsi, cet homme naguère disgracié, et dont à peine le roi pouvait supporter la vue, devint en peu de mois surintendant-général de la navigation et du commerce, généralissime des armées, premier ministre et maître de l'état.

La ruse l'avait élevé à ce poste éminent, la force l'y soutint; et, dès que les rênes du gouvernement furent entre ses mains, se montrant soudain tout entier, il domina la cour, effraya les factieux, et surprit l'Europe par la fermeté de son caractère.

L'Autriche voulait s'emparer de la Valteline, Richelieu s'y opposa; et comme l'ambassadeur de France à Rome, *Marquemont*, lui représentait les difficultés de cette entreprise, il lui écrivit cette lettre fameuse qui, tout à la fois, peignait le nouveau ministre, effaçait le passé et prédisait l'avenir : *Le roi,* dit-il, *a changé de conseil, et le ministère de maximes; on enverra dans la Valteline une armée qui rendra le pape moins incertain, et les Espagnols plus traitables.*

Les grands ministres sont rares, parce que peu d'hommes réunissent deux qualités qui semblent incompatibles : l'art de plaire à la cour pour arriver à la fortune, et le courage de lui déplaire, pour conserver son autorité. Rien n'est plus commun que de voir un favori devenir ministre; mais sa chute est inévitable, si, dès qu'il est ministre, il continue à se conduire en favori.

Richelieu se montra aussi ferme pour se maintenir, qu'il avait paru souple pour arriver; et tous ceux qui avaient cru en faire l'instrument de leur ambition, s'aperçurent bientôt qu'ils s'étaient donné un maître.

Il ne pardonna aux deux reines, ni le mépris que l'une faisait de son amour, ni l'empire que l'autre prétendait exercer sur lui : il ne fut ni intimidé par leur rang, ni touché de leurs bienfaits. Réglant ses sentimens sur ses intérêts, son amitié ne fut jamais que le prix de l'obéissance qu'il exigeait ; et, sans crainte comme sans relâche, sa haine écarta, trompa ou écrasa tout ce qui lui résistait.

Trois ministres puissans brillèrent de son temps en Europe : c'étaient Olivarès en Espagne, Buckingham en Angleterre, Oxenstiern en Suède. Il brava le premier, se joua du second, et fit servir le troisième à ses projets.

L'Autriche, depuis long-temps, profitait de la faiblesse de la France, de ses dissensions, du fanatisme religieux et des trésors de l'Amérique, pour dominer l'Europe. Maîtresse des Espagnes, des Indes, des Pays-Bas, de la Franche-Comté, des deux tiers de l'Allemagne et d'une partie de l'Italie, elle aspirait à la monarchie universelle. Henri IV avait péri au moment où il voulait, de concert avec l'Angleterre, la Suède et les princes protestans d'Allemagne, attaquer et resserrer dans de justes limites ce colosse formidable, dont on redoutait également le pouvoir, les intrigues, les armes et les poignards.

Richelieu osa ressusciter ce vaste projet, et sut habilement se servir, pour l'exécuter, du courage français et de l'épée de Gustave-Adolphe.

Aussi rusé qu'audacieux, il étendit et mêla tellement les fils de sa politique, qu'il enchaîna son roi lui-même, et que ce prince, qui le haïssait, n'osa jamais renvoyer son ministre, parce que seul il pouvait le tirer avec honneur des entreprises hasardeuses où il l'avait entraîné.

En dépit des efforts de Rome et de Madrid, Richelieu, unissant deux puissances rivales, maria la fille de Henri IV au prince Charles d'Angleterre. Le cardinal comprit qu'avant de montrer la France puissante au dehors, il fallait la rendre tranquille au dedans. Mais ce que lui seul pouvait concevoir et oser, c'était de subjuguer les protestans en France, tandis qu'il projetait de les armer dans l'Allemagne en sa faveur : son génie impérieux le voulut et réussit.

La Rochelle, foyer du parti des calvinistes, et centre de leurs forces, devenait une république puissante par ses flottes, dangereuse par sa position, redoutable par ses alliances, et sur-tout par le talent de ses grands capitaines, des Rohan, des Soubise, des Laforce, qui la défendaient. Le cardinal y conduisit le roi et l'assiégea.

Triomphant par son adresse de la haine d'Olivarès, il sut forcer l'Espagne à le secourir et à sacrifier, dans cette circonstance, la politique à la religion. Les Anglais se déclarèrent protecteurs de la Rochelle. Richelieu leur opposa l'amour romanesque de Buckingham pour la reine Anne. Un mot de cette princesse enchaîna l'amiral, et rendit sa flotte immobile.

L'intrépidité seule des assiégés retarda la victoire. L'Océan les défendait. Richelieu entreprit de le dompter : imitant Alexandre à Tyr, on le vit, *Quinte-Curce* à la main, élever à grands frais une digue que la mer renversa deux fois, mais qui finit par en triompher.

Après un an de résistance et de combats sanglans, La Rochelle se rendit. *Je l'ai conquise*, dit alors Richelieu, *malgré trois rois : celui d'Espagne, qui m'a retiré ses troupes ; celui d'Angleterre, qui en envoyait contre moi ; et celui de France, que les courtisans avaient prévenu contre cette entreprise.*

Le cardinal, vainqueur, marcha dès-lors ouvertement à son unique but, l'autorité absolue. Il enleva aux réformés leurs places de sûreté, et s'en fit donner à lui-même d'importantes, s'entourant de gardes, précédant les princes, habitant un palais; il se décora du titre d'amiral, enlevé à Montmorency; il s'empara des finances, dont il avait dépouillé La Vieuville, régla les affaires extérieures, commanda les armées, fit marcher sous lui les maréchaux, et remplit les fonctions de connétable.

Il n'attendait qu'un prétexte pour faire éclater au dehors ses projets ambitieux. L'Autriche le lui donna : l'empereur refusait au duc de Nevers l'investiture de Mantoue, il lui déclara la guerre, et partit pour prendre le commandement de l'armée.

Le roi ordonna qu'on obéît à ce ministre comme à lui-même. Bientôt on le vit entrer en Savoie, suivi de deux maréchaux de France. Une riche épée était suspendue à la ceinture de ce *prince de l'église*; un panache flottant ornait sa tête; une cuirasse verte couvrait son habit brodé d'or, et deux pages portaient son casque et ses gantelets.

Ce fut dans ce temps qu'ayant envoyé complimenter le duc d'Épernon, son page trouva le vieux guerrier agenouillé dans son oratoire, et disant dévotement ses prières. *Fais bien remarquer à ton maître*, dit le duc au page, *que je fais son métier tandis qu'il fait le mien.*

Le prêtre général excita d'abord les railleries des soldats, il n'y répondit qu'en se montrant aussi brave qu'eux, et bientôt les éloges succédèrent aux sarcasmes. En peu de temps Pignerol fut pris, Casal délivré, la Savoie conquise.

Mais, au moment où la gloire élevait si haut Richelieu, la fortune, par un caprice, faillit à le renverser.

Louis XIII, malade à Lyon, entouré de courtisans ennemis du cardinal, et pressé sur-tout par la reine-mère qui haïssait alors autant Richelieu qu'elle l'avait aimé, leur promit sa disgrâce.

De retour à Paris, le cardinal apprend que ses rivaux triomphent, que sa ruine est jurée, que sa lettre de renvoi s'expédie. Il se croit perdu, et veut se retirer au Havre. Le cardinal Lavalette, son ami, et le capucin Joseph, son confident, réveillent son courage, et lui conseillent un dernier effort. Richelieu court à Versailles *, entre chez le roi et reprend son ascendant. Ce prince, qui le renvoyait par crainte, le garda par faiblesse; et ses ennemis, qui triomphaient de sa chute, se virent tous livrés à sa vengeance. Ce jour de mécompte reçut et conserva le nom de *Journée des Dupes*.

La vengeance du ministre fut terrible; il livra aux tribunaux le garde-des-sceaux Marillac et le maréchal son frère: l'un mourut en prison, l'autre sur l'échafaud.

Gaston d'Orléans, frère du roi, ne pouvant supporter le joug de Richelieu, se retira en Lorraine; et le cardinal, sans respect pour l'héritier du trône, le fit déclarer criminel de lèse-majesté. Enfin, oubliant les bienfaits, ne se souvenant que des injures, et poussant l'ingratitude jusqu'à la cruauté, il fit arrêter Marie de Médicis et l'exila. Cette reine, détrônée, mourut, à Cologne, de chagrin et de misère.

La tyrannie la plus violente sent toujours la nécessité de voiler ses noirs desseins sous des formes légales. Richelieu créa une chambre de justice ou plutôt de vengeance, qui condamna au supplice, sur les plus

---

* Versailles n'était alors qu'un rendez-vous de chasse.

légers prétextes, tous les partisans de la reine et de Gaston.

On vit alors les places publiques hérissées de nombreux poteaux chargés de l'effigie de ces infortunés : la seule imprudence de dire que le roi n'avait pas longtemps à vivre, envoyait une foule de gens à la mort.

Les prisons devinrent la demeure des hommes les plus illustres : Vincennes vit enfermer dans ses murs deux fils de Henri IV, César de Vendôme et le Grand-Prieur. Talleyrand, Chalais et le maréchal d'Ornano furent condamnés comme coupables d'avoir voulu faire déclarer Louis XIII impuissant, pour donner la couronne à son frère. Les services du maréchal Bassompière ne purent le sauver de la prison.

La France, ainsi foulée, abaissée et opprimée au dedans, devenait, dans le même temps, brillante et puissante au dehors. Richelieu la fortifia par l'alliance de la Savoie et de la Bavière. Un léger subside de douze cent mille francs arma Gustave-Adolphe. L'empereur Ferdinand II, dont les armes s'étendaient déjà jusqu'à la mer du Nord, fut arrêté dans sa course par les Suédois, par les Français. Les princes d'Allemagne reprirent leur indépendance, l'Autriche vit sa puissance minée par cette guerre de trente ans, que lui suscita le cardinal.

Le gouvernement anglais perdit son influence pour avoir dédaigné Richelieu. Ce ministre envoya un prêtre en Écosse pour y fomenter des troubles, et jeta dans la Grande-Bretagne les semences de la révolution qui depuis ensanglanta et renversa le trône. *Le roi Charles apprendra*, disait le cardinal, *qu'il est dangereux de me mépriser.*

Il était cependant impossible de braver tant d'ennemis, sans qu'aucun d'eux tentât de se venger. Le duc de Montmorency, soutenu par le frère du roi, leva l'étendard de la révolte, et forma une armée dans le Languedoc. Richelieu marcha contre lui. Le faible Gaston abandonna son ami; Montmorency trahi combattit avec courage, mais sans espoir et sans succès : il fut pris, jugé et condamné. Deux ans auparavant, vainqueur à la bataille de Vegliano, il avait reçu pour récompense ces mots tracés par la main de Louis XIII : *Je me sens obligé envers vous autant qu'un roi le puisse être*. Le même prince fit tomber sa tête sur un échafaud.

Richelieu, sans donner la liberté au peuple, précipitait les grands et même les princes dans la servitude. Le duc d'Orléans épousa Marguerite de Lorraine. Le pape confirma ce mariage; le cardinal le fit casser par le conseil d'état, et s'empara des états du duc de Lorraine.

La fortune, jusque-là si constante pour Richelieu, parut enfin l'abandonner : ses alliés éprouvèrent quelques revers en Allemagne; les ennemis entrèrent en France, s'emparèrent de Corbie; Paris se vit menacé. La haine pour le ministre triomphait alors du malheur de la patrie. Ses ennemis se relèvent, se rassemblent, se concertent : sa mort est résolue, le poignard préparé. L'heure fixée, on n'attend que le signal; les yeux sont tournés sur Gaston : il n'ose faire le geste convenu. Sa faiblesse sauve son ennemi; le moment est manqué; la victoire revient aux drapeaux du cardinal; il se relève plus puissant et plus terrible que jamais.

Tandis que les révoltes dans les provinces, les intrigues à la cour, et les événemens variés de la guerre semblaient devoir absorber toute l'attention du premier ministre, il s'occupait avec une infatigable activité de créations et d'embellissemens de tous genres ; et, en même temps qu'il combattait des souverains, dissipait des conjurations, exilait des princes et repoussait leurs poignards, il composait des pièces de théâtre, érigeait l'Académie française, fondait l'Imprimerie royale, rebâtissait la Sorbonne, créait le Jardin des Plantes et construisait au milieu de Paris un magnifique palais.

La chambre du roi l'effrayait plus, comme il le dit lui-même, *et le petit coucher du monarque l'embarrassait davantage que l'or et le fer de toutes les puissances de l'Europe.*

Louis XIII le haïssait en lui obéissant, et, dans tout ce qui l'entourait, il semblait toujours chercher quelque appui qui l'aidât à se délivrer de son ministre. Mais l'audacieux cardinal bravait l'inimitié de son maître, et dominait trop son esprit pour redouter son cœur. La reine Anne d'Autriche voulut travailler à le perdre : il l'accusa de conspiration, fit fouiller ses papiers, et osa la faire interroger en criminelle par le conseil d'état.

Cinq-Mars, parvenu à la faveur du monarque, crut qu'il pouvait, sans danger, attaquer un ministre contre lequel le monarque lui-même manifestait tout haut sa haine, en disant que *cet impérieux cardinal réduisait l'autorité royale au seul pouvoir de guérir les écrouelles.* Les ducs d'Orléans et de Bouillon entrèrent dans cette conjuration. Le ministre la découvrit : Cinq-Mars fut condamné. Le cardinal, qui partait alors pour Lyon, y traîna sa victime enchaînée dans un bateau attaché au sien, et retarda ainsi sa mort, pour jouir plus long-temps de sa vengeance.

Le vertueux et infortuné de Thou, ami du favori, avait su et désapprouvé la conspiration ; il périt pour ne l'avoir point révélée. Telle est la loi des gouvernemens tyranniques, elle place la vertu entre la mort et le déshonneur.

Il n'était plus d'ennemi qui pût arrêter le premier ministre dans la rapidité de sa marche ambitieuse ; la nature seule en interrompit le cours.

Frappé à Lyon par une maladie qui résistait à tous les secours de l'art, il revint à Paris mourant. Ses gardes le portaient sur leurs bras ; on abattait, dans les villes, des pans de muraille, pour rendre son passage plus commode. Redouté jusqu'au dernier moment, son lit de mort fut encore entouré de flatteurs. Il leur demandait la vérité sur sa situation ; on lui promettait des miracles. Le médecin du roi seul, cédant à son impatience, lui dit : *Dans vingt-quatre heures, vous serez mort ou guéri.* Il le comprit, le remercia, et mourut le 4 décembre 1642, âgé de 58 ans.

Ses derniers mots s'adressèrent à Dieu : *O mon juge,* dit-il en fixant le ciboire, *condamnez-moi, si j'ai eu d'autre intention que de servir le roi et la France !* Il pouvait être sincère, car presque toujours les ministres ambitieux confondent leur personne avec le trône, et leur sûreté personnelle avec celle de l'état.

Richelieu, trop difficile à peindre, semble avoir tracé lui-même son portrait dans ce peu de mots qu'il dit un jour à La Vieuville : *Avant de rien entreprendre, j'hésite et je réfléchis long-temps ; mais, dès que j'ai pris mon parti, je cours droit à mon but, je renverse tout, je fauche tout, et ensuite je couvre tout de ma soutane rouge.*

Par ses ordres, Girardon érigea pour lui, à la Sorbonne,

un magnifique tombeau. Lorsqu'on montra à Pierre-le-Grand ce mausolée, il s'écria : *Si un tel homme pouvait revivre, je lui donnerais la moitié de mon empire pour qu'il m'aidât à gouverner l'autre.*

Richelieu, affectant le faste royal, entouré de gardes qui le conduisaient jusqu'à la chambre du roi, dépensait par an *quatre* millions; à sa mort, il en rendit *trois* à Louis XIII, et laissa la France endettée de *quarante* millions.

Ce ministre célèbre, dont on doit à la fois admirer les talens et déplorer les crimes, triompha de l'Autriche, des calvinistes, des grands, de deux reines et du roi lui-même. Mobile invisible de l'Europe, il en réglait la politique sur les intérêts de la France. Le Portugal, la Suède, le Danemarck, la Hongrie, servirent d'instrumens à sa volonté; il abaissa dans son pays l'aristocratie, éleva le trône fort haut, mais l'isola; par lui, la France domina l'Europe : mais la magistrature fut asservie, la noblesse anéantie, le peuple accablé d'impôts.

Les ombres de tant de victimes immolées à son ambition, celle du curé de Loudun sacrifié à la superstition, et la voix de sa bienfaitrice exilée, arrêtent la plume qui voudrait tracer l'éloge de cet homme illustre : cependant sa mémoire traversera les siècles, et la postérité la plus éloignée dira que le trône manqua seul à sa fortune, et la vertu à sa gloire.

FIN DU TOME TROISIÈME.

TABLE DES MATIÈRES

CONTENUES DANS CE VOLUME.

De la Bienveillance. . . . . Pag. 1
De la Vérité. 15
Marie Stuart. 23
Des Caricatures. 65
Portrait d'un Sage moderne. 70
Le chancelier D'Aguesseau. 71
Sur les réunions d'Artistes et d'Amis éclairés des Arts. 96
Voulez-vous rire? Voulez-vous pleurer? 105
De la Liberté. 109
Bossuet. 113
De l'Inquisition. 131
Les Lunettes. 155
La Dispute interrompue, ou une Folie chasse l'autre. 183
Préjugés qui existent sur la manière d'écrire l'histoire. 189
Portrait du prince Potemkin, favori, général et ministre
   de l'impératrice Catherine II. 195
Du Repos. 212
Le Palais-Royal, ou histoire de M. Du Perron, conte. 237
Le cardinal de Richelieu. 271

FIN DE LA TABLE DES MATIÈRES.

www.ingramcontent.com/pod-product-compliance
Lightning Source LLC
Chambersburg PA
CBHW070822170426
43200CB00007B/867